Kohlhammer

Martin Honecker

Theologische Sozialethik als Anleitung zur eigenständigen Urteilsbildung

Martin Honecker zum 80. Geburtstag

Herausgegeben von Jörg Hübner

Verlag W. Kohlhammer

1. Auflage 2016

Alle Rechte vorbehalten
© W. Kohlhammer GmbH, Stuttgart
Reproduktionsvorlage: Andrea Siebert, Neuendettelsau
Gesamtherstellung: W. Kohlhammer GmbH, Stuttgart

Print:
ISBN 978-3-17-025647-7

E-Book-Format:
pdf: ISBN 978-3-17-025648-4

Für den Inhalt abgedruckter oder verlinkter Websites ist ausschließlich der jeweilige Betreiber verantwortlich.
Die W. Kohlhammer GmbH hat keinen Einfluss auf die verknüpften Seiten und übernimmt hierfür keinerlei Haftung.

Inhaltsverzeichnis

Vorwort

Ethik hat heute nach wie vor Konjunktur. Die Werte-Debatte hat gerade in den letzten Jahren wieder an Bedeutung zugenommen. Dazu tragen die Transformationen der Gegenwart infolge des Klimawandels, der Krisen an den globalen Finanzmärkten, der Kritik am kapitalistischen Gesellschaftssystem sowie des demografischen Wandels erheblich bei. Es stellt sich erneut die Frage, welche Werte auf der kollektiven Suche nach einer zukunftsfähigen Lebensordnung Bestand haben sollen und Orientierung bieten.

Seit den 1950er Jahren haben der Protestantismus und die in ihm verwurzelte Sozialethik einen erheblichen Anteil an der Wertedebatte gehabt. Die Biografie des Jubilars Martin Honecker legt davon ein beredtes Zeugnis ab: In seinem beruflichen Leben hat er mit den von ihm traktierten Themen die gesamte Breite der gesellschaftlichen Diskussion durchschritten und an einer Werte-Orientierung aus theologischer Perspektive entscheidend mitgewirkt. Zeugen dieser Epoche im Nachkriegsdeutschland sind selten geworden; deswegen wird in dieser Festschrift zu seinem 80. Geburtstag ein Interview abgedruckt, an dem ablesbar ist, von woher die Auseinandersetzung mit gesellschaftlichen Herausforderungen gespeist wird. Das Interview schreitet die Zeit von seiner frühen jugendlichen Prägung bis zu den Wandlungsprozessen in der Gegenwart ab. Überraschend macht der Jubilar Martin Honecker in diesem Interview deutlich, dass für ihn die Thematik der Sozialethik in ihrer Bedeutung nachgelassen habe und vor allem die Zeit umfassender sozialethischer Konzepte vorbei sei. Mehr und mehr ginge es heute um die Subjektwerdung des Menschen und eine Neubelebung des Berufsethos. Darin drückt sich auch aus, dass die zunehmende Säkularisierung die Gesellschaft neu werden lässt und auch die theologische Sozialethik vor gravierende Herausforderungen stellt.

Insbesondere diesen Faden nimmt auch meine zusammenfassende Darstellung eines Konzepts der sozialethischen Theorie bei Martin Honecker auf. Ohne Frage habe ich von Martin Honecker wesentliche Ideen und Visionen aufgenommen: Dies betrifft insbesondere die Bedeutung der Menschenrechte in einer globalisierten und religionspluralen Gesellschaft. Diese visionären Einsichten, die Martin Honecker schon in den 1970er Jahren zur Geltung gebracht hat, versuche ich in einer Würdigung hervorzuheben und für die aktuelle Diskussion zu den Transformationen innerhalb der Gesellschaft fruchtbar zu machen. Auch in dieser Würdigung spielt die Auseinandersetzung mit der Säkularisierung eine entscheidende Rolle. Bei Martin Honecker habe ich immer wieder erleben können, dass dieses Phänomen nicht als Gefahr und als Verlust, sondern als Herausforderung und Weiterentwicklung zu einer humanen Gesellschaft verstanden werden kann, in der der Geist des Evangeliums in säkularer Gestalt wirksam wird.

Die Herausforderungen der zunehmenden Säkularisierung nimmt Ulrich Eibach, ein weiterer Schüler Martin Honeckers, in seinem Beitrag zur bioethischen Debatte der Gegenwart auf. Er stellt dar, dass zunehmend mehr auch in der theologischen Ethik der Lebensschutz zugunsten des Leitbildes Autonomie aufgehoben wird. Ulrich Eibach versteht in diesem Sinne den Prozess der Säkularisierung als einen Prozess der Abwertung lebenswerten Lebens, dem gefahrenvolle Momente innewohnen. Hier erinnert Ulrich Eibach insbesondere an die Euthanasiegesetze der Nazi-Diktatur. Mit Martin Honecker verbindet ihn aber auch dann noch nicht nur die Begründung der Menschenwürde, sondern auch die Wahrnehmung der Säkularisierung als Herausforderung, die theologisch verantwortete Deutung im gesellschaftlichen Diskurs zur Sprache zu bringen.

Die Breite des Denkens, die Martin Honecker hervorgebracht hat, zeigt sich auch in der Position des weiteren Schülers Hartmut Kress: Er nimmt die Subjektstellung des Arztes und des Patienten im ökonomisierten Gesundheitssystem zum Anlass, für eine neue Rollenbestimmung des Arztes im Dialog mit dem Patienten zu werben. Hartmut Kress schließt mit diesem Beitrag an seine Dissertation an, die er unter der Begleitung von Martin Honecker in Bonn verfasst hat und die sich stark an der dialogischen Philosophie Martin Bubers orientiert. Er nimmt damit einen Impuls auf, den Martin Honecker am Schluss seines Interviews als eine Zukunftsaufgabe für eine sozialethische Praxis in theologischer Perspektive gesetzt hat: Die Subjektwerdung und anthropologische Reflexion des im Beruf stehenden Menschen.

Die plurale Verfasstheit der modernen Gesellschaft nimmt Hans Ulrich, ein Zeitgenosse Martin Honeckers, auf, um auf dieser Grundlage die ethische Arbeit des Jubilars in beeindruckender Weise zu würdigen. Er stellt in seinem Beitrag dar, dass gerade der theologischen Ethik in einer pluralen und nachchristlichen Gesellschaft eine integrative Kraft zukommen kann. Ethik ist in seiner Würdigung Martin Honeckers die Kraft zur Unterscheidung unterschiedlicher Wertvorstellungen eigen und zeigt sich letztendlich darin, dass sie zur Verständigung einen entscheidenden Beitrag in der Gesellschaft liefert. Dabei kann er die christliche Gemeinde als den Ort zur Geltung bringen, an dem sich diese Verständigung exemplarisch und vorbildhaft für eine säkulare und plurale Gesellschaft vollzieht.

An die in der Postmoderne aktuelle Bedeutung der Religionen für den Aufbau einer Gemeinschaftskultur erinnert auch der Beitrag des jüngeren Kollegen

Traugott Jähnichen, mit dem Martin Honecker und ich, gemeinsam mit Johannes Eurich, Margareta Kulessa und Günter Renz, das Evangelische Soziallexikon herausgeben. In der Achtung der Glaubens- und Religionsfreiheit sowie der Pflege der Toleranz wird, so der Beitrag von Traugott Jähnichen, die Achtung der Würde eines jeden Menschen konkret und fassbar. Auch in Traugott Jähnichens Beitrag, der in seiner Thematik präzise den Grundtenor des Lebenswerkes Martin Honeckers zur Sprache bringt, wird damit die Grundsituation und Herausforderung der religionspluralen Gesellschaft in den Mittelpunkt gerückt. Sie wird ganz im Sinne Martin Honeckers als Chance verstanden, den christlichen Wahrheitsanspruch nicht als Dogma, sondern in der Haltung des Dialogs, der Verständigung und des Diskurses erkennbar werden zu lassen und damit dem Recht des Menschen zu dienen.

Schließlich greife ich in meinem Beitrag zur Generationenverbundenheit die Lebenssituation des 80jährigen Jubilars Martin Honecker auf, um eine große Herausforderung des sozialstaatlichen Arrangements zu thematisieren. Die Verbundenheit der Generationen, die in der Anlage der Festschrift schon zur Geltung kommen soll, steht in einer Postwachstumsgesellschaft vor gravierenden Herausforderungen. Tendenzen, gegenüber einer Generationensolidarität von der Generationengerechtigkeit zu reden, weise ich in meinem Beitrag als zu hinterfragende Position auf. Insbesondere nehme ich die Orientierung Martin Honeckers an einer handlungsleitenden Motivation auf und weise damit darauf hin, dass der Begriff der Motivation bei Martin Honecker durchaus nicht als inhaltsleer zu verstehen ist, sondern eine christliche Grundorientierung in einer pluralen und auf Verständigung angelegten Gesellschaft kenntlich macht.

Schließlich weisen die beiden Beiträge der beiden Praktiker Georg Eberhardt und Jörg Zimmermann darauf hin, dass Martin Honecker in seinem Dienst der christlichen Gemeinde und Kirche verbunden ist und von dort aus Verständigung in der pluralen und säkularen Öffentlichkeit praktisch zu denken vermag.

Eine vollständige Bibliografie der Veröffentlichungen Martin Honeckers der letzten Jahre vervollständigt die Festschrift für einen Sozialethiker, der bis heute die Veränderungen innerhalb der Gesellschaft aufmerksam begleitet und im christlichen Geist mitzugestalten versucht. Die Festschrift für den Jubilar macht hoffentlich deutlich, dass auch in einer religionspluralen Gesellschaft die Prägekraft des christlichen Glaubens nicht an Bedeutung verloren hat, sich allerdings nicht in einer festen Dogmatik vollzieht, sondern auf Verständigung, Dialog und Diskurs angewiesen ist. Darin wird die fundamentale Würde des Menschen gepflegt und das Recht des Menschen entscheidend zur Geltung gebracht. Einer solchen Positionierung gehört möglicherweise die Zukunft in einer postmodernen Gesellschaft, die sich in gewaltigen Transformationsprozessen befindet. Der

Jubilar macht durch seine Sozialethik in Theorie und Praxis auch heute noch Mut, sich diesen Prozessen zu stellen und diese in vielfältigen Verständigungsprozessen zu begleiten.

Herzlich danke ich Martin Honecker für seine Geduld, dass die Festschrift aufgrund beruflicher Pflichten in der Akademie Bad Boll erst eineinhalb Jahre nach seinem 80. Geburtstag veröffentlicht werden konnte. Der württembergischen Landeskirche, in der Martin Honecker seine ersten theologischen Schritte unternommen hat, Prof. Dr. Reinhard Schmidt-Rost, seinem Kollegen an der Evangelisch-Theologischen Fakultät Bonn sowie dem Verein zur Erforschung der Kirchengeschichte nach 1945 e.V. danke ich dafür, dass sie die erforderlichen Finanzmittel zur Veröffentlichung bereitgestellt haben. Leonie Stein danke ich für die engagierte Korrekturarbeit. Schließlich bedanke ich mich bei Jürgen Schneider und Julia Zubcic vom Kohlhammer-Verlag bei der konkreten Realisierung dieses Buchprojekts in einer Zeit, in der theologische Festschriften immer rarer werden.

Bad Boll, Oktober 2015 *Jörg Hübner*

Teil I

40 Jahre gelebte Sozialethik

Ein Gespräch zwischen Martin Honecker und Jörg Hübner

Jörg Hübner:
Du bist am 2. Mai 1934 geboren als das älteste von acht Kindern, und zwar bist Du in einem Pfarrhaus zur Welt gekommen. Wenn Du Dich daran erinnerst, was waren Deine ersten Kindheits- und Jugenderfahrungen im Pfarrhaus, von denen Du sagst, das waren für mich ganz entscheidende Erfahrungen?

Martin Honecker:
Was waren in einem Pfarrhaus entscheidende und prägende Erfahrungen? Das wird ganz unterschiedlich erinnert. Meine Geschwister erzählen alles Mögliche von ihrer Jugend, was sie nur aus der Erzählung anderer wissen können. Meine entscheidenden Erfahrungen waren, dass mein Vater ab 1939 im Krieg war, zunächst als Soldat, dann als Wehrmachtspfarrer, und dass ich von da an begreiflicherweise sehr eng mit meiner Mutter verbunden war.
Mein Vater war zunächst einmal 1939/40 im Westen, im Raum Neuwied, und dann war er als Soldat bei der Versorgung Frankreichs verwendet worden. Später ist er dann als Wehrmachtspfarrer nach Russland gekommen und war am Ilmensee eingesetzt; er hat dann Ende 1944, Anfang 1945 den ganzen Rückmarsch der deutschen Truppen vom Norden Finnlands über den hohen Norden Norwegens mitgemacht. Er kam in Norwegen in britische Gefangenschaft. Als Wehrmachtspfarrer war er gleichzeitig Gräberoffizier, er hatte sich also um die Gefallenen und die Benachrichtigungen der Angehörigen der Gefallenen zu kümmern. Er hat auch Feldgottesdienste gehalten. Er ist dann 1946 im Frühjahr aus der Gefangenschaft aus Norwegen zurückgekommen.

Jörg Hübner:
Ihr hattet ihn also zwischen 1939 und 1946 gar nicht gesehen?

Martin Honecker:
Doch, doch, er kam gelegentlich in Urlaub. 1940 wurde meine Schwester geboren, 1943 mein Bruder. Dieser Bruder hatte ihn eigentlich nicht gekannt, und als er 1946 zurückgekommen war, hat er nach einigen Tagen die Mutter gefragt: „Wann geht der fremde Mann denn endlich wieder?"

Jörg Hübner:
Also das heißt, Deine ersten Kindheitserfahrungen waren das Aufwachsen zu-

sammen mit Deinen Geschwistern, Deinen kleinen Geschwistern und Du als der Große und Älteste an der Seite Deiner Mutter?

Martin Honecker:
Man muss dazu etwas ausführlicher erzählen. Das eine ist die Lage der evangelischen Kirche und des Pfarrhauses. Das Pfarrhaus liegt zusammen mit der Kirche und dem Friedhof von Klingenstein ganz einsam. Unmittelbar hinter dem Haus beginnt an einem steilen Hang der Wald hinauf zum Albrand. Die nächsten Ortschaften Ehrenstein und Herrlingen sind ein paar Kilometer entfernt. Über das Flüsschen Blau, direkt vor der Wiese der Kirche, führte eine Holzbrücke; von dort waren es 600 Meter bis zum Dorf Klingenstein, unserer bürgerlichen Gemeinde. Wie kommt das? Die Antwort ist einfach: Mein Vater war der erste evangelische Pfarrer im Blautal, in einem ganz katholischen Milieu, und dieses katholische Milieu war zudem ausgesprochen kleinbürgerlich-proletarisch. Die drei Gemeinden waren zerstritten, so dass sie sich nicht einigen konnten, in welchem dieser Orte eine evangelische Kirche zu bauen wäre. Evangelische Einwohner sind ins Blautal erst gekommen durch die Industrialisierung nach 1900. An der Blau wurde eine Weberei errichtet, und dafür brauchte man Meister und Geschäftsführer, und in dem Zusammenhang zog dann eine protestantische Mittelschicht zu, die in den zwanziger Jahren von einem Vikar oder Pfarrverweser betreut wurde. Mein Vater hat als fünfundzwanzigjähriger Pfarrverweser diese entstehende Gemeinde übernommen und fand dort einen geplanten und vor Baubeginn stehenden Kirchbau vor, der 1931, mitten in der Weltwirtschaftskrise, eingeweiht wurde. Die Kirche ist im Bauhausstil errichtet. Sie steht inzwischen unter Denkmalschutz. Daneben wurden Pfarrhaus und Friedhof gebaut. Was für eine Mentalität in dieser Gemeinde herrschte, das konnte man am Eingangsportal des Friedhofs lesen: „Wir leben um zu sterben." Es war nämlich eine bitterarme Gegend, links und rechts in Herrlingen und Ehrenstein stehen Steinbrüche, dort sieht es heute unwirtlich aus. Kalk- und Zementwerke tragen fortlaufend die Höhen im Blautal ab. Die Ortschaften selber waren die ärmsten im Landkreis Ulm. Ehrenstein war im Besitz des Klosters Söflingen vor Ulm. Klingenstein war ein verarmtes Rittergut, in dem bis zur Säkularisierung der Ritter immer dann, wenn im Frühjahr die Steuern fällig wurden, seine Untertanen entweder ins Württembergische oder ins Oberschwäbische zum Stehlen geschickt hat, damit sie ihre Steuern bezahlen konnten. Und Herrlingen war auch nicht begütert, ehemaliger Deutschordensbesitz. Die Gemeinde Klingenstein hatte in der Weltwirtschaftskrise die höchste Zahl von kommunistischen Wählern im Landkreis Ulm. Die Bewohner hatten zwar ein bisschen Grund und Boden, aber davon konnte man nicht leben, sondern man musste im Steinbruch arbeiten. Das Blautal war zu Beginn des 20. Jahrhunderts in einer Zwischenstellung. Auf der einen Seite lag Ulm, die ehemalige freie Reichsstadt, in sieben Kilometer Entfernung, und auf der anderen Seite waren es zwölf Kilometer nach

Blaubeuren, das altwürttembergisch, also ebenfalls evangelisch gewesen war. Die Gemeinde im Blautal wurde zunächst von der schwäbischen Alb, von der Höhe herab, vom Pfarrer in Wippingen, auch altwürttembergisch, versorgt. Mein Vater kam also dorthin und hat die Kirche gebaut. Dann sollte eine Pfarrstelle errichtet werden. Er war unverheiratet und hat sich auf Wunsch des Kirchengemeinderats um die neu errichtete beworben. Da die Kirchenleitung dem einen Bewerber die Pfarrstelle nicht geben wollte und einem anderen Mitbewerber nicht geben konnte, kam mein Vater als Pfarrverweser zum Zug. Er war unverheiratet und musste sich dann eine Frau suchen.

Jörg Hübner:
Und Deine Mutter hat auch einen kirchlichen Hintergrund gehabt?

Martin Honecker:
Das ist eine bemerkenswerte Geschichte. Mein Großvater mütterlicherseits war württembergischer Pfarrer, zunächst im Hohenlohischen und dann auf der Schwäbischen Alb, in Laichingen. Laichingen liegt zentral auf der „rauen" Alb, in einem kalten Klima, und war ein Leinenweberstädtchen. Er kam in den 1920er Jahren als Stadtpfarrer nach Ulm und ist dann Mitte der 1930er Jahre Dekan am Ulmer Münster geworden. Das war damals eine schwierige Sache. Sein Vorgänger als Ulmer Dekan war Deutscher Christ und er war in der Pfarrerschaft umstritten. Der Pfarrbezirk Ulm, also das Dekanat Ulm, war ein großes Dekanat, und es war im Kirchenkampf unter den Pfarrern völlig gespalten, in einige Anhänger der Bekennenden Kirche und in einige rabiate Deutsche Christen. Mein Vater hat vorher für die Zuteilung von Klingenstein zum Dekanat Blaubeuren optiert, obwohl sein Schwiegervater Pfarrer in Ulm war. Die Pfarrer im Dekanat Blaubeuren waren zahlenmäßig weniger und fast alle noch recht jung im Amt; sie verstanden sich gut. So gehörten wir zum Dekanat Blaubeuren, obwohl wir räumlich näher an Ulm waren. Die ausgeprägte örtliche Diasporasituation führte dazu, dass wir in unserer Pfarrfamilie fast schon eine Außenseiterstellung in der Gemeinde hatten, denn die Bevölkerung war katholisch; aus Ulm waren zwar einige Evangelische zugezogen, die aber über einige Kilometer zerstreut lebten. Ich bin also im Wesentlichen im Geschwisterkreis aufgewachsen. Ein Bruder hat einmal gemeint, wir hätten ein eigenes Soziotop gebildet, und das wirkt natürlich bis heute nach. Wir waren eben Pfarrerskinder, Pfarrerskinder sind sowieso auf dem Präsentierteller; hier kam die Differenz zu der katholischen Wohnbevölkerung sowohl bildungsmäßig als auch nach Lebensstandard und Lebensart hinzu.

Jörg Hübner:
Gibt es möglicherweise Schlüsselerfahrungen in Deinem ganz frühen Leben, von denen Du sagst, sie waren ganz besondere Erfahrungen, ganz besondere Erlebnisse, sie sind bis heute für Dich immer noch ganz stark prägend? Gibt es ein,

zwei Schlüsselerlebnisse, von denen Du sagst, ja, die sind von größter Bedeutung gewesen?

Martin Honecker:
Die gibt es. Prägend ist für mich das Kriegsende geworden. Es sind allerdings unterschiedliche Erlebnisse, auch wenn sie zusammengehören.
Das eine ist, es gab einen schweren Bombenangriff auf Ulm am 17. Dezember 1944, am dritten Advent, und das Klingensteiner Pfarrhaus ist abgebrannt. Es war nämlich vor dem Bombenangriff eine Leuchtspurlinie gezogen worden – d. h. „Christbäume" waren gesetzt worden, ehe die Bomben fielen – von Klingenstein, Herrlingen, bis Ulm West, und ausgespart war in Ulm nur das Ulmer Münster. Die ganze Weststadt Ulms ist dabei völlig zerstört worden. Bei uns hat ganz in der Nähe eine Luftmine eingeschlagen. Meine Mutter war mit uns fünf Kindern im Keller, und wir haben die schweren Erschütterungen miterlebt. Oben im Haus hat eine Brandbombe eingeschlagen, eine Stabbrandbombe. Da kein Mann im Haus war, wurde nicht gelöscht; das Haus ist ausgebrannt. Ich habe damals mit meinem Bruder auf einem Sofa am Waldrand gesessen und habe dem Abbrennen des Hauses zugesehen, während meine Mutter irgendwo nach Männern um Hilfe suchte, die nach einiger Zeit auch kamen. Dies ist also schon eine ganz nachhaltige Erfahrung gewesen, zumal wir dann einige Tage später gesehen haben, wie zerstört die Innenstadt Ulms war. Wir haben in der Innenstadt Ulms vom Bahnhof aus durch die Stadt bis zum Eingangsportal des Münsters geblickt. Die Häuser waren weg, und ich bin danach mit der zerstörten Stadt Ulm aufgewachsen. Im Sommer 1945 gab es auch keine Schule; die Schule war dann im Herbst, als es wieder losging, provisorisch in einem ehemaligen Lazarett untergebracht. Ein Teil der Gebäude wurde inzwischen als Klinik für Haut- und Geschlechtskrankheiten genutzt. Daneben haben wir in Räumen, die durch Sperrholzplatten getrennt waren, morgens oder mittags Unterricht bekommen.
Diese Nachkriegserfahrungen bleiben schon gegenwärtig.

Jörg Hübner:
Wie hat sich diese Erfahrung des Verlustes Eures Pfarrhauses für Dich ausgewirkt, in dem Du groß geworden bist?

Martin Honecker:
Also sagen wir mal so: Es war natürlich ein Schock, und es war vieles, was dann weg war. Auf der anderen Seite habe ich auch positive Erinnerungen an mancherlei Hilfeleistungen, an Menschen, die geholfen haben. Und unter der Kirche waren zwei Gemeinderäume. Dort haben wir 1945 gelebt, aber dort waren wir eben nicht nur allein, sondern es kam eine Generalsfamilie mit zwei Kindern hinzu, die wir mit unterbringen mussten. Ein paar Tage, bevor die Amerikaner oder die Franzosen einmarschierten, hatten wir auch die hochschwangere Frau

eines SS-Mannes bei uns, und alle möglichen Leute haben dort zeitweise mitgelebt. Das Pfarrhaus ist dann provisorisch mit der Hilfe von Gemeindegliedern im Sommer 1945 wieder aufgebaut worden, sodass wir mehr oder weniger ab Herbst 1945 wieder im Pfarrhaus lebten. Das war schon eine ausgesprochen positive Erfahrung. Und der Sommer 1945, ein wunderbarer Sommer vom Wetter her betrachtet, ist für mich natürlich in allerschönster Erinnerung – keine Schule, kein Mensch, der Zeit hatte, sich um uns drei Jungen zu kümmern. Mein nächstjüngerer Bruder ist zwei Jahre jünger gewesen, der andere war vier Jahre jünger. Wir zogen durch die Wälder, haben Pilze gesucht. Wir haben uns auf der Blau Flöße gebastelt, obwohl wir nicht schwimmen konnten, und sind auf den Flößen herumgegondelt. Wir haben Maikäfer in riesigen Mengen gefangen (und aus denen, das darf man eigentlich gar nicht erzählen, spielend ein „Maikäfer-KZ" in einer großen Tonne gemacht). Es war ein Sommer von ungemein glücklichen Erfahrungen, die meine Selbstständigkeit sehr gefördert haben.
Die zweite Erfahrung hängt damit zusammen. Ich bin 1943 mit neun Jahren vorzeitig ins Gymnasium Ulm eingeschult worden und habe dort im Gymnasium als Jüngster in meiner Klasse immer eine Außenseiterstellung innegehabt, zumal ich nach 1945 auch noch der Klassenbeste war. Ich war so etwas wie ein Outlaw in der Klasse; ich hatte unter meinen Klassenkameraden auch keinen eigentlichen Freund. Der Älteste der Klassenkameraden war vier Jahre älter als ich, die meisten waren ein oder zwei Jahre älter. Ich habe 1943/44 noch Geschichtsunterricht gehabt und habe da in einem Geschichtsbuch die Heldenverehrung für Hermann Göring, Joseph Goebbels, Adolf Hitler und andere NS-Führer genossen. Dann kam April/Mai 1945, da wurden auf Bildern die KZ-Verbrechen geschildert, und ich stellte fest: das waren und sind alles Verbrecher. Ich gehöre also zu der Generation, die von Ideologie gar nichts mehr hält, und die im Blick auf die Betrachtung der politischen Umwelt recht skeptisch eingestellt ist. Also ich würde mich seitdem selber als einen Skeptiker bezeichnen, wobei Skeptiker nicht heißt, dass man sagt, na, alles ist völlig gleichgültig und es ist auch alles umsonst und vergeblich, sondern im ursprünglichen Sinn des Wortes *skeptein* betrachten und genau hinsehen. Das ist eine kritische Einstellung, und ehe man sich nicht kundig gemacht hat, sollte man mit Wertungen sehr zurückhaltend sein.

Jörg Hübner:
Das gehört zu dem, was Du in der Vergangenheit betrieben hast und bis heute noch betreibst?

Martin Honecker:
Ja. Das war prägend. Dazu kann ich noch zwei Einzelheiten ergänzen. Genauso gut wie ich im Gymnasium war ein Klassenkamerad, der sehr beliebt war, auch ein geschätzter und sympathischer Klassenkamerad, der inzwischen tot ist. Er

war Chemiker geworden. Seinen Vater bezeichnete er beruflich als Pfarrer und Nachtwächter. Der Vater war nämlich der DC-Führer von Ulm, Jugendpfarrer, deutsch-christlich gewesen schon seit Ende der 20er Jahre. Er ist dann nach 1945 aufgrund seiner Vergangenheit nicht mehr wieder in den Kirchendienst gekommen. Noch bis 1950 hat er eine deutsch-christliche Gemeinde im Raum Ulm um sich geschart. Mein Großvater hat ihn damals als Dekan entlassen, nicht etwa wegen seiner Irrlehren und wegen seiner kirchenpolitischen Auftritte, die öffentliche Aufmerksamkeit erregten; sondern er hat Jugendfreizeiten nicht ganz korrekt abgerechnet, und auf diese Weise konnte man ihn loswerden. Insofern hatte ich indirekt über meinen Großvater mit dem Klassenkameraden zu tun.
Dann gibt es noch ein Schlüsselerlebnis. Ich bin mit zehn Jahren Hitlerjunge geworden im Jungvolk. Ich hatte auch eine Uniform. Das war üblich und verpflichtend. Im Frühjahr 1944 musste ich dem Jungvolk beitreten. Im Sommer kam einmal der Fähnleinsführer aus Ulm. Wir waren auf dem Platz neben der Schule angetreten. Er hielt eine feurige Rede, und dann schrie er: „Die Pfarrersau soll vortreten!" Ich bin vorgetreten und habe Meldung gemacht. Dann schrie er: „Wenn der Krieg vorbei ist, werden wir auch mit Dir fertig werden, wie wir mit den Juden fertig wurden!" Als Ende 1944 das Haus abbrannte, war meine Uniform nicht mit verbrannt. Hinten im Haus hatten wir noch im Schutt des zerbombten Hauses ein Badezimmer mit einem alten Ofen, und in diesem Ofen, den man sonst mit Holz beheizt hatte, habe ich meine Uniform verbrannt.
Es gab auch ein paar Asoziale im Jungvolk. Das waren so Leute, von denen man heute sagen würde, dass sie Prekariat oder Hartz IV sind. Mit denen zusammen habe ich die Beerdigung von Rommel in Herrlingen erlebt. Denn wir wurden alle zum Dienst bestellt; ich bin ohne Uniform gekommen, die anderen „Asozialen" auch. Uns hat man deswegen sofort weggeschickt. Die in Uniform gekommen waren, mussten nach Herrlingen marschieren und standen dann in glühender Hitze im August vom Bahnhof Herrlingen bis zum Friedhof Spalier, als die Lafette mit der Leiche vorbeigebracht wurde. Auf der Anhöhe über dem Friedhof stand eine einsame Kiefer, auf die wir stiegen. Wir konnten daher auf dem besten „Logenplatz" von oben herab die Beerdigung aus etwa 200 Meter Entfernung beobachten.

Jörg Hübner:
Deine ersten Erfahrungen waren irgendwie etwas Besonderes, die Pfarrfamilie, dann warst Du der Klassenbeste und das schon sehr jung; fühltest Du Dich manchmal etwas als Außenseiter?

Martin Honecker:
Ich habe aus meiner Jugendzeit keinen Freund. Ich bin auch etwas schikaniert worden von meinen Klassenkameraden, habe da auch manches über mich ergehen lassen.

Jörg Hübner:
Schikaniert worden, weil Du Sohn eines Pfarrers warst oder weil Du jung warst?

Martin Honecker:
Das würde ich keinesfalls sagen. Die Nachkriegszeit war sowieso eine Zeit der Härte und Unbotmäßigkeit. Ich muss daher noch ein bisschen was zur Zusammensetzung unserer Klasse erzählen. Wir waren, als wir 1943 anfingen, 25, und nach dem Krieg waren wir noch zwischen 12 und 15, und mir ist hinterher erst klar geworden, wie soziologisch gespalten unsere Schulklasse war. Das waren einerseits die einheimischen Ulmer, die aus dem Ulmer Besitzbürgertum kamen, deren Eltern hatten ein Geschäft oder waren Beamte, etwa Oberstudienrat, evangelisch, die auch als Ortsansässige am Nachmittag etwas miteinander unternommen haben. Dann gab es Fahrschüler wie mich und noch zwei, drei andere; das waren im Wesentlichen Pfarrerssöhne, die also nur während der Schulzeit in Ulm waren. Und dazu kam noch ein kleiner katholischer Teil, der aus Oberschwaben kam und der in Ulm irgendwo ein Zimmer hatte und betreut wurde, ferner diejenigen, die aus dem Ulmer Oberland anreisten, also aus Richtung Biberach oder Pfuhl, und dort lebten. Vielleicht zwei oder drei Katholiken kamen aus Ulm. Sie alle waren mit der Absicht aufs humanistische Gymnasium geschickt worden, die Voraussetzungen zu erhalten, um Priester zu werden. Die Katholiken hatten keinen Zugang zum Ulmer Bürgertum. Dies alles ist mir freilich erst nach dem Abschluss der Schulzeit, nach dem Abitur klar geworden. In diesem Rahmen war ich der Kleinste. Ich führte den Spitznamen „das Jungerle". Die anderen haben Tanzstunde gemacht, ich habe keine Tanzstunde gemacht, ich war auch nicht sportlich usw. Außerdem war ich nicht besonders bei den anderen beliebt. Auf der anderen Seite bin ich mit der Schule sehr gut zurechtgekommen.

Jörg Hübner:
Ich glaube, einer Deiner wichtigen Lehrer in der Schule war Erwin Nestle?

Martin Honecker:
Ja und nein. Erwin Nestle war eine Zeit lang mein Religionslehrer, und er wurde etwas verspottet, er war ein ganz lieber, freundlicher, aber nicht durchsetzungsstarker Mensch. Ich habe Erwin Nestle, 1945/46 muss es gewesen sein, einen zweirädrigen Wagen bei einem Zimmermann schieben sehen; denn er war als NS-Belasteter nicht mehr als Studienrat zugelassen. Was war der Grund? Er hat irgendwann bei der NS-Volkswohlfahrt einen Bezirk übernommen und die Sammlungen durchgeführt. Außerdem hat er ganz brav zugleich immer im Ulmer Münster die Kollekte nach dem Gottesdienst gezählt. Seine etwas herausgehobene Position in einer NS-Organisation, weil er Geld eingesammelt hatte und dazu Leute aufgesucht hat, hat ihn zunächst suspendiert. Ich habe eine nähere

Beziehung zu ihm gewonnen, weil ich ein Jahr vor dem Abitur 25 Stunden bei ihm im Privatunterricht in seiner Wohnung Hebräisch gelernt habe. Damals gab es die Möglichkeit, das Hebraicum im Seminar Urach abzulegen. Die Seminaristen in Urach hatten einen Repetenten, also einen jungen Theologen, der sie in Sprachen und in Religion betreute, der sehr gern Hebräisch unterrichtete. Er hatte 15 Seminaristen auf das Hebraicum vorbereitet, und dazu kam Karl Ellinger aus Tübingen und hat in Urach die Prüfung abgenommen. Ich kam als Externer aus Ulm dazu und habe mit meinen 25 Stunden bestanden, und mein Hebräischzeugnis steht im Abitur.

Jörg Hübner:
Was hast Du von Nestle Besonderes gelernt?

Martin Honecker:
Ich habe ihn als einen ganz freundlichen, sozialen Menschen kennengelernt; aber er war ungeheuer bescheiden. Er hat die neutestamentliche Textausgabe, den „Nestle", betreut, ohne irgendwelche Hilfskräfte. Heute gibt es in Münster an der Evangelisch-theologischen Fakultät ein Institut für neutestamentliche Textforschung. Er war ein liberaler Theologe, hat nicht gepredigt und hat deshalb als Religionslehrer am Gymnasium unterrichtet. Er hatte eine ungemein menschliche, hilfreiche Art. Das habe ich bei ihm mitgenommen. Der andere Religionslehrer, der mich beeinflusst hat, hieß Schlenker. Er vertrat die historisch-kritische Theologie, wollte nicht ins Pfarramt und wurde Religionslehrer. Er hat uns ziemlich früh in der gymnasialen Oberstufe so etwas wie historisch-kritische Exegese beigebracht. Das war für mich doch auch eine wichtige Sache. Das habe ich so von Nestle nicht gelernt. Vor dem Abitur musste man angeben, was der künftige Berufswunsch war, und ich habe erklärt, ich wolle Theologie studieren. Daraufhin hat mich der Physik- und Mathematiklehrer beiseitegenommen und gesagt: „Honecker, überlegen Sie sich das sehr gut. Sie sind dafür viel zu intelligent. Sie glauben doch nicht diese Wundergeschichten und die Schöpfungsgeschichte." Ich habe gesagt: „Nein, das glaube ich auch nicht." Dabei habe ich freilich nicht erklärt, was ich unter glauben verstehe! Ich war somit vor dem Theologiestudium durch den Religionsunterricht bereits vorgeprägt oder vorgewarnt.

Jörg Hübner:
Weißt Du noch, wann Du zum ersten Mal die Idee hattest, Theologie zu studieren?

Martin Honecker:
Ich hatte die Idee nie zum ersten Mal, sondern das war so die Vorstellung meiner Eltern. Ich heiße ja auch Martin, und ich wollte unter allen Umständen studieren. Aber dies konnte ich nur, wenn ich Theologie studierte, und zwar deshalb,

weil ich Stiftler werden konnte; denn damals gab es ja noch kein BAFÖG und kein Honnefer Modell. Nur wenn ich im Tübinger Stift freie Unterkunft und freie Verpflegung bekam, dann konnte ich studieren. Ein freies Studium hätte man in einer Pfarrersfamilie bei acht Kindern im Jahr 1953 sich nicht leisten können. Ich habe das Theologiestudium allerdings ausgesprochen genossen. Die Wahl des Theologiestudiums begünstigt hat auch, dass meine Mutter in der Zeit der Abwesenheit des Vaters, bis auf den sonntäglichen Gottesdienst, die gesamte Gemeindearbeit betreut hat. Sie hat Religionsunterricht erteilt, Frauen- und Mädchenkreise geleitet, den Kirchenchor dirigiert und die Orgel gespielt. Ich bin also in einer pastoralen Atmosphäre aufgewachsen.

Jörg Hübner:
Ich habe gelesen, Du hattest Dich bei der Abiturklausur im Fach Religion mit zwei Schriften auseinanderzusetzen. Friedrich Loy heißt der Autor. Seine Glaubenslehre trug den Titel „Die Christuswahrheit", seine Ethik hieß „Glaube und Leben. Eine evangelische Ethik". Diese hast Du Dir vorgenommen und studiert. Da bist Du zum ersten Mal mit Ethik in Berührung gekommen?

Martin Honecker:
Nein. Also es war eine kompliziertere Geschichte. Denn wenn Du ins Tübinger Stift als Stiftler aufgenommen werden willst, musst Du zu den anderen vier oder fünf Klausuren noch eine besondere Religionsklausur schreiben. Ich habe mich daher mit den beiden Schriften von Friedrich Loy vorbereitet. Die beiden Büchlein waren konzipiert für den Religionsunterricht an der gymnasialen Oberstufe in Bayern. Das eine war eine Dogmatik, das andere eine Ethik. In der Bibelkunde war ich vom Pfarrhaus her ziemlich gut beschlagen, das war kein Problem. Friedrich Loy kam von Paul Althaus her. Dazu kommt noch eine nette Pointe. Im Haus von Friedrich Loy ist der Kollege Konrad Stock aufgewachsen; denn Loy war der Großvater von Stock. Und Stocks Vater ist im Krieg gefallen, weshalb der Kollege Stock bei Loy aufgewachsen ist. Was war in der Ethik das Thema von Loys Lehrbuch, „Glaube und Leben", „Gute Werke"? Drei Seiten Ehe, vielleicht zwei oder drei Seiten Staat. Das kannst Du eigentlich im Grunde heute als Selbstverständlichkeiten vergessen. Es war mehr diese Grundhaltung eines milden Luthertums, die mich beeinflusst hat.

Jörg Hübner:
Was meinst Du mit „mildem Luthertum"?

Martin Honecker:
Ich kann es wieder am besten anekdotisch erzählen. Als ich nach Bonn gekommen bin, hat der Kollege Schneemelcher zu mir deutlich gesagt: „*Ein* Schwabe in der Fakultät genügt." Damit meinte er Ernst Bizer. Ernst Bizer war ein konfes-

sorischer Typ. Er konnte in Sitzungen sagen: „Das kann ich mit meinem Glauben, das kann ich mit meinem Bekenntnis, das kann ich mit meiner Theologie nicht vereinbaren." Darum hat er in solchen Fällen auch Sitzungen verlassen, wenn er gegen etwas war. Damals habe ich zu Schneemelcher gesagt: „Beruhigen Sie sich, ich bin kein Schwabe, ich bin Ulmer", und ich würde mich folglich der Ulmer Tradition verpflichtet fühlen. Ulm war immer zwar konfessionell lutherisch, aber es war eben nicht dieser enge lutherische Konfessionalismus, wie ihn die Erlanger Theologie und zeitweise die VELKD vertreten hat, und er war auch nicht pietistisch. Der Pietismus ist erst nach dem Wiener Kongress 1815 nach Ulm gekommen durch Zuwanderer aus dem früheren Herzogtum Württemberg. Ulm war also nicht orthodox und pietistisch, sondern es war ein liberales, aufgeklärtes Luthertum. Zum Beispiel: Dass die Reformierten wegen ihrer Prädestinationslehre nicht in die Hölle kommen, dass ich in einer Unierten Kirche überhaupt keine Schwierigkeiten, vor allem nicht mit der Abendmahlslehre habe und anderes mehr. Meine starke Betonung der Vernunft kommt von was anderem. Dies ist wesentlich später.

Jörg Hübner:
Könntest Du Deine Glaubenserfahrungen in der frühen Phase Deiner Kindheit und in Deiner Jugendzeit vielleicht mit biblischen Geschichten oder besonderen biblischen Geschichten, die Dich beeindruckt haben, noch belegen? Könntest Du sagen: Das sind so wichtige Erfahrungen, dass sie meinen Glauben geprägt haben – ganz abgesehen von der kulturellen Prägung durch Deine Familie, da Du ja in einem Pfarrhaus groß geworden bist? Gibt es da besondere Ereignisse oder Erlebnisse?

Martin Honecker:
Nein. Also mit einer Bekehrung oder etwas Vergleichbarem kann ich nicht dienen. Ich bin ein Mensch, der nicht auf ein Dringen auf Entscheidung, sei es pietistisch, sei es existentialtheologisch ausgerichtet ist. Ich bin kein Anhänger eines theologischen Dezisionismus, nach dem Motto: Glaube ist Gehorsam. Ich habe mir einen eigenen Weg gesucht. Meine Mutter war in einer späteren Phase sehr pietistisch, geprägt vom Pietismus in Aidlingen, mein Vater war Berneuchner Michaelsbruder, und diese beiden Einflüsse haben mich natürlich auch etwas bestimmt. Aber ich habe mich beiden Richtungen nicht angeschlossen und von da aus so eine Via Media, eine Art Mittelweg theologisch gesucht. Was mich noch stark beeinflusst hat, war mein Dienstjahr 1952/53. Ehe man damals zum Theologiestudium zugelassen wurde, musste man ein halbes Jahr Industriepraktikum machen und ein halbes Jahr in der Diakonie arbeiten. Eine Zeit lang hatte die Landeskirche die Studenten für das Diakoniepraktikum in Schwäbisch-Hall zusammengezogen und ihnen dort zugleich Hebräischunterricht erteilt. Das hat man nach ein oder zwei Jahren aufgegeben, weil die Praktikanten in der Diako-

nissenanstalt Rabatz gemacht haben, so dass man sie nicht mehr konzentriert in der Diakonissenanstalt Schwäbisch-Hall haben wollte. Ich habe mein Dienstjahr begonnen als noch nicht 18-Jähriger im April 1952 bei der Firma Hummel, einer Dreschmaschinenfabrik. Viel anfangen konnte man mit mir als Hilfsarbeiter nicht. Daher bin ich zu denen, mit denen man als Hilfsarbeiter auch nicht viel anfangen konnte, und daher zur Transportabteilung versetzt worden. Ich habe 99 Pfennige in der Stunde verdient. Als ich dann über 18 war, habe ich 1,10 DM in der Stunde verdient. Ich musste Kohle schippen, ich musste Eisenträger tragen, vor allem haben wir Dutzende, wenn nicht Hunderte von Dreschmaschinen auf offene Güterwagen verladen und mit Draht befestigt. Die Maschinen gingen in die Türkei. Da hatte ich wirklich mit Leuten zu tun, die völlig kirchendistanziert waren. Ich hatte ein gutes Verhältnis zu ihnen. Es waren alles so über 50-Jährige, mit denen man sonst nicht mehr viel technisch Anspruchsvolleres anfangen konnte, aber zu denen hatte ich menschlich gute Beziehungen. Und danach war ich ein halbes Jahr im Diakonissenhaus in Schwäbisch-Hall, im Altersheim, der einzige „Bruder" neben lauter Diakonissen. Auch da hatte ich eine Reihe Erlebnisse. Von dort habe ich auch eine gewisse kritische Sicht auf die Diakonie mitgebracht. Ich bin nämlich einmal zum Gottesdienst des Anstaltsleiters gegangen, der ein sehr mächtiger Mann war. Er predigte gegen diejenigen, die „unsere Versammlungen verlassen" (Hebräerbrief), und hat sich beschwert, dass es Diakonissen gäbe, die in die Stadt zum Gottesdienst gingen und nicht in die Anstaltskirche. Ähnliche Erlebnisse habe ich gehabt. Ich bin dann kurz vor Ablauf dieses halben Jahres in der Diakonissenanstalt in Schwäbisch-Hall nach Stuttgart bestellt worden und sollte über meine Erlebnisse berichten. Dabei wurde gefragt, ob ich schon Kontakt zum Anstaltsleiter gehabt hätte. Da antwortete ich: „Nein, er hat mich noch nicht zu sich gerufen." Drei Tage später kam ein Anruf, ich möchte mich bitte beim Anstaltsleiter melden. Dann bin ich vom Sohn des Anstaltsleiters mit dem Mercedes des Anstaltsleiters auf die Außenstellen gefahren worden, und wir sind dort überall wie herrschaftliche Vertreter von den Diakonissen empfangen worden. Also meine Eindrücke aus Schwäbisch-Hall sind schon etwas zwiespältig: Dazu kam eine düstere Vergangenheit. Da gab es ein großes Haus, das Gottlob-Weiser-Haus, das war in der Nachkriegszeit mit Tuberkulosekranken belegt, war aber inzwischen weitgehend leer. Das Haus war bis 1940 voll mit debilen Frauen gewesen, die fast alle bei der Euthanasieaktion 1940 vergast wurden.

Jörg Hübner:
Die Tage waren also sehr entscheidend dort.

Martin Honecker:
Ja. Ich hatte täglich ganz schwere Pflegefälle zu versorgen. Wir hatten vier zu betreuende Kranke in Pflegestationen, die von der Familie abgeschoben worden

waren. Der eine war schwer an Parkinson erkrankt und überhaupt nicht beweglich, ein anderer hatte einen Schlaganfall und konnte sich nicht äußern. Ich hatte sie zu waschen, zu betten und zu füttern.

Jörg Hübner:
Würdest Du für einen, der heute anfangen würde Theologie zu studieren, empfehlen, er müsse auch so ein Dienstjahr absolvieren, wie Ihr das damals hattet, damit er mit bestimmten sozialen Erfahrungen umgehen kann?

Martin Honecker:
Das war damals eine Ausnahmesituation. Nein, ich würde es nicht empfehlen, und zwar einfach deshalb, weil es auch eine Überforderung für 19-Jährige sein kann. Was ich empfehlen würde, ist ein gut angeleitetes Praktikum. Man müsste solche Dinge nämlich auch auswerten, und die Auswertung fehlte. Ich musste einen Bericht schreiben, das war alles.

Jörg Hübner:
Es gab also keinen, der darauf reagiert hat oder gefragt hat, wie bist Du damit umgegangen oder so?

Martin Honecker:
Nein. – Aber das wäre erforderlich. Und ein Jahr Praktikum ist zum Teil auch Zeitverschwendung. Die Anforderungen waren zudem unterschiedlich. Andere haben Pförtnerdienste getan, und andere waren irgendwo auf einem Büro beschäftigt. Also, es waren sehr individuelle Erfahrungen. Ich möchte meine Erfahrungen nicht missen, aber verpflichtend würde ich dies nicht machen. Was ich heute eher erwarten würde ist, dass die Studierenden und im Vikariat beschäftigten Theologen eine ganz wesentliche Horizonterweiterung durch Hospitation bei anderen Konfessionen und in anderen Ländern bekommen. Das hielte ich für ganz wichtig. Aber die Ideologie, wonach man Handarbeit ein halbes Jahr gemacht haben müsste, halte ich nicht mehr für überzeugend.

Jörg Hübner:
Es ging dann mit dem Studium in Tübingen los, und in Basel hast Du studiert; was waren Deine entscheidenden theologischen Lehrer?

Martin Honecker:
Ich habe zunächst einmal generell fasziniert studiert. Ich habe bei Wolfgang Schaldewaldt gehört, ich habe bei Walter Schulz Philosophie gehört. Am stärksten hat mich in Tübingen von den Theologen Hanns Rückert beeindruckt durch seine exzellenten Vorlesungen. Im ersten Semester konnte ich als Gastdozenten noch Albrecht Alt hören. Bei Gerhard Ebeling habe ich im vierten Semester seine

erste systematisch-theologische Vorlesung gehört. Diese Vorlesung war mühsam, denn sie behandelte Theologiebegriffe von den Anfängen bis zum Mittelalter in allen Details und Einzelheiten. Ich habe danach in Basel studiert, auch bei Karl Barth. Karl Barth war eine imponierende, faszinierende Persönlichkeit. Aber ich übernahm nicht das, was man schon damals rheinischen Barthianismus nannte, nämlich die Haltung einer Gruppe rheinischer Theologiestudenten, die ihn hofiert haben und immer gesagt haben, „wie Herr Professor richtig gesagt haben", oder „das haben Sie doch in Ihrer Dogmatik II/1 schon gesagt". Ich erinnere mich beispielsweise an Jürgen Fangmeier oder Friedrich-Wilhelm Marquardt. Das war nicht mein Metier. Was mich in Basel darüber hinaus interessiert hat, waren junge Dozenten wie Eduard Buess, Felix Flückiger oder Heinrich Ott. Bei Buess waren wir in Benken zum Kirschenessen eingeladen, wo er Pfarrer war. In Basel bin ich zum ersten Mal mit Luther in Berührung gekommen; wir haben bei einem Privatdozenten Luthertexte gelesen.

Jörg Hübner:
Da hast Du Dich zum ersten Mal mit Luther beschäftigt?

Martin Honecker:
Ja, mit Luthertexten. Das waren ganz kleine Vorlesungen; wir waren vielleicht sechs, sieben Hörer, und wenn einer gefehlt hat, dann war dies schon erkennbar eine Lücke. Die Dozenten wollten mit uns auch reden. Das war für mich so ein Gegenstück zu dem als Masse von Studenten in Erscheinung tretenden Barthianismus.

Jörg Hübner:
Die Barth-Veranstaltungen waren vermutlich immer voll?

Martin Honecker:
Riesenvoll; es kamen Leute sogar aus Zürich. Es war, wie soll ich sagen, Events von Barth in den 1950er Jahren. Er war sehr magistral, konnte aber Studenten sarkastisch bloßstellen, wenn ihm Fragen oder Antworten nicht passten: „Versuchen Sie mal, damit in Ihrem Leben oder im Unterricht klarzukommen" oder ähnliches.

Jörg Hübner:
Hattest Du schon damals ein gewisses kritisches Verhältnis zu Barth und der Barthschen Theologie entwickelt?

Martin Honecker:
Nein. Das war für mich damals keine Frage. Ich habe auch Karl Jaspers daneben gehört. Ein kritisches Verhältnis habe ich nur zu der Korona um Barth ent-

wickelt. Diese Barth-Scholastik, die beeindruckte mich nicht, während der Meister natürlich schon imponierte, wie er Themen und theologische Sachverhalte entfalten konnte. Nein, ich bin dann durchaus als Barthianer zum Examen im achten Semester nach Tübingen zurückgekehrt, im neunten habe ich dann Examen gemacht.

Jörg Hübner:
Weißt Du noch, was Deine Examensarbeit war?

Martin Honecker:
Wir haben damals keine Zulassungsarbeiten geschrieben. Wir haben lediglich fünf Klausuren geschrieben, und dann kam später in denselben fünf Fächern eine mündliche Prüfung, und zwischendrin als praktisch-theologische Prüfung binnen einer Woche eine Katechese und eine Predigt. Und das war's. Also haben wir fünf Klausuren in einer Woche geschrieben im Hörsaal im Stift – Altes Testament, Neues Testament, Kirchengeschichte, Dogmatik und Ethik. Zwischen Schriftlichem und Mündlichem erhielt man am Mittwochabend einen Spruch für die Katechese und einen Text für die Predigt; für das eine musste man am Samstagabend einen Entwurf abliefern und am Montag Predigt oder Katechese halten und den anderen Entwurf am Mittwoch abliefern, und am Donnerstag wurden dann beispielsweise Kinder, die dafür fünf Mark erhielten, im Hörsaal versammelt. Mit ihnen musste man dann eine Viertelstunde lang eine Spruchkatechese halten: „Freuet Euch in dem Herrn alle Wege." Ich weiß nicht mehr, was mein Spruch war; ich erinnere mich nur daran, dass ein Bekannter dieses Pauluswort zu katechesieren hatte im Examen – es sind Mädchen gewesen, die sind auch braver –, die er anzusprechen hatte. Er hat darum gefragt: „Was macht ihr, wenn eure Freundin einen Petticoat bekommt?" Dann kam die Antwort: „Ich freue mich in dem Herrn Jesus." Da gibt es viele Anekdoten!

Jörg Hübner:
Nach dem Studium bist Du Vikar in Ludwigsburg gewesen?

Martin Honecker:
Ich bin dann im September als Vikar nach Ludwigsburg geschickt worden. Ich war nie im Predigerseminar, nie im Pfarrseminar, ich hatte lediglich einen 14-tägigen Vorbereitungskurs. Das war damals üblich. Ich bin auch froh, dass ich kein Predigerseminar besuchen musste. Ich kam nach Ludwigsburg in eine Gemeinde mit 7000 Seelen. Pfarrer und Dekan waren im Urlaub. Mittwoch war damals Dienstantritt, und es waren drei Hochzeiten angesagt, die ich für die abwesenden Pfarrer am Samstag halten sollte. Meine erste Amtshandlung bestand folglich darin, dass ich von einem Pfarrer zum anderen gezogen bin, der mir diese Hochzeiten abgenommen hat. Als Vikar hatte ich sodann 120 Vorkon-

firmanden zu unterrichten, die in Württemberg Zuhörer heißen, die ich in 4 Gruppen zu jeweils 30 in einer Schule zu unterrichten hatte. Außerdem hatte ich in 4 Klassen Religionsunterricht jeweils 2 Stunden, ich habe also 12 Stunden Religionsunterricht gegeben ohne jede Vorübung. Ich bin mit meinem Religionsunterricht folglich kläglich gescheitert. Mein Vorgänger war sehr musikalisch, und ich kann nicht singen. Er hat die 14 bis 16 Jahre alten Mädchen begeistert, und mich haben sie fast gehasst. Ich bin am Ende des Schuljahrs zum Direktor gegangen und habe erklärt: „Gib mir neue Klassen, ich bin gescheitert." So begann für mich das Vikariat. Daher wollte ich noch mal mich fortbilden. Ich hatte beim Lutherischen Weltbund ein Stipendium beantragt, habe es auch für Chicago erhalten. Ich wollte etwas anderes dazulernen und studieren. So beabsichtigte ich Kirchensoziologie zu studieren und je nachdem, wie es in Chicago ausgegangen wäre, hätte ich noch Sozialwissenschaft studiert. Ich war mir auch nicht sicher, ob ich Pfarrer sein wollte.

Jörg Hübner:
Hat das Leben dort in dieser Vikariatsgemeinde in Ludwigsburg und haben Dich die Erfahrungen dort in dieser Gemeinde zur Kirchensoziologie getrieben?

Martin Honecker:
Ja, natürlich, 7000 Seelen mit einem Pfarrer waren anonym. Mein Vikarsvater war früher Militärpfarrer und wurde noch nebenamtlicher Standortpfarrer in Ludwigsburg. Mein Vorgänger als Vikar, der spätere Oberkirchenrat Arnold, der längst tot ist, hat mir gesagt: „Ich gebe Dir einen guten Rat, unterhalte Dich über zwei Dinge nicht mit Deinem zuständigen Betreuer: erstens über Theologie und zweitens über Politik."

Jörg Hübner:
Über Theologie? Weswegen nicht?

Martin Honecker:
Ach, er war auf dem Stand bei Adolf Schlatter der 1920er Jahre hängen geblieben, und er hat gelegentlich Predigten, die er bereits vor sechs Jahren gehalten hat, wieder neu gehalten im Jahr 1957. Oder er hat den Engel der Sehnsucht durch die Lande gehen lassen und dergleichen. Er hatte von seiner Tätigkeit als Militärpfarrer her ein sehr direktes Auftreten, und politisch war er völlig auf der Linie der Wiederbewaffnung und begeistert von der CDU. Ich hatte, wie gesagt, also ein Stipendium für Chicago, und ich bin auch von der Fulbrightkommission mit einem Reisestipendium für die Schiffsreise ausgestattet worden. Als alles so weit war, bekam ich einen Brief von Hermann Diem, ob ich bei ihm Assistent werden wolle.

Jörg Hübner:
Du hast Dich später, das war praktisch eine Konsequenz aus Deiner Promotion zum Kirchenverständnis, mit Kirchenrecht auseinandergesetzt? Du warst auch kirchenrechtlich interessiert? Wie kam das, was waren Deine entscheidenden Ansatzpunkte, war das wirklich eine konsequente Fortsetzung der Auseinandersetzung mit der Kirchensoziologie?

Martin Honecker:
Im Dezember 1960 wurde ich promoviert und war dann von 1961 bis 1964 Stiftsrepetent. Das war eine besonders interessante und fruchtbare Zeit, mit dem Repetentenkollegium, in dem beispielsweise Klaus Scholder, Jörg Baur oder Martin Brecht Kollegen waren. Als Assistent war ich Staatsbeamter, als Repetent war ich im Kirchendienst. Die Repetentenzeit im Stift hat für mich die Möglichkeit erschlossen, die Stiftsbibliothek zu benutzen. Dort gibt es ja unendlich viele Bücherschätze aus der altprotestantischen Orthodoxie. Meine erste Überlegung war, bereits im Umfeld des Zweiten Vatikanischen Konzils, zum Thema „Schrift und Tradition" und zum Kanonverständnis zu arbeiten. Das erwies sich als zu aufwendig, zu schwierig, weil der Umbruch von der altprotestantischen Schriftlehre zur historischen Kritik und zugleich die völlige Neueinschätzung des Traditionsverständnisses der Kirchenüberlieferung zu bedenken waren. Das ist bis heute noch eine offene Frage. Auch die Evangelische Kirche lebt nämlich von Tradition. In dieser Zeit wechselte Hermann Diem von der Systematischen Theologie auf einen neu errichteten Lehrstuhl für Kirchenordnung. Diem hat mich dann darauf angesprochen, Kirchenordnung wäre doch ein interessantes Thema. Er hat Seminare mit Martin Heckel gehalten, und Martin Heckel hat sehr viel über das 16. bis 18. Jahrhundert anhand der Bibliothek seines Vaters im evangelischen Kirchenrecht gearbeitet, zu Parität, landesherrlichem Kirchenregiment und anderem. Martin Heckel meinte, es wäre doch interessant, was Johann Gerhard und andere lutherische Theologen zum Kirchenrecht geschrieben haben. So bin ich auf das Kirchenrecht gekommen. Die Idee stand damals zudem im Raum, war Programmatik, dass man Kirchenrechtsstühle an evangelischen Fakultäten einrichten sollte. Kirchenrecht oder Kirchenordnung war damals vom Wissenschaftsrat als neue Disziplin empfohlen worden, und es gibt heute einen einzigen Kirchenordnungslehrstuhl; er ist in Tübingen.

Jörg Hübner:
Das hat sich irgendwie nicht durchgesetzt ...

Martin Honecker:
Nein. Damals habe ich mir überlegt: Das wäre doch eine Nische, eine Seitenkapelle, in der ich dann zuhause sein könnte.

Jörg Hübner:
Also wo Du möglicherweise eine berufliche Perspektive entwickeln könntest.

Martin Honecker:
Gut. In der Zeit als Repetent habe ich daran gearbeitet. Als 1964 im Stift meine Zeit abgelaufen war, habe ich ein Gespräch geführt mit dem zuständigen Oberkirchenrat für die Pfarrstellenbesetzung, und er sagte zu mir: „Ich kann Ihnen nicht empfehlen, in den Kirchendienst zu gehen. Sie sind unverheiratet. Wir werden Ihnen nur eine Stelle in einem Industrievorort von Stuttgart geben können, und dort verschleißen Sie sich völlig. Bleiben Sie an der Universität." Dann habe ich mich 1965 habilitiert. Ich habe in derselben Zeit meine Frau kennengelernt und war im Sommer 1965 mit allem anderen als mit Wissenschaft beschäftigt. Ich hatte auch eigentlich nicht vor, mich an der Ethik zu orientieren. Meine Probevorlesung habe ich über die Diskussion zwischen Helmut Gollwitzer und Wilhelm Weischedel über das Gottesverständnis gehalten. Sie ist nicht veröffentlicht, weil ich sie nicht für publikationsreif gehalten habe. Und daneben hatte ich mich mit Karl Sixt Kapff und dessen Einfluss auf die württembergische Kirche beschäftigt. Kapff war der pietistische Antipode zu David Friedrich Strauß und er hat im 19. Jahrhundert die württembergische Kirche auf den Pietismus festgelegt. Das wäre ein anderes Thema für mich gewesen. Ich hatte die Habilitation im Sommer 1965 erhalten. Ich habe dann im Wintersemester erstmals über Kirche und Staat gelesen. Das hat mir sehr viel Freude gemacht. Die Antrittsvorlesung habe ich dem Thema „Schleiermacher und das Kirchenrecht" gewidmet. Freitagabend war die Antrittsvorlesung, am Samstagmorgen lag im Briefkasten die Mitteilung, dass ich vom Dekan zum Prüfer im Fach Ethik bestellt sei. Ich hatte bis dahin keinen näheren Bezug zur Ethik. Ich habe lediglich ein Seminar bei Heinz-Horst Schrey über theologisches Staatsverständnis gemacht. Das Seminar war zwar sehr materialreich, aber auch langweilig. Ansonsten habe ich von Ethik nicht viel gehalten. Zunächst einmal: Manche halten Ethiker eher für Moralisten. Meine Frau wurde beispielsweise von einem Juristenkollegen gefragt, ob es sehr schwierig sei, mit einem Moraltheologen verheiratet zu sein, und sie hat die Frage nicht verstanden. Es gibt überdies das geflügelte Wort von Friedrich Theodor Vischer: „Das Moralische versteht sich von selbst." Zum Zweiten: Das, was mir im Studium als Moral begegnet ist, das war im Wesentlichen Pastoralmoral für Pfarrer, das fand ich nicht so aufregend. Im 19. Jahrhundert wurde Ethik auch von Praktischen Theologen gelehrt.

Jörg Hübner:
Es muss doch aber Ethikvorlesungen gegeben haben?

Martin Honecker:
Ja, gab es schon, aber das war so das Übliche, also „Glaube und Werke", „Lehre

und Leben", „Indikativ und Imperativ". In Tübingen hat Hermann Faber Ethik geprüft, der die RGG, zweite Ausgabe, herausgegeben hat. Er war Praktischer Theologe. Er war nach 1945 suspendiert, weil er Parteigenosse (PG) war, und hat in dieser Zeit das Diakonische Werk in Südwürttemberg-Hohenzollern geleitet. Seine Vorlesungen hörte man nicht. Ernst Steinbach war der Sozialethiker, ein genialer Mann, aber völlig undiszipliniert. Er hat nie ein Semester mit Vorlesungen zu Ende gebracht. Seine Seminare wurden im Wesentlichen vom Assistenten gehalten. Er war sehr anspruchsvoll. Berufen wurde er über die CDU, nachdem er Oberregierungsrat war. Eine Zeit lang war er bei der Einführung des Zweiten Fernsehens tätig, beim Adenauerfernsehen in Wiesbaden, und er war bei der freiwilligen Filmselbstkontrolle aktiv und hat deshalb manchmal Sexualszenen in Examen geprüft, wie im Film „Wilde Erdbeeren".

Jörg Hübner:
Ethik und die Auseinandersetzung mit Sozialethik hat damals also keine Spuren hinterlassen?

Martin Honecker:
Nein. Ein Institut für Sozialethik gab es nur bei Heinz-Dietrich Wendland in Münster, unter dem Titel Christliche Gesellschaftslehre. Anderswo gab es das nicht. Sozialethik gelehrt wurde als Teildisziplin in der Systematischen Theologie. Dann diskutierte man entweder die Ordnungstheologie, ein krasses Beispiel war Walter Künneth, oder die Christologie, die Berufung auf die Königsherrschaft Christi; und mit beiden konnte ich nichts anfangen.

Jörg Hübner:
Da musstest Du auf einmal Ethik prüfen und bist so richtig ins kalte Wasser geworfen worden?

Martin Honecker:
Ja, das war schlimm.

Jörg Hübner:
Weißt Du noch, wie Deine erste Reaktion war, als Du hörtest, Du musst Ethik prüfen?

Martin Honecker:
Natürlich. Ich habe meine damalige Freundin, meine jetzige Frau, mit meiner Besorgnis und Verunsicherung belastet. Ich hatte nicht viel Zeit zur Vorbereitung und Besinnung. Nach wenigen Tagen musste ich nämlich prüfen. Es war in Tübingen üblich, dass fünf Leute in anderthalb Stunden als Gruppe zusammen geprüft wurden. Der Prüfende saß der Gruppe gegenüber. Hinter seinem Rücken

gab es im Raum Fensternischen. In der einen Nische saßen zwei Vertreter des Oberkirchenrats, in der anderen Nische saßen Vertreter der Fakultät und der zweite Prüfer. Ich habe mich zwar auf die Prüfung vorbereitet. Es gab damals noch keine Spezialgebiete. Ich habe zu Beginn der Prüfung geschwitzt. Nach der ersten Prüfungsrunde, die Steinbach durchgeführt hat, der mir sagte: „Ja, jetzt hörst Du erst einmal zu, dann merkst Du ja, wie man so etwas macht", war ich als Prüfer dran. Es war eine gespannte Atmosphäre, und ich ging zum Prüfersitz den Fünfen gegenüber. Der Oberkirchenrat hinter mir sagte: „Was, Sie wollen prüfen? Das können Sie doch gar nicht!" Ich konnte darauf nichts mehr sagen, denn die fünf Kandidaten kamen bereits herein. Zeit zur Erwiderung blieb nicht. Und dann habe ich anderthalb Stunden mit dem Oberkirchenrat, der hinter mir saß, diese erste Prüfung als Prüfer überstanden.

Jörg Hübner:
Ich höre da jetzt heraus, dass es Dir gelungen ist, in dieser Prüfung gut umzugehen?

Martin Honecker:
Ja. Der Oberkirchenrat hat hinterher gesagt: „Eigentlich habe ich es Ihnen nicht zugetraut, aber Sie haben's gekonnt." Das war somit die schlimmste Prüfung in meinem Leben.

Jörg Hübner:
Auf die Sozialethik und auf Deine sozialethische Konzeption kommen wir später noch zurück. Zunächst einmal jedoch noch zu einem weiteren Schritt in Deiner Biografie, nämlich zur Auseinandersetzung mit Eberhard Müller. Wie kam es dazu?

Martin Honecker:
Die Auseinandersetzung mit dem Bad Boller Akademiedirektor Eberhard Müller hat mich bekannt gemacht. Auf Eberhard Müller war ich auf folgende Weise aufmerksam geworden: Ich habe meinen Unterhalt für das Theologiestudium bis auf das neunte Semester, das Examenssemester, selber finanziert. Und deshalb arbeitete ich bei der Fahrzeugfirma Käßbohrer in Ulm, nachdem ich bei der Firma Hummel mein Dienstjahr absolviert hatte. Käßbohrer war der Chef des CVJM Ulm. Meine Ferienarbeitszeit war von 1953 bis 1956, und in der Zeit hat Eberhard Müller eine Betriebsgruppe bei Käßbohrer gegründet. Er wollte christliche Betriebsgruppen gründen, und ich habe das auf einer Betriebsversammlung miterlebt, in der es um Betriebsratswahlen ging. Ein Arbeiter aus dem CVJM trat auf, der kandidieren sollte, und er hatte einen linken Gewerkschaftler als Gegenkandidaten. Beide haben sich vorgestellt und miteinander diskutiert. Der aus dem CVJM stammende Bewerber wurde angegriffen als Handlanger vom Unter-

nehmer und auch als Christ. Er hat dann in seiner Verzweiflung gesagt, ja, wenn ihr etwas sozialpolitisch erreichen wollt, dann müsst ihr einen anderen nehmen. Der andere war Kommunist, und er konnte natürlich viel versprechen. Denn erst wenn die neue Gesellschaftsordnung da ist, kann man die sozialen Probleme in Ordnung bringen. Diese Erfahrung habe ich aus der Zeit als Werkstudent mitgebracht. Mich hat die Verchristlichung einer Gruppe der Beschäftigten im Betrieb gar nicht überzeugt, auch weil sie von oben her kam. Später war ich bei Hermann Diem Assistent, und Hermann Diem hatte mit Eberhard Müller einige Auseinandersetzungen. Diem sagte: Was der macht, ist alles politisch und ist alles Allotria. Dann erschien ein programmatisches Buch mit dem Titel „Seelsorge in der Gesellschaft". Geplant hatte Eberhard Müller es als Programm: „Seelsorge *an* der Gesellschaft". Es ging ihm um Gesellschaftspolitik.

Jörg Hübner:
Was zu ihm besser gepasst hätte mit seinem Ansatz.

Martin Honecker:
Ja, eine Seelsorge an der Gesellschaft halte ich bis heute für unmöglich. Seelsorge kann man nur mit Menschen machen und nicht an der Gesellschaft, an Strukturen. Eberhard Müller hat seine Konzeption auch mit einer Gesprächstheorie und mit der Bildung von Betriebsgruppen verbunden. Dieses Buch „Seelsorge in der Gesellschaft" hat mich provoziert. Mein Aufsatz in der „Evangelischen Theologie" war im Grunde genommen eine Auseinandersetzung mit der in diesem Buch entworfenen Sozialethik und Auffassung von Kirche. Ich habe damals noch die steile Verkündigungstheologie von Hermann Diem vertreten, die letztlich die Aufgabe von Kirche auf die Verkündigung, Predigt beschränken wollte. Das sehe ich heute anders.

Jörg Hübner:
Wann hast Du eigentlich Eberhard Müller selber kennengelernt?

Martin Honecker:
Eberhard Müller hat mich zunächst nicht ernst genommen. Er hielt mich für einen belanglosen Nachwuchstheologen und den Aufsatz für das Kläffen eines unbedeutenden Kritikers, für einen der vielen Theologen, die man nicht beachten muss. Dann tagte jedoch die württembergische Synode, und in der Synode beantragte Eberhard Müller eine erhebliche Erhöhung des Akademieetats. Danach stand dann ein Synodaler auf und sagte, ja, so einfach sei das mit der Akademie nicht, da hat doch ein Martin Honecker Kritisches geschrieben. Dann wollte man der Etaterhöhung nicht zustimmen und empfahl Stellenkürzungen. Daraufhin schrieb Müller einen Gegenartikel, in dem er sich polemisch gegen mich geäußert hat. Außerdem hat er mich mit meinen Anhängern zu einem

Gespräch eingeladen. Ich hatte aber keine Anhänger. Und Martin Hörrmann, der Sportpfarrer in Bad Boll war und mich kannte, hat mich eingeladen, eine Tagung mit zu veranstalten, und am Abend kam es dann zu einem langen und nicht einfachen Gespräch mit Eberhard Müller und seinen Mitarbeitern. Vorher suchte ich Eberhard Müller in seinem Büro auf. Er saß hinter dem Schreibtisch, ich kam herein, und das Erste, was er tat, war: Er machte die Zigarrenkiste auf und sagte: „Zigarre?“

Jörg Hübner:
Nach solchen Zwischenschritten und der konkreten Auseinandersetzung mit Eberhard Müller bist Du nach Bonn berufen worden. Wie kam es zu der Berufung?

Martin Honecker:
Damals gab es noch keine Bewerbungen auf eine Professur. Ich hatte drei Semester Lehrstuhlvertretung in Bonn auf dem Lehrstuhl von Jürgen Moltmann, der nach Tübingen ging. Ich habe dann meine Vertretung beendet, weil ich gleichzeitig noch meine Lehrverpflichtungen in Tübingen wahrnehmen musste; und ich musste auch, als ich in Bonn die Lehrstuhlvertretung wahrgenommen habe, wo ich eine halbe Woche Vorlesungen und Seminare gehalten habe, in der zweiten Wochenhälfte jeweils in Tübingen sein und prüfen. Deswegen habe ich dann in Bonn das eine Semester ausgesetzt. In der Zeit hat die Fakultät eine Dreierliste gemacht, und die Fakultät stand damals vor erheblichen inneren Spannungen und hat an erster Stelle Wenzel Lohff nominiert, an zweiter Stelle einen Ethiker, den Walter Kreck unbedingt haben wollte, und an dritter Stelle haben sie mich, weil sie mich von der Lehrstuhlvertretung her kannten, auf die Liste gesetzt. Wenzel Lohff hat abgesagt, der zweite Nominierte ist vom Ministerium übersprungen worden, und dann bin ich nach Bonn berufen worden; und Walter Kreck hat mir gleich gesagt: „Ich wollte Sie ja nicht.“ Es begann somit anfänglich mit einer Spannung, und auch die Kollegen der Sozialethik an anderen Universitäten haben mir deutlich gesagt: „Wir wundern uns, dass Sie auf einen Sozialethiklehrstuhl berufen wurden.“

Jörg Hübner:
Weil Du eine vollkommen andere Ausrichtung bisher hattest?

Martin Honecker:
Ich hatte mit Sozialethik wenig zu tun, und ich bin auch heute wieder sehr skeptisch gegenüber einer ausgeprägten Position der Sozialethik geworden, obwohl ich Bücher über Sozialethik geschrieben habe.

Jörg Hübner:
Dazu gehört auch das Buch „Konzept einer sozialethischen Theorie". Das ist 1971 veröffentlicht worden.

Martin Honecker:
Ja, das ist ziemlich schnell hingeschrieben worden, weil ich einfach zeigen wollte, dass ich auch auf diesem Gebiet etwas zu bieten habe, und es ist in der Rezeption doch zum Teil sehr kritisch, aggressiv aufgenommen worden. Es gibt eine Rezension in der ZEE, die Widerspruch artikuliert von einem Münsteraner Sozialethiker, keinem Ordinarius, sondern einem Mitarbeiter des Instituts, hörte ich, der behauptete, „ein unnützes Buch, in dem nur längst Bekanntes drinsteht". Gut, viel besonders Originelles ist mir sicherlich nicht eingefallen, aber ich habe darin Themen wie Eigentum und Demokratie behandelt. Da war ich in manchem weiter als die herkömmliche Sicht in Kirche und Theologie. Ein nächstes Buch war dann die Zusammenstellung einiger Veröffentlichungen.

Jörg Hübner:
Weißt Du noch, mit welchen ersten Gedanken und ersten Konzeptionsversuchen Du angefangen hast?

Martin Honecker:
Also, ich war ja in Tübingen zum Prüfer bestellt worden, und die Prüflinge haben gesagt, jetzt prüft einer uns, und wir wissen überhaupt nicht, wer das ist und was er lehrt. Und dann habe ich meine erste Konzeption entwickelt, dass ich denen Sozialethik angeboten habe, und Sozialethik habe ich im Wesentlichen in historischer Perspektive entfaltet, also 19. Jahrhundert, Wichern, Stöcker, bis hin zu Troeltsch und Naumann. In der Dialektischen Theologie nämlich war das Thema Sozialethik obsolet geworden und allenfalls ein Randthema. In der Zeit, in der ich in Bonn anfing, habe ich dann sogar ein Seminar über Marxismus gehalten; das war damals sehr interessant. Ich habe zehn Jahre später versucht, es noch einmal anzubieten, und dann kam praktisch niemand mehr.

Jörg Hübner:
Was war dies für eine Zeit, als Du angefangen hast?

Martin Honecker:
Die Erstvorlesung war im Sommersemester 1969, in Bonn war eine hoch brisante Zeit: Studentenrevolution usw. Innerhalb der Fakultät bestand eine Konfrontation. Sie war vor allem politisch und wissenschaftspolitisch in zwei Flügel auseinandergebrochen. Bei einer damaligen Dekanswahl wurde der Dekan mit einer Stimme Mehrheit gegen einen Gegenkandidaten gewählt.

Jörg Hübner:
Hat die Auseinandersetzung um die Studentenbewegung Deine sozialethischen Konzeptionen, Bilder oder Deine Lehre an der Fakultät in irgendeiner Form beeinflusst?

Martin Honecker:
Nein, also in Bonn schon gar nicht. Das hat biografische Gründe: Meine Eltern haben sich 1933 im Kirchenkampf richtig verhalten. Sie waren nicht ausgesprochene Exponenten der Bekennenden Kirche. Das gab es in Württemberg nur so am Rande, Hermann Diem mit der Sozietät verkörperte diese Position. Aber beide Eltern waren keine Anhänger der Partei oder der Deutschen Christen. Das konnte zu Konflikten führen. Mein Vater ist eine Zeit lang suspendiert worden, hat als junger Pfarrer mit drei kleinen Kindern kein Gehalt bekommen; meine Mutter war auch regimekritisch. Damit war ich sozusagen geimpft gegen revolutionäre Impulse. Als ich dann 1968 in Tübingen war, ging es dort stürmisch zu – in Bonn war es ja ruhig, denn in Bonn gibt es einen Karneval, und da sind die Leute Straßendemonstrationen gewöhnt. Als im Sommer 1969 Demonstrationen durch die Bonner Innenstadt zogen, blieben die Leute am Rand stehen und riefen: „Der Zug kommt!" Das war in Tübingen ganz anders; dort war es sehr aufgeheizt, und damals habe ich dann verstanden, wie es 1933 gekommen ist. Heute würde ich sagen, das, was ich 1968/69 erlebt habe, ist für mich heute ein Schlüssel zum Verständnis des Maidan in Kiew. Dort geht es auch so quer durch die Positionen, anarchistisch und idealistisch und reformistisch und demokratisch und im Übrigen zum Teil natürlich auch darum, in Machtpositionen zu kommen. Insofern hat mich die studentische Revolution damals relativ wenig berührt. Berührt hat es mich insofern, als ich zu den Anfängern im Professorenamt gehörte und mir sagte, was du einführst, musst du dreißig Jahre lang haben, während ältere Kollegen, die über sechzig waren, sagten, ach, lass' die Studenten doch machen, das ist doch schön, lass' ihnen doch mal ihre Reformideen, und im Hinterkopf hatten sie: In fünf Jahren, in zwei Jahren bin ich emeritiert, und dann habe ich mit dem ganzen Trubel nichts mehr zu schaffen. Ich war an dem Punkt, was die Hochschulreform betrifft, folglich konservativ. Ich war kein Freund der Drittelparität, und ich würde heute sagen, die Drittelparität hat sich nicht bewährt, sondern der Gewinner dieser damaligen rätedemokratischen Strukturen war letzten Endes die Ministerialbürokratie.

Jörg Hübner:
Was hat dich denn am meisten bestimmt in dieser Anfangszeit?

Martin Honecker:
Ach, ich hatte vor allem zu kämpfen, meine Vorlesungen zu halten.

Jörg Hübner:
Zu kämpfen mit dem Inhalt?

Martin Honecker:
Nein, mit der Vorbereitung.
Ich war in Tübingen Assistent von Hermann Diem gewesen, und Hermann Diem war seinerzeit frisch berufener Professor in Tübingen, und ich saß immer in der ersten Bankreihe. Hermann Diem kam mit einem tintenfeuchten Manuskript und hatte vielleicht nur 30 Minuten Vorlesung, statt 45 Minuten, und dann sagte er zu den Hörern und Hörerinnen: „Was sagen Sie nun dazu?" Da war tiefes Schweigen, und dann sagte er: „Herr Honecker, was sagen Sie dazu?" So wollte ich es selbst nicht machen, sondern ich habe meine Vorlesungen ausgearbeitet, und da hatte ich im Schweiß meines Angesichtes, vier Stunden Vorlesung, zwei Stunden Seminar, genug zu tun. 1970 bin ich Mitglied der Kammer für öffentliche Verantwortung geworden. Ich habe 1970 vor der Verbändekonferenz ein kleines Referat bei Bischof Hermann Kunst gehalten, und aufgrund dessen wurde ich in die Kammer berufen, und da war ich dann auch beschäftigt. Dann bin ich 1971, da war ich also gerade zwei Jahre in Bonn, Dekan geworden. Ich war von 1971 bis 1973 Dekan. Wenn Du mich nach 1968/69 fragst, nun ja, da war ich in der Protestbewegung eher Zuschauer. In Tübingen habe ich mit einigen Leuten diskutiert. Einer von denen hat lange mit mir diskutiert und hat dann am Schluss gesagt: „Du bist ein sehr netter Mensch, aber das Erste, was wir tun müssen, ist, dafür zu sorgen, wenn wir an die Macht kommen, dass Du erschossen wirst. Du bist reaktionär." Da wusste ich, dass die beabsichtigte Zukunft nicht kommen sollte.

Jörg Hübner:
Du wirst in Deinen ersten Vorlesungen das Konzept einer sozialethischen Theorie dargelegt haben. Gab es noch andere Themen, die Dich beschäftigt haben?

Martin Honecker:
Ja, ich habe mich tastend herangearbeitet, und ich habe auch verschiedene Ansätze aufgenommen, auch die Kritische Theorie.

Jörg Hübner:
Die Kritische Theorie scheint Dich ja nun sehr beschäftigt zu haben, wenn ich auf Deine Veröffentlichungen schaue, oder?

Martin Honecker:
Sie hat mich sehr beschäftigt, auch veranlasst durch Hans-Georg Geyer als Kollegen, der von Adorno her kam; und dann war ich anders als Gerhard Ebeling – ich bin damals in den Herausgeberkreis der ZThK gekommen – der Meinung,

dass sowohl die Kritische Theorie als auch der kritische Rationalismus Beachtung verdienen. Ebeling hat auf das Stichwort „Kritische Theorie“ nur mit Allergie reagiert.

Jörg Hübner:
Wie viele in der Theologie.

Martin Honecker:
Ja, aber ich meinte, das ist ein Thema, mit dem man sich beschäftigen muss, zumal vor allem mit Horkheimer, der auf seine Art und Weise wie auch Adorno damals auch religiöse und theologische Themen angesprochen hat. Habermas hat sich damals dazu nicht geäußert, aber Habermas hat dann später auch wieder diese Thematik aufgenommen. Ich bin inzwischen der Meinung, dass die Kritische Theorie eine bestimmte historische Phase darstellt und heute so nicht fortgeschrieben werden kann.

Jörg Hübner:
Warum kann sie heute so nicht mehr fortgeschrieben werden?

Martin Honecker:
Die Kritische Theorie stand in der Nachkriegszeit noch unter dem unmittelbaren Einfluss des Endes des Dritten Reiches und der Judenverfolgung, sprich Auschwitz, auch des Totalitarismus, und hatte zudem noch Vorstellungen, dass es einen humanen Sozialismus geben könne. An diesem Punkt sind wir heute sehr viel kritischer. Ich will den Sozialismus nicht in Bausch und Bogen abwerten, aber es hat sich eben doch gezeigt, dass eine Reihe Strukturprobleme und Ideale, die dem real existierenden Sozialismus zugrunde lagen, so nicht realisierbar sind. Deshalb wäre ich an dem Punkt sehr viel zurückhaltender. Der Frankfurter Soziologe und Philosoph Axel Honneth, der ein Buch über Anerkennung geschrieben hat, zeigt auch, dass die Fragestellung erheblich weiter geht und sich verändert.

Jörg Hübner:
Honneth versucht, die Kritische Theorie in heutiger, neuer Form zu präsentieren.

Martin Honecker:
Ja, aber die neue Form ist natürlich eine tiefgreifende Veränderung.

Jörg Hübner:
Gerade beim Gerechtigkeitsbegriff mit ganz erheblichen Korrekturen gegenüber der Theorie, so wie Habermas oder Habermas-Schüler sie vertreten haben.

Martin Honecker:
Habermas selbst hatte sie doch auch schon entscheidend revidiert in „Faktizität und Geltung". Man kann eben 40, 50 Jahre später eine Position, die durch den geschichtlichen Verlauf, einen anderen Kontext und durch neue denkerische Einsichten, auch aus den USA und anderwärts, also vielfach in Frage gestellt wird, nicht einfach weiterführen.

Jörg Hübner:
Ich will noch einmal zurückkommen zu der Ausgangsposition. Also tastend bist Du am Anfang herangegangen. Wenn ich Dich recht verstanden habe, spielt die medizinische Ethik eine ganz gewichtige Rolle, also als erster Anknüpfungspunkt für die Sozialethik, die materiale Art von Ethik?

Martin Honecker:
Nein, das war alles Zufall. Es war so: Ich war 1969 in Bonn im ersten Semester lehrend da, und dann erfolgte die erste Lebertransplantation, und der Lebertransplanteur, der Chrirug Güttgemann, bekam sowohl eine Strafanzeige als auch einen Zivilprozess an den Hals, ob die Transplantation überhaupt zulässig sei. Er hat dann, um sich abzusichern, die Kollegen der verschiedenen Fakultäten für eine Diskussion angefragt, Juristen, Philosophen und Franz Böckle, und er hat für die evangelische Fakultät Walter Kreck gefragt. Walter Kreck sagte, damit habe er nichts zu tun, ein neuer Kollege sei berufen, der ist Sozialethiker, der soll dorthin. So bin ich zum ersten Mal mit dem Thema Organtransplantation in Berührung gekommen, und das wurde eine Zeit lang mein Dauerthema. Andere Themen habe ich damals sehr zurückhaltend behandelt. Ich sollte mich etwa zum Schwangerschaftsabbruch äußern. Das habe ich abgelehnt, und eine Äußerung zur Pornografie habe ich auch abgelehnt. Das wäre von mir alles viel zu dilettantisch und zu blauäugig gewesen.

Jörg Hübner:
Organtransplantation war dann also Dein erstes richtig medizinethisches Thema. Gab es damals schon andere, die sich damit beschäftigt haben, und die das zum Thema der theologischen Sozialethik gemacht haben?

Martin Honecker:
Ja, auf katholischer Seite gab es dies natürlich – Böckle, Gründel und andere, aber auf evangelischer Seite gab es damals eigentlich niemanden. Es gibt später einige Theologen, die das zum Thema gemacht haben. Ulrich Eibach gehört dazu.

Jörg Hübner:
Was folgte danach?

Martin Honecker:
Bei weiteren bioethischen Themen kam ebenfalls von außen her der Anstoß. So gab es bei der Invitro-Fertilisation eine Anhörung, und da war der damalige Bevollmächtigte Prälat Binder angefragt.

Jörg Hübner:
In welchen Jahren befinden wir uns nun?

Martin Honecker:
Ende der 1970er, Anfang der 1980er Jahre, relativ spät. Binder sagte, wen hole ich dorthin zur Anhörung, und ich habe vorgeschlagen, nehmen Sie Ulrich Eibach. Darauf reagierte er, er sei viel zu rabiat im Umgang mit den Leuten, Sie müssen daher selber kommen. Und da musste ich mich dann einarbeiten, und daraus entstand dann in den 1980er Jahren die Berufung in die Benda-Kommission. Die Benda-Kommission hat die Grundlagen des Embryonenschutzgesetzes gelegt, und dann folgte anschließend die Frage, was dies für kulturelle und soziale Konsequenzen hat. Das wurde das Thema der Böckle-Kommission, mit der Fragestellung, was die geistigen Voraussetzungen der künstlichen Befruchtung sind. So bin ich an dieses Thema gekommen. Ich war dann auch eine Zeit lang in einem Ethikbeirat des Bundesgesundheitsministeriums Mitglied, der abrupt endete, als die Regierung Kohl abgewählt wurde und durch die Regierung Schröder ersetzt wurde. Damals gab es eine grüne Gesundheitsministerin in der Regierung, Andrea Fischer, die ist dann wenig später ausgeschieden. Sie hat die ganze Kommission einfach kassiert und aufgehoben. Dann war ich ab Mitte der 1990er Jahre bis nach 2000 in der Bundesärztekammer in der Zentralen Ethikkommission. Aber ich kann heute solche Themen nicht mehr diskutieren, da muss man an den neuesten Entwicklungen dran sein und die Details wissen, ob es um embryonale Stammzellenforschung, synthetische Biologie und anderes geht. Man muss sehr sachkundig und informiert sein.

Jörg Hübner:
Gab es andere Themen der Ethik, die Dir in dieser Zeit besonders zugewachsen sind, wo Du sagst, da war ich mit dem Herzen mehr dabei als bei der entstehenden medizinischen Ethik?

Martin Honecker:
Ich würde nicht sagen, dass mein Verhältnis zur medizinischen Ethik bloß geschäftsmäßig war, und dass ich nicht mit dem Herzen dabei war. Aber ich habe damals gelernt, dass in Fragen der konkreten ethischen Entscheidung man mit Absolut-Setzungen sehr vorsichtig sein sollte. Und beschäftigt hat mich vor der medizinischen Ethik das Thema der Menschenrechte. Auf das Thema der Menschenrechte bin ich schon in Tübingen gestoßen worden; da sollte ich nämlich

einen Lehrbrief zur Gerechtigkeit schreiben. Und in diesem Lehrbrief zur Gerechtigkeit sollte ich ein Beispiel bringen wie zum Beispiel, dass Buben Kirschen stehlen wollen, und ob das gerecht ist oder nicht. Und das kam mir doch etwas, wie soll ich sagen, banal vor. Darum habe ich das Thema Gerechtigkeit umgewandelt in das „Recht des Menschen“, und daraus entstand ein Lehrbrief, und aus dem Lehrbrief entstand ein Taschenbuch, das 1978 erschienen ist. Da war ich mit Herzblut dabei. Dann spielte eine große Rolle Anfang der 1970er Jahre die Gewaltdiskussion, und ich habe auch an einer Thesenreihe der EKD mitformuliert, „Gewalt und Gewaltanwendung in der Gesellschaft“. Interessiert hat mich außerdem immer auch im weitesten Sinn das Staatsproblem. Also es waren sehr unterschiedliche Fragestellungen.

Jörg Hübner:
Staatsproblem – inwiefern war das am Anfang für Dich bedeutsam?

Martin Honecker:
Das Problem des Staates hat viele Facetten. Eine Facette ist die Frage der Demokratie und der Rechtsstaatlichkeit, und eine andere Facette, an der wir ja bis heute geschichtlich belastet tragen, ist das Thema, ja, wie nenne ich das, damit es nicht schief verstanden wird: Patriotismus, Nation, Identität. Und von da aus gibt es dann natürlich später eine Brücke zur Europafrage. Das waren damals schon spannende Zeiten. Ich war von 1971 bis 1973 Dekan, in einer ganz schwierigen Phase, in der in der Fakultät erhebliche Spannungen bestanden, in der auch Berufungen anstanden, und wenn man also diese Fakultätsgeschichte berücksichtigt, dann war ich da doch sehr in Anspruch genommen, und ich bin auch wenig zu eigener Arbeit gekommen. Außerdem war ich gelegentlich auch umstritten. Ich habe beispielsweise zu dem Votum der EKU zu Barmen II einen kritischen Aufsatz in der ZThK veröffentlicht, den mir Walter Kreck übel genommen hat; er hat mich deswegen auch persönlich sehr scharf angegriffen. Das alles hat bei mir so etwas das Gefühl ergeben, vielleicht bist du doch nicht richtig am Platz?

Jörg Hübner:
Wie war denn Dein Verhältnis zu anderen Sozialethikern in dieser Zeit, in den 1970er und beginnenden 1980er Jahren?

Martin Honecker:
Bei den Sozialethikern war ich ein Außenseiter. Ich habe nicht in allem mitgemacht. Es gab einen Sozialethikertag in Tutzing, auf dem Hans Schulze, Vater des Soziologen Gerhard Schulze, aus Erlangen, einen großen Vortrag gehalten hat und postulierte, die Sozialethik sei die Speerspitze der Progressiven in der Fakultät; er hat die Exegeten bekämpft und auf Abstand gehalten. Das war so, und in diesen Kreis habe ich schlecht hineingepasst. Ich habe später dann Anfang

der 1990er Jahre ein Erlebnis auf Kreta gehabt. Dort waren wir mit zweien unserer Kinder in Urlaub. Wir waren mit einer Reisegesellschaft gereist und es gab abends eine Vorstellung in der Gruppe. Man stellte sich vor, und ich habe gesagt, ich sei Professor, ich habe meinen Namen nicht genannt und auch nicht, welches Fach ich vertrete. Einer der Teilnehmer hat mir später auf den Zahn gefühlt, und als wir dann ins Gespräch kamen, sagte er: „Sie müssen Martin Honecker sein." „Ja", sagte ich, „das bin ich". Und dann fügte er hinzu: „Sie waren doch in den 1970er und 1980er Jahren bei der Friedensbewegung der Außenseiter, und jetzt haben Sie gesiegt." Das war 1989. „Sie haben das Kommende geahnt." Ich habe ihm erwidert: „Recht muss ich nicht gehabt haben, ich bin mit manchem, was jetzt in der Entwicklung ist, auch nicht glücklich." Also ich würde im Rückblick sagen, im Kreis der Sozialethiker war ich eher ein Außenseiter. Auf der einen Seite stand die Wendlandschule, die auch sehr eng miteinander verflochten war, die aber später ganz unterschiedliche Wege gegangen ist: Trutz Rendtorff, Hermann Ringeling, Günther Brakelmann, Theodor Strohm und Karl-Wilhelm Dahm, und daneben die Schüler von Heinz Eduard Tödt mit Wolfgang Huber und Christopher Frey. Dann gab es natürlich noch Konservative, die in Erlangen saßen, und in Göttingen Ernst Wolf. Ich war da nirgends zuhause, und ich halte das inzwischen auch für richtig. Ich habe dann für mich selber in der „Societas Ethica" 1973 erstmalig an einer Tagung in Tutzing teilgenommen, und auf der Tagung habe ich Leute gefunden, die ebenfalls meine Gedanken bewegten. Arthur Rich, mit dem ich später befreundet war, und einige katholische Kollegen, Bruno Schüller zum Beispiel, aber er ist nicht der Einzige, bei denen ich wahrnahm: Sie denken in derselben Richtung. Und die evangelische Sozialethik, wenn ich es jetzt vergröbernd und pauschalisierend sage, war natürlich damals tendenziell auf einem Trip der Gesellschaftsveränderung. Gesellschaftsveränderung halte ich zwar für notwendig, Reformen halte ich für nötig, aber eine Konzeption, gesellschaftliche Entwicklung bewusst voranzutreiben, halte ich doch in der Kirche für ein problematisches Bestreben.

Jörg Hübner:
Gesellschaftliche Veränderung ist ja aber natürlich nötig. Wie soll sie sich denn ereignen?

Martin Honecker:
Natürlich, ist sie nötig, aber das kann nur in kleinen Schritten geschehen. Das ist meine Konzeption.

Jörg Hübner:
Kleine Schritte heißt?

Martin Honecker:
Konkrete Themen. Mitbestimmung ist so ein konkretes Thema. Ein weiteres konkretes Thema ist die Frage der Vermögensbildung und Vermögensverteilung oder die Frage der Humanisierung der Arbeitswelt. Aber die großen alternativen Systeme haben nicht einmal nach dem Zusammenbruch von alten Systemen richtig funktioniert. Dafür gibt es genug Beispiele.

Jörg Hübner:
Da spielt die Kammer für öffentliche Verantwortung eine wichtige Rolle. War sie für Dich denn ein solcher Ort, an dem viele kleine Schritte vorbereitet werden?

Martin Honecker:
Dort habe ich sehr viel gelernt; das hat mir sehr viel Freude gemacht. Ich bin unter Ludwig Raiser als Vorsitzendem angetreten. Dann war Roman Herzog in seiner burschikosen Art Vorsitzender und nach ihm Trutz Rendtorff. Es waren neben Erhard Eppler konservative CDU-Leute Mitglieder, und auch unter den Theologen war die Spannung groß. Wir haben damals eine Gewaltdiskussion geführt, wir haben eine Friedensdenkschrift gemacht, die Demokratiedenkschrift formuliert, und die sogenannte „Wirtschaftsdenkschrift". Dort bin ich dann Anfang der 1990er Jahre ausgeschieden oder ausgeschieden worden.

Jörg Hübner:
Welche Denkschrift hat auf Dich am meisten Einfluss genommen, und auf welche Denkschrift hast Du am meisten Einfluss genommen?

Martin Honecker:
Der Einfluss auf mich war jeweils groß, weil ganz unterschiedliche Argumente zur Sprache kamen. Das hatte natürlich schon etwas Interessantes, Faszinierendes, sich darin zu orientieren und zu sagen, ja, der eine von der SPD hat recht, aber der von der CDU hat auch irgendwie recht. So etwas doch zusammenzubringen kann man nicht direkt, aber durch das Arbeiten daran entdeckt man Gemeinsames. Man denkt für sich selbst dann Dinge weiter. Ich habe im Blick auf die Studentenrevolution kein Ressentiment und auch keine negative Kritik beibehalten, sondern ich denke, dass vieles damals durchaus verständlich war. Aber man hat die programmatischen Forderungen kanalisiert, und man musste sie kanalisieren. Soweit der Einfluss auf mich. Und mein Einfluss auf die Ausformulierung von Denkschriften? Wenn man in solchen Gremien war, da gibt es einen Geschäftsführer von der EKD, der schreibt Protokolle, und aus den Protokollen entstehen Texte, und der eine oder andere bringt noch einen Lieblingsgedanken in einem Halbsatz im Text unter. Das ist dann manchmal in der Endfassung auch danach, und je nachdem, wer Kammervorsitzender war, hat auch der Vorsitzende einiges eingebracht; Ludwig Raiser, auch Trutz Rendtorff später.

Aber als normales Kammermitglied kannst du nicht verkünden: dieser Halbsatz stammt von mir. Das ist ja auch bei Konzilserklärungen so, dass nur in Ausnahmefällen ein Erzbischof von Köln sagen kann, dieser eine Satz stammt von mir. Ich war außerdem auch in der Kammer für den Kirchlichen Entwicklungsdienst zehn Jahre lang und habe von da aus zur kirchlichen Entwicklungsarbeit eine gewisse Distanz entwickelt.

Jörg Hübner:
Woher kommt diese Distanz?

Martin Honecker:
Zuerst nenne ich Positives, an dem ich beteiligt war. Solche Kammern in der EKD haben zum Teil Mitglieder, die verschiedene Interessentengruppen repräsentieren, also „Brot für die Welt", „Kirchlicher Entwicklungsdienst" und „Entwicklungsarbeit der hessischen Kirche" und anderes, die ihre jeweiligen spezifischen Ansichten einbringen wollen. Diese Experten sind hoch professionell, verstehen ihr Handwerk, aber sie sind natürlich auch immer darauf bedacht, ihre Interessen zu wahren. Da gibt es dann auch zwischen den einzelnen Entwicklungshilfeorganisationen Konkurrenz, wer welche Idee unterbringt; der eine ist gegen Armut, der andere ist für Bildung und der dritte ist für Wirtschaftsentwicklung usw. Ich denke, dass an diesen divergierenden Perspektiven die Entwicklungspolitik insgesamt ein wenig leidet. Ich halte ferner sehr viel von Basisarbeit, auch wenn manches in der Gemeindebasisarbeit dilettantisch ist; ich halte Gemeindeaktivitäten jedoch für die Bewusstseinsbildung hierzulande für wichtig. Aber es gibt natürlich auch gerade auf der EKD-Ebene eine Tendenz zur Zentralisierung und damit auch dazu, den Menschen klar zu sagen, wie sie zu denken haben. Das halte ich allerdings für ein Problem.
In der Kammer für den Entwicklungsdienst habe ich an einer Stellungnahme zur Weltbevölkerung mitgearbeitet für die Kairoer Weltbevölkerungskonferenz. Da war ich engagiert, und dabei habe ich auch meine speziellen Erfahrungen mit der EKD gemacht. Diese Weltbevölkerungskonferenz in Kairo hat ein weiterführendes Ergebnis nicht gebracht. Denn die islamischen Vertreter und die sehr konservative Vertretung der Katholischen Kirche haben sich zusammengeschlossen und gegen Geburtenverhütung und Schwangerschaftsabbruch gewandt und die Entwürfe, die damals zur Bevölkerungskontrolle und zur Geburtenkontrolle vorlagen, zu Fall gebracht. In einem dieser Texte aus der EKD stand eine Passage, die ich formuliert hatte, die etwa so lautete, dass man grundsätzlich als Christ gegen Abtreibung ist, dass es aber Fälle geben kann, in denen in schwierigen Situationen, in schlimmen, menschlichen, sozialen Lagen, Abtreibung das kleinere Übel ist, verglichen etwa mit Kindstötung. Diese Position habe ich im Rat vertreten. Ich habe hinterher gehört, dass zwei Ratsmitglieder erklärten, solche Aussagen seien unsittlich, und daraufhin hat der Rat diese Sätze einfach gestri-

chen. Als dann der Text veröffentlicht wurde, schlage ich den Text auf, und das steht nicht mehr drin. Die Kammer war davon freilich nicht ins Bild gesetzt worden. Das hat mich insofern gestört, als ich zu derselben Zeit Interviews gegeben habe, in denen es um kritische Aussagen ging, und diese Interviews sind mir zur Kontrolle vorgelegt worden, und dabei habe ich etwas gestrichen. Im journalistischen Bereich ist es üblich, dass man nicht ohne Zustimmung veröffentlicht. Nach diesem Erlebnis hat sich mein Verhältnis zur Kammerarbeit etwas abgekühlt.

Jörg Hübner:
Wie hat sich denn das Verhältnis zu den Sozialethikern oder zu den Dogmatikern später in den 1990er Jahren entwickelt? Hat sich denn da nach der Wende nach 1989 möglicherweise das eine oder andere dann positiver gestaltet?

Martin Honecker:
Ach, weißt Du, ich habe Kollegen, zu denen ich ein sehr gutes Verhältnis habe. Dass es nicht viele sind, hängt damit zusammen, dass es sowieso nicht so viele Sozialethiker gibt, ich meine echte Sozialethiker. Ich habe zu Karl-Wilhelm Dahm ein sehr gutes Verhältnis, auch zu Hans Ulrich, mit Trutz Rendtorff bin ich auf Augenhöhe, und mit vielen anderen besteht ein guter modus vivendi. Eine Konfrontation zu Kollegen sehe ich heute nicht mehr. Die Eloge, die der Dekan in Münster beim Beginn einer Lehrstuhlvertretung 2014 dargebracht hat, war fast schon zu viel des Guten. Wenn das so ist, dann bin ich voll und ganz etabliert.

Jörg Hübner:
Hat sich vielleicht auch etwas in der Wahrnehmung Deiner Position geändert, wofür Du stehst? Und wenn ja, wohin gehend hat sich die Wahrnehmung geändert?

Martin Honecker:
In den 1990er Jahren hat sich manches verändert. In den 1970er Jahren war Studentenrevolution, Umgestaltung der Gesellschaft, und was es da an Programmen gab, die einige propagiert haben: Volldemokratisierung der Gesellschaft, Demokratisierung der Kirche und anderes. Das hielt ich teilweise für utopisch, um nicht zu sagen illusionär, und wenn Du damals bei den Wortführern Einwände vorgebracht hast, warst Du unten durch. Dann kam die Friedensbewegung. Die Friedensbewegung war auch eine ungeheuer emotional aufgeladene Bewegung. Ich bin sicherlich kein Militarist. Mir ist der Friede wichtig, ausgesprochenermaßen. Ich habe das Ende des Zweiten Weltkriegs 1945 als Zehn-, Elfjähriger bewusst miterlebt und habe da meine bleibenden Eindrücke gesammelt. Aber die Debatte um Nachrüstung – wir sind hier in der Akademie, in der Nähe ist Mutlangen mit den Protesten – hielt ich für überzogen, nicht für unberechtigt, das

wäre zuviel gesagt, aber für überzogen: „Frieden schaffen ohne Waffen". Und wenn man dann Einwände formuliert hat, „Frieden schaffen mit immer weniger Waffen" oder ähnliche Positionen, dann war man natürlich sehr schlecht angesehen. Und dann kommt überraschend das Jahr 1989/1990, es kommt die Entwicklung bis heute, bis hin zur Ukraine, bis hin zu dem, was im Irak vor sich geht. Es gibt heute mehr Realismus.

Jörg Hübner:
Das waren ja die Phänomene der 1990er Jahre, die eher für eine realistische Besetzung gesprochen haben, auch in der Sozialethik. Wie ist denn eigentlich heute die Sozialethik aufgestellt?

Martin Honecker:
Wie ist die Sozialethik aufgestellt? Das ist eine schwierige Frage. Die Antwort fällt nicht leicht. Zum einen: Es gibt in den evangelisch-theologischen Fakultäten kaum Theologen, die Ethik im Ganzen vertreten. Das wurde mir in Münster auch gesagt, Ethiker, die theologische Grundthemen wie Glaube und Handeln, Gesetz und Evangelium, Lebensführung im Evangelium mit der allgemeinen Ethik verbinden. Die Sozialethik insgesamt ist hoch spezialisiert, und die jüngeren Vertreter sind weitestgehend auf bestimmte Bereichsebenen fixiert. Sehr beliebt ist die medizinische Ethik, auch die Wirtschaftsethik, es gibt auch Vertreter, die sich mit der politischen Ethik befassen, und es gibt Sozialethiker, die sich mit Technikethik auseinandersetzen. Aber der übergreifende Zusammenhang und die Einordnung in die theologische Gesamtdiskussion, da sehe ich nicht viele, und ich bin inzwischen auch der Meinung, dass die Thematik der Sozialethik eigentlich vorbei ist. Was meine ich damit? Die Sozialethik hat ja ihren Ursprung in der sozialen Frage des 19. Jahrhunderts und hat ihre großen Impulse aus sozialethischen Aktivitäten der Konservativen, also Wohlfahrt – Bodelschwingh, Stöcker – bezogen, und auf der anderen Seite aus der Gesellschaftskritik, die sich als Sozialismus artikuliert hat. Beide Themen sind heute nicht mehr besonders virulent. Auf der einen Seite haben wir einen Sozialstaat, der durchaus seine großen Probleme und Schwierigkeiten hat, der aber als solcher anerkannt ist. Ich bin auch der Überzeugung, dass der Sozialstaat für uns unverzichtbar ist; aber wir können mit ihm nicht so weiterfahren, einfach weil er nicht finanzierbar ist, und weil er zum Teil auch die „Sozialuntertanschaft", den Bürger, entmündigt. Das ist die eine Seite. Und die andere Seite, ein so großes Projekt, wie es der Sozialismus als Hoffnung war, das war nicht ein realisierbares Programm, sondern eine große Hoffnung. Etwas Vergleichbares sehe ich auch nicht. Von da aus neige ich dazu, die Sozialethik nicht sozusagen als eine umfassende Theorie darzustellen, sondern einen sozialethischen Aspekt in die allgemeine Ethik aufzunehmen. Und das, was die Sozialethik in den 1950er Jahren gewollt hat, hat sich natürlich auch nicht verwirklichen lassen. Heinz-Dietrich Wendland wollte eine

Theologie der Gesellschaft. Das habe ich schon damals für problematisch gehalten. Das brauche ich in der Evangelischen Akademie Bad Boll nicht eigens zu begründen. Auf der anderen Seite gab es Leute, die mit Paul Tillich eine Theologie der Kultur wollten. Dass Kultur und Gesellschaft auch theologisch zu reflektieren sind, halte ich für richtig. Aber eine Theologie der Kultur erweckt den Anschein, als könne man dazu eine übergreifende Theorie formulieren. Und eine interessante Beobachtung bei mir war: Ich habe in Münster den Lehrstuhl vertreten, und da war ja das erste evangelische sozialethische Institut – Du weißt, dass dieses evangelische Institut auf Initiative von Joseph Höffner gegründet wurde – mit dem Titel „Christliche Gesellschaftslehre – sozialethisches Institut". Der neuerdings emeritierte Lehrstuhlinhaber hat den Namen des Instituts umformuliert: „Ethik und angrenzende Sozialwissenschaften". Ich weiß allerdings nicht, was Sozialwissenschaften sind, die „angrenzen", und welche Sozialwissenschaften wie angrenzen. Aber das ist auch ein Indiz, dass ein Abbruch erfolgt ist. Man kann wahrscheinlich sozialethische Aspekte im Rahmen einer ethischen Theorie noch überzeugend unterbringen, aber im Blick auf eine eigene sozialethische Theorie bin ich inzwischen doch unsicher geworden.

Jörg Hübner:
Also Du würdest sagen: Die Zeit für eine Sozialethik als einer umfassenden Theorie, diese Zeit ist vorbei?

Martin Honecker:
Ja, ich frage, was kann an die Stelle treten? Denkbar ist eine „Ethik des Sozialen". Aber das ist dann eine Bereichsethik und keine umfassende theologische Sozialtheorie. Die Frage bleibt, was die verschiedenen Bereichsethiken verbindet.

Jörg Hübner:
Was könnte das sein?

Martin Honecker:
Das ist einmal eine Anthropologie, die die anthropologischen Aspekte der verschiedenen Bereichsethiken – in der Wirtschaftsethik das wirtschaftende und verantwortende Subjekt, in der medizinischen, in der Bioethik die davon Betroffenen und die darin Tätigen, in der politischen Ethik die Bürger und die politisch Verantwortlichen – in den verschiedenen Lebensgebieten phänomenologisch wahrnimmt. Das ist also das eine.
Und das Zweite ist: Die Sozialethik hat sozusagen eine Zeit lang versucht, einen Überbau zu schaffen. Inzwischen bin ich der Überzeugung, und ich bin sicher nicht allein dieser Überzeugung, dass das konkrete Subjekt nicht ausgeklammert werden kann, und dann ist man wieder bei altprotestantischen, altreformatorischen Ansätzen, wie zum Beispiel beim Berufsethos. Das Ethos ist der Orientie-

rungspunkt für einen Chrisen in der Welt. Dieses Ethos lässt sich ausdifferenzieren, also die jeweilige Zuordnung zu bestimmten Aufgaben. Barmen V könnte man beispielsweise aufnehmen, die Verantwortung der Regierenden und Regierten, und in der Wirtschaftsethik die Verantwortung der Produzenten und Konsumenten, und die der Manager und die der Mitarbeiter sowie die der von den Produkten Abhängigen usw. Man muss heute diesen Subjektaspekt der personalen Grundlage jeder Ethik stärker einbringen, als das in den 1960er bis 1980er Jahren der Fall war.

Jörg Hübner:
Der Zugang über ein Berufsethos ist doch typisch lutherisch …

Martin Honecker:
Aber lutherisch nicht in dem Sinne, dass ich mich damit gegen andere Positionen und Konfessionen abgrenzen müsste. Eine gewisse Präferenz für Luther habe ich, schon weil er kein theologisches System errichtet hat. Traditionelle Abgrenzungen wie lutherisch gegen reformiert, sogar lutherisch gegen katholisch halte ich in der Ethik für relativ. Warum ist mir das Lutherische überhaupt wichtig geworden? Ich bin kein Lutheraner im strengen Sinn, und ich würde mich nie stark machen für einen lutherischen Konfessionalismus. Es geht nicht um eine exklusive Position. Eine gewisse Präferenz für Luther hängt damit zusammen, dass ich in meinem Studium vor sechzig Jahren erkannt habe, dass es eine allgemeine christliche und theologische Schwammigkeit gibt. Gerade in Württemberg sind die schwäbischen Väter und dann der Pietismus stark vertreten, die eher Stimmungen als Erkenntnisse vermitteln. Und dagegen hilft, ein gewisses theologisches Profil zu haben. Ob dieses Profil dann reformiert ist, oder es kann auch methodistisch sein, mag offenbleiben. Selbst im Katholizismus könnte ich mich durchaus verorten, wenn ich bestimmte Elemente abziehe. Ich würde beispielsweise nie bei einer Fronleichnamsprozession mitgehen, und der Papst ist zwar ein ehrenwerter Mann, aber er ist nicht der Stellvertreter Christi. Aber gerade im Dialog muss man eine theologische Position vertreten können und sollte man ein Fundament haben. Das ist für mich unter anderem das Lutherische, neben dem es andere wichtige Einflüsse gibt. Denn ich habe den lutherischen Katechismus gelernt, ich habe zwar im reformierten Basel studiert, habe aber dort bei einem Privatdozenten über Luthers theologische Frühschriften gehört. Da mich in Basel manches gestört hat bei den Studierenden, habe ich als Gegengewicht in Basel Lutherschriften gelesen. So einfach ist das. Dies gab mir ein theologisches Fundament – bis heute. Aber dieses Fundament ist vielfach erweitert und bereichert worden.

Jörg Hübner:
Vielen Dank für das Gespräch!

Zwischen Tradition und Vernunft

Eine kritische Würdigung des sozialethischen Konzepts Martin Honeckers

Jörg Hübner

Eine jede Theologische Ethik benötigt ein starkes theologisches Fundament. Dies gilt auch für den Jubilar Martin Honecker. Von welchen Voraussetzungen geht er nun aus?
Einige Jahre vor seiner Berufung nach Bonn, also zu einem Zeitpunkt, als eine sozialethische Theoriebildung bei ihm noch nicht als Herausforderung im Raum stand, erfolgte eine interessante und bedeutungsvolle Auseinandersetzung mit Eberhard Müller, dem Gründungsdirektor der württembergischen Akademie Bad Boll (Honecker 1961; Müller 1963; Honecker 1963). An dieser Kontroverse (Honecker 1998, 173f.), an die mich Honecker seit mehr als zwei Jahrzehnten, besonders dann nach meiner Berufung als Direktor der Evangelischen Akademie Bad Boll, in Gesprächen immer wieder erinnert hat, lässt sich deswegen m. E. am besten ablesen, von welchen theologischen Grundannahmen er auch in seiner später erfolgten Konzeptionsentwicklung geleitet wird.

1. Würdigung der Säkularisation

Von ausschlaggebender und richtungsweisender Bedeutung für die Einschätzung der sozialethischen Konzeptionsbildung ist m. E. die in dieser Kontroverse von Honecker (Honecker 1961) vorgenommene Würdigung der Säkularisation: Müllers Akademiekonzeption in Bad Boll wird von Honecker deswegen so vehement kritisiert, weil nach seinem Urteil die Entwicklungen der technischen Gesellschaft und der daraus resultierende gruppendynamische, wir würden heute sagen ökonomische Druck von Müller als Ausdruck des strukturell Bösen und damit des Nichtchristlichen diagnostiziert wird. Vor diesem Hintergrund würde die Verkündigung des Evangeliums umso heller hervorleuchten. Dieses Schema von „Erlösungserwartung und Erlösungsgeschehen“ verkenne, so Honecker, „das Problem der Säkularisation. Wenn jeder nicht von christlichen Verhaltensweisen überzogene Raum allein dadurch schon, dass nicht in ihm verkündigt wird, dämonisiert sein soll, so kann es theologisch legitim keinen primus usus legis geben, nach welchem Gott die Welt durch das sachgerechte Handeln des zur Verantwortung für die Welt Berufenen erhält, ohne dass solches sachgerechte Handeln an sich schon christliches Handeln sein muss“ (Honecker 1961, 548).

Die Säkularisation wird hier von Honecker bezeichnenderweise nicht im defizitären Modus der fortschreitenden Entkirchlichung verstanden, sondern als gesellschaftlicher „Normalzustand", in dem Menschen konkret und zukunftsweisend Verantwortung für die Herausforderungen der Gegenwart übernehmen. Mit dieser bemerkenswerten und mutigen Würdigung der Säkularisation, die sich markant von den theologischen Deutungsschemata abhob, die implizit in der Dialektischen Theologie der 1920er und 1930er Jahre angelegt waren, vollzieht Honecker eine entscheidende Wendung. Die suchende und von großen Unsicherheiten belastete Bewegung nach einer tragenden ethischen Orientierung, ihre geschichtlich gewachsenen Leitbilder sowie die zahllosen fruchtlosen Umwege werden in ihrer Hilfsbedürftigkeit gewürdigt, ohne dass sie angesichts ihres nicht erkennbaren christlichen bzw. religiösen Bezugs als defizitär beschrieben werden. Säkularisation ist inmitten der Zeit für Honecker identisch mit der allgemein-menschlich motivierten Übernahme von Verantwortung angesichts der massiven gesellschaftlichen Herausforderungen.
Müller spricht hier in seiner Erwiderung (Müller 1963) von einem gravierenden theologischen Unterschied zwischen ihm und Honecker: „Ist das, was ‚wahrhaftig' ist, im heutigen Wirtschaftsleben dasjenige, was vom Standort des einzelnen Mitspielenden aus vernünftig ist? Ist die Haltung eines ‚ehrbaren Kaufmanns' heute noch aus der bloßen Vernunft zu gewinnen? Ist das, was ‚gerecht, was rein, was liebenswert, was löblich' ist, in den heutigen Sozialauseinandersetzungen in den Fragen der persönlichen Selbstbehauptung und des christlichen Gehorsams allein durch Nachdenken der Vernunft zu erreichen? Bedarf die menschliche Vernunft heute nicht mehr der Reinigung durch den Geist des Glaubens, um aufzuhören, eine Hure der jeweiligen Alltagsinteressen der Menschen zu sein?" (Müller 1963, 323) Honecker bestreitet in der Tat die Rechtmäßigkeit dieser Fragen: Das Leitbild des ehrbaren Kaufmanns könne durchaus vernünftig begründet werden, und es gibt nach seinem Urteil eine Vernunft, die nicht ausschließlich vom Eigeninteresse geleitet wird, sondern die „einer allgemeingesellschaftlichen und allgemeinmenschlichen Verantwortung fähig ist" (Honecker 1963, 378). Es gäbe kein Monopol des Evangeliums auf die Gestaltung einer zukunftsfähigen Gesellschaft. „Sonst wäre alles, was Nichtchristen, Philosophen, Weltweise in der Geschichte der Menschheit zur Erhellung des Standortes des Menschen in der Welt beigetragen haben, eine dämonische Erfindung" (379). Honecker wendet sich damit vehement gegen das Leitbild einer Verchristlichung der Gesellschaft als zukünftiger Zielperspektive. Anders als eine Theologische Ethik, die sich in der Auseinandersetzung mit der Katastrophe des Ersten Weltkrieges sowie im Gegensatz zum Nationalsozialismus herausgebildet hatte, traut Honecker der Evidenz des Ethischen und dem vernünftigen Nachdenken ein bedeutsames Lösungspotenzial zu. Beides war auch noch in der Nachkriegszeit von der Theologie bezweifelt worden, wovon Honecker sich Anfang der 1960er Jahre sehr markant abhob.

Mag biografisch die Würdigung der Säkularisation begründet sein in der Erfahrung einer Kirchengemeinde seines Vaters, die von weitgehend wenig kirchlich gebundenen Arbeitersiedlungen im Blautal nahe Ulm umgeben war, so ist sie von ihrem Kern her auch Ausdruck eines Verständnisses, das um die bleibende Gegenwart Gottes in der Welt weiß und damit die providentia Dei jenseits einer christologischen Bindung auszulegen vermag: „So gottverlassen ist aber auch die Welt außerhalb des Evangeliums nicht“ (Honecker 1963, 379). „Der christliche Glaube ist nicht erst die Ermöglichung allen verantwortlichen sittlichen Handelns. Dies behaupten zu wollen, hieße, die stete Praesenz Gottes in der Welt leugnen und stattdessen den Glauben des Menschen zum Mittler Gottes und zum Begründer jeden Ethos machen“ (378). Mit dem Erhaltungswillen des Schöpfers ist eine vorschnelle Dämonisierung des menschlichen Handelns selbst inmitten komplexer technischer Zusammenhänge nicht in einen sinnvollen Zusammenhang zu bringen, wie Honecker mit Vehemenz betont.
Die in der bleibenden providentia Dei wurzelnde Würdigung der Säkularisation ist bei Honecker schließlich in der Folgezeit die Keimzelle seiner Neuinterpretation der Zwei-Reiche-Lehre sowie seiner spezifischen Unterscheidung von Gesetz und Evangelium, wobei sich diese Überzeugungen, die einer Theologischen Ethik zwischen Tradition und Vernunft letztlich den Weg bereiten sollten, erst in den nächsten Jahren entfalten sollten. Sie sind deshalb in einem weiteren Abschnitt dieser Würdigung Honeckers darzulegen.
Zunächst gilt es, die positive Deutung der Säkularisation in Honeckers frühen wissenschaftlichen Beiträgen festzuhalten und die sich daraus ergebenden Folgewirkungen zu verstehen. Bezeichnenderweise ist diese Deutung der Säkularisation in seiner Abschiedsvorlesung Ausgangspunkt seiner Überlegungen zu dem, was Theologische Ethik heute noch zu leisten vermag (Honecker 2002, 17ff.). Sie ist theologiegeschichtlich als bemerkenswerte Abkehr von der beherrschenden Theologie Barths (Honecker 1980) und seiner Schüler sowie als Aufbruch der Theologischen Ethik in die Postmoderne einzuordnen. Sie könnte gerade in der gegenwärtigen Situation des 21. Jahrhunderts, in der die religiöse Ausdifferenzierung der pluralistischen Gesellschaft neue Konturen angenommen hat und weit vorangeschritten ist, von tragender Bedeutung für eine Sozialethik in christlicher Perspektive sein. M. E. schafft sie eine Grundlage für einen weiterführenden Beitrag zur Entwicklung der zukünftigen Lebensweise in einer globalisierten Weltgemeinschaft: Die Beherrschung der globalen Herausforderungen, die sich aus dem Klimawandel, der tiefgehenden Verschuldung der Staaten, einem kaum steuerbaren Finanzkapitalismus und den mannigfaltigen Transformationen der Wirtschaftsgesellschaft ergeben, wird von einer Vielzahl von allgemein-menschlichen Orientierungsversuchen begleitet, zu denen eine Theologische Ethik ein konstruktives und dialogisches Verhältnis herzustellen hat.
Wie sieht nun die Verhältnisbestimmung einer Theologischen Ethik zur Philosophischen Ethik konkret aus? Welchen Lösungsweg hat Honecker eingeschla-

gen? Welche Schlussfolgerungen ergeben sich daraus für seine sozialethische Konzeptentwicklung?

2. Würdigung der Freiheit als wertvollste Gabe der menschlichen Lebensführung

Ist schon die Würdigung der Säkularisation als ein außerordentlich bemerkenswerter Schritt zu bezeichnen, so gilt dies im gleichen Maße auch für Honeckers Würdigung der Kritischen Theorie Ende der 1960er Jahre. Im besonderen Maße hat sich Martin Honecker mit dem Lebenswerk Horkheimers auseinandergesetzt und die Kritische Theorie als Anwältin lebendiger Humanität zur Geltung gebracht (Honecker 1971).

Die Kritische Theorie bindet seinem Urteil nach die sozialen Ursachen und gesellschaftlichen Folgen des technischen Gebrauchs der Vernunft in die Überlegungen mit ein und ist deswegen als „entscheidende Produktivkraft" (Honecker 1971, 33) zu verstehen: Sie hält die Erinnerung an „das Andere hoffend ... gegen ein sich verfestigendes System von Verfremdung und Verdinglichung" wach (34). Von Marcuse über Habermas zu Horkheimer liegt der Kritischen Theorie eine Idee des guten Lebens zugrunde, „die gegen die bestehende Gesellschaft, deren Herrschaftsformen und Selbstverständnis kritisch gewandt werden kann. Kritische Theorie macht sich zum Anwalt der Freiheit gegen praktische Unfreiheit. Sie tritt für die Anerkennung jedes Menschen durch jeden Menschen als Person ein und hält an der Idee eines dialogischen Zusammenlebens der Menschen fest. Kritische Theorie wird daher angesichts der Erfahrung von Gewalt, Unterdrückung und Leiden von einem emanzipatorischen Interesse geleitet" (35). Als Anwältin der Humanität tut sich die Kritische Theorie nach Honecker deswegen hervor, weil sie erstens die Vernunft gegen die bestehende gesellschaftliche Realität ins Spiel bringt, zweitens die Theorie der Praxis anpasst, drittens deswegen von einem emanzipatorischen Interesse geleitet wird und viertens damit die bleibende Menschlichkeit des Menschen in den Mittelpunkt aller Überlegungen rückt.

An einer Auseinandersetzung mit der Kritischen Theorie kommt eine Theologische Ethik deswegen nicht vorbei:

„Bei der Rezeption der kritischen Theorie geht es nicht um eine theologische Anpassung an sozialphilosophische Theoreme, auch nicht um Anleihen bei einer Kritik des Spätkapitalismus und Bürgertums; es geht vielmehr darum, zunächst einmal die gegenwärtige gesellschaftliche Wirklichkeit in kritischer Interpretation überhaupt zu Gesicht zu bekommen. Die Theologische Ethik war lange genug deswegen nicht ‚zeitgenössisch', weil sie in einem antiquierten historischen Gesellschaftsbild und in einem nur diesem angemessenen sozialen Kategoriensystem dachte und befangen war. Die Aufnahme von Einsichten der Kritischen Theorie kann theologische Sozialethik zur Wahrnehmung aktueller Probleme und Aufgaben instand setzen“ (40).

Die Philosophische Ethik der Kritischen Theorie liefert also für Honecker nicht nur die Diagnose, die Theologische Ethik dann jedoch die Therapie, sondern zwischen Theologischer Ethik und Kritischer Theorie besteht das Verhältnis einer Koinzidenz. In wesentlichen Aussagen stimmen Theologische und Philosophische Ethik überein, so dass Honecker betonen kann, dass der sozialphilosophische Gesprächspartner der Theologischen Ethik nicht Ausdruck einer beliebigen Wahl darstellen kann, sondern bewusst zu bestimmen ist (41). Die Kritische Theorie nimmt für Honecker deswegen den Platz einer „Natürlichen Theologie“ ein, also einer Einsicht, die um die Sehnsucht nach dem Anderen weiß (Honecker 1972, 403), dieses jedoch nicht in aller Vollständigkeit aussprechen kann. Möglich wird dies erst in einer Theologischen Ethik, die die Kritische Theorie integriert, ohne von deren Erkenntnissen vereinnahmt zu werden.

Eine Koinzidenz zwischen der Kritischen Theorie und Theologischen Ethik jenseits von Vereinnahmung und Anpassung findet Honecker insbesondere im Freiheitsverständnis, der eigentlich zentralen theologischen Kategorie seiner Ethik. Freiheit ist für ihn Ausgangspunkt der Theologischen Ethik (Honecker 1990, 42); im Freiheitsverständnis finden Philosophische Ethik und Sozialethik in christlicher Perspektive wesentlich zusammen. Die Reflexion der Freiheit als Grundverfasstheit des Menschen ist der Konvergenzpunkt säkularer und theologischer Zugänge zur konkreten Praxis der Lebensführung. Ende der 1960er Jahre verweist die Kritische Theorie selber auf diese fundamentale Kategorie des menschlichen Lebens. Honecker belegt dies mit einem Zitat von A. Wellmer: „Wir sind als Unfreie der Idee der Freiheit und des guten Lebens mächtig und sind ihrer doch nicht mächtig; hierin liegt die Aporie, der in der Tat die kritische Theorie sich zu stellen hat, die die Zukunft ihrer eigenen Praxis noch nicht kennt“ (Honecker 1971, 53). Freiheit ist kein Zustand des Menschseins, sondern ein Geschehen, in das der Mensch einbezogen werden muss, wenn er aus Freiheit handeln und eine freie Gesellschaft gestalten will. Kritische Theorie vermag diese Aporie und Herausforderung klar zu erkennen; darum kommt ihr eine zentrale humanisierende Bedeutung zu. Für Honecker sollte die Kritische Theorie, auch wenn sie sich über Habermas zu Honneth erheblich verändern sollte, ein wesentlicher Gesprächspartner bleiben. Mehr noch: Die Theologische Ethik kann für ihn erst dann wirksam sein, wenn sie in der säkularisierten Gesellschaft über einen Impuls verfügt, der jenseits aller rationalen Überlegungen und Einsichten nach Humanisierung drängt und an dem Theologische Ethik anknüpfen kann. Wo es um die anthropologische Grundkonstante des Verständnisses von Freiheit geht, finden Theologische und Philosophische Ethik zum Vorteil beider zusammen.

Erleb- und erfahrbar wird die Freiheit für Honecker von ihrem Ursprung her nun in der Freiheit des Denkens, in der die Freiheit der Person außerordentlich konkret wird. „Der Glaube macht ja gerade frei zur Selbstbestimmung, zum sachlichen und selbstverantwortlichen Handeln. Der Glaube kann auch die Vernunft freimachen zu emanzipatorischer, kritischer und realistischer Reflexion und Aktivität. Die dogmatische Tradition hat diesen Sachverhalt als die Verdunklung der Vernunft durch die Sünde, den Ichwillen, die Verkrümmung des Menschen in sich selbst (‚incurvatio in se ipsum') bezeichnet und dagegen gelehrt, dass die Rechtfertigung auch die Vernunft erleuchtet, ‚illuminiert'" (Honecker 1971, 53). Wo die Kritische Theorie also um die Möglichkeit und Notwendigkeit zur Ermächtigung des freien Menschen weiß, kann die Theologie genau eben diese Ermächtigung als erfahrbare Wirklichkeit aussagen. Genau hier kommt das zum Tragen, was Honecker an gleicher Stelle als „Motivation" bezeichnet hat, eben die „Grundorientierung eines Menschen" oder seinen „Charakter" (Honecker 1998, 181).

In der positiven Rezeption der Kritischen Theorie und der damit im Zusammenhang stehenden Würdigung der Freiheit wird der Ausgangspunkt aller Überlegungen zur Theologischen Ethik erkennbar. Hat Honecker mit der Würdigung der Säkularisation schon einen neuen Akzent gesetzt und Theologische Ethik anschlussfähig werden lassen, so wird dieser Neuansatz durch den Verweis auf die Kritische Theorie inhaltlich präzisiert. Mit der Freiheitsperspektive öffnet sich bezeichnend sein Blick deutlich für die affektbesetzten Ebenen menschlicher Lebensführung. „Die Macht der Affekte, von Liebe und Hass, von Mitleid und Verachtung, ist stets mitzubedenken. Eine ethische Handlung ergibt sich nicht einfach aus einem Vernunftkalkül. [...] Die Affektbildung, die Einbeziehung des Gewissens als ‚Urteilskraft des Gemüts', der Wille, aber auch Erfahrung als eigene Lebenserfahrung und in der Aufnahme einer gelebten Kultur haben ein eigenes Gewicht. Eine rein rationalistische Sicht des Menschen ist insofern als Fundament der Ethik ungeeignet" (Honecker 1998, 181). Diesen Zusammenhang von Freiheitsvollzug und kulturell gefärbter Affektsteuerung aufzuzeigen, wäre einer Theologischen Ethik, die sich in einer multireligiösen und nachchristlichen Gesellschaft bewähren muss, gerade heute förderlich. Es ließe sich auf diesem Wege zeigen, welche Unterscheidungs- und Urteilskraft von einer Theologischen Ethik ausgehen kann, die sich als Teil eines umfassenden kulturellen Reflexionsprozesses einer liberalen Gesellschaft zu verstehen sucht. Honecker hat es zumeist bei diesen Hinweisen auf die Rolle der Affekte und der Motivation belassen oder genau an dieser Stelle auf bleibende theologische Einsichten verwiesen; heute wäre genau dieser Aspekt in einem umfassenden Freiheitsverständnis zu vertiefen, was der Verfasser auch mit einer eigenen Studie versucht hat (Hübner 2011).

Es gilt nun aber, genau an dieser Stelle den von Honecker eingeschlagenen Weg zu verstehen, so dass nun sein Verständnis von begrenzter Rationalität aufzuzeigen ist.

3. Würdigung der Vernunft und ihrer Grenzen

Die Würdigung der Säkularisation und der Freiheit verbindet sich bei Honecker schon lange vor seiner Festigung einer sozialethischen Konzeption mit einer Hochachtung der menschlichen Vernunftbemühungen. Gerade diese Fokussierung hat ihm auf der einen Seite Zustimmung, aber auch viel Kritik und Widerspruch gegenüber seiner Positionierung eingebracht (Heinrich 1972, 56), so dass an dieser Stelle eine differenzierte Wahrnehmung notwendig erscheint:

Zunächst einmal gilt es erstens festzuhalten, dass Honecker keineswegs blauäugig und naiv der Vernunft das Wort geredet hat, sondern immer im Sinne der Aufklärung von einem kritischen und emanzipierten Vernunftgebrauch ausgegangen ist. Vernünftiges Denken wendet sich von Festlegungen auf Personen und Autoritäten ab; es ist generell ein Ausdruck der menschlichen Freiheit. Deswegen wird sich jedes vernünftige Denken von allen Dogmatismen emanzipieren und damit einen humanisierenden Impuls in sich tragen.

Zweitens wird das Ergebnis einer vernünftig-kritischen und emanzipierten Überlegung nicht frei von Fehlern und Irrtümern sein. Gerade diese Rückschritte zu analysieren, ist Aufgabe eines vernunftgemäßen Umgangs mit der Geschichte, schließt aber unbedingt einen positiven Zugang zum geschichtlich Gewachsenen ein. „Die Vernunft kann daher nur in einem Prozess der Findung von Wahrheit und Gerechtigkeit tätig werden. Wahrheit und Gerechtigkeit sind nicht festliegende, fixierte, ein für allemal eindeutig bestimmte Werte. Sie sind Ziele, an denen sich gesellschaftliches Verhalten zu orientieren sucht und denen die Gesellschaft nur in einem Prozess der Kommunikation und Interaktion näherkommen kann. Da Gesellschaft selbst kein fertiges Gebilde ist, sondern ein ununterbrochener Prozess, ist auch die gerechte, die menschenwürdige Gesellschaft kein ein für allemal erreichter Zustand, sondern stetig zu verwirklichende Aufgabe“ (Honecker 1971, 50). Sozialethik, die nichts anderes ist als eine Anleitung zur vernünftig-kritischen Urteilsbildung, ist deswegen für Honecker immer auch eine emanzipierte Durchleuchtung des geschichtlich Gewachsenen. Damit bewegt sich Sozialethik in christlicher Perspektive immer wieder mäandrierend zwischen Tradition und Vernunft hin und her. Absolut geltende Leitbilder, die für alle Zeiten verpflichtend sind, lassen sich unter solch einer Prämisse natürlich nicht finden, es sei denn, das höchste Gut menschlicher Lebensführung, also die Gabe der Freiheit, steht in Gefahr.

Drittens warnt Honecker eindrücklich vor der Hybris der Vernunft: Vernunftgemäßer Umgang mit der Wirklichkeit ist immer nur eine Suchbewegung, darf jedoch niemals mit der Erreichung eines endgültigen Zustandes verwechselt werden. Vernunft kann nur komperativisch tätig werden: Sie befindet sich auf der Suche nach einer besseren Lösung für die jeweiligen gesellschaftlichen Herausforderungen. „Die ‚Dialektik der Aufklärung‘ zeigt sich daran, dass eine nur technisch begriffene Vernunft keineswegs Garant von Gerechtigkeit und Humanität ist, sondern zum Werkzeug der Inhumanität werden kann. Aber die Möglichkeit des Missverständnisses und Missbrauchs der Vernunft dispensiert nicht vom Gebrauch der Vernunft. Es gibt keine Alternative zur Findung einer gerechteren und humaneren Gesellschaft als eben den Gebrauch der Vernunft" (Honecker 1971, 50).

Viertens legt Honecker in einer Neuinterpretation dar, dass eben dieses Verständnis des vernunftgemäßen Umgangs der lutherischen Zwei-Reiche-Lehre entspricht (Honecker 1990, 60ff.). Luther lehrt mit diesem Topos lediglich nach Honeckers Deutung, dass Gott in zweifacher und voneinander zu unterscheidender Weise handelt. Im allgemein-menschlichen Bereich des Lebens erhält Gott die Welt vor der Selbstzerstörung durch die Kraft der Vernunft; im geistlichen Bereich wirkt Gott durch das Wort des Evangeliums. Damit wird die Zwei-Reiche-Lehre gleichsam nach innen verlagert und eine psychologisierende Interpretation vorgelegt: Gott bewirkt mittels der zur Freiheit drängenden Vernunft und durch das befreiende Evangelium im Menschen die Erhaltung seiner Schöpfung. Wenn darum von der Vernunft in christlicher Perspektive die Rede ist, dann kann es sich dabei in letzter Konsequenz nach Honecker um keine ausgesonderte, quasi allein christliche Vernunft handeln. Ansonsten wäre allein der Christ zu ethischer Erkenntnis fähig. „Da solches aber zu widersinnigen Konsequenzen führt, kann die erneuerte Vernunft nicht inhaltlich bestimmt werden; sie ist vielmehr sachlich nichts anderes als die wahre, kritische Vernunft schlechthin, zu welcher sich der Christ aufgrund der Rechtfertigung ermächtigt weiß, die er aber dem Nichtchristen keineswegs absprechen will. ‚Erneuerte Vernunft' ist nicht ein besonderes Erkenntnisvermögen, sondern die Vernunft, die ihre Aufgaben in Freiheit wahrnimmt. Die Erneuerung der Vernunft durch die Rechtfertigung besteht sonach in der Ermächtigung zum freien Gebrauch der Vernunft, sie vermittelt keine besonders christliche ethische Maßstäbe" (Honecker 1971, 47).

Die Würdigung der Säkularisation, die ihr theologisches Fundament in der lutherischen Lehre von der anhaltenden und fortwährenden Schöpfung besitzt, wiederholt sich in dieser Neufassung der Zwei-Reiche-Lehre. Die christlichen Kirchen, aber auch die in der reformatorischen Tradition stehenden sozialethischen Reflexionen, müssen ihre Legitimität nicht darin finden, dass sie verzweifelt nach einem besonderen Profil suchen. Das Markenzeichen christlicher Ethik ist nicht ihre spezifische Botschaft, sondern die Freiheit, mit der sie allen Gesichtspunkten in vernünftiger Argumentation nachgeht und ihnen konsequent Rechnung trägt. So können sich christliche Kirchen und theologisch-reflexive Ansätze auch darüber freuen, wenn Impulse, die von ihr ausgehen, zum Normalbestand des alltäglichen Lebens gehören. Sie müssen nicht neidisch darauf schauen, wenn nicht- oder unchristliche Argumentationslinien zu ähnlichen Schlussfolgerungen kommen, sie müssen diese Ansätze auch nicht verzweifelt als die ihren verteidigen. Dies setzt jedoch in aller Konsequenz die kritische Rolle der kirchlichen Praxis entscheidend voraus, da in ihr die affektiv gesteuerte Bewusstwerdung der Vernunft um ihren freiheitsliebenden Impuls konkret wird. Insofern kann Honeckers Würdigung der zur Freiheit befähigten Vernunft auch als Würdigung des konkreten, praktischen kirchlichen Handelns verstanden werden: Theologisch fundierte Sozialethik besitzt keinen Eigenwert in sich, sondern hat eine dienende Rolle insofern, als sie an der Schnittstelle zur Gesellschaft dem kirchlichen Handeln zur Wirksamkeit verhilft. Zugleich öffnet eine solchermaßen verstandene Sozialethik kirchliches Handeln und theologisches Reflektieren für Erkenntnisse und Einsichten, die sich mitten in der Welt als zukunftsweisend ergeben haben. Genau dies dient ebenfalls der Wirksamkeit theologischer Reflexion und kirchlichen Handelns. Christliche Sozialethik ist damit notwendigerweise im Kontext kirchlichen Handelns zu verorten, ohne darin aufzugehen. Honecker kann deswegen im Anschluss an bzw. in kritischer Auseinandersetzung mit Schleiermachers „Christliche Sittenlehre" prägnant zusammenfassen: „(Schleiermachers) Bezug auf die Kirche wirkt höchst modern und aktuell. Denn beruft man sich heute für die Anerkennung ethischer Sätze und Forderungen nicht häufig auf die universale kirchliche Kommunikationsgemeinschaft, auf das ökumenische Prinzip der Konziliarität, auf den innerkirchlichen Konsenus? Sind nicht ‚kirchliche' Voten, ‚Denkschriften', Erklärungen als konsensstiftende Äußerungen angelegt, denen eine regulierende und orientierende Funktion für den einzelnen Christen, aber ebenso für die kirchliche Gemeinschaft als Ganzes zugeschrieben wird? Wiederum liegen die Fragen auf der Hand, Fragen sowohl an Schleiermacher wie auch an die heutigen Vertreter einer ‚kirchlichen' Ethik. […] Vermag die ‚Kirchlichkeit' einer ethischen Aussage auch deren Richtigkeit und damit deren sachliche Geltung zu verbürgen? Oder kommt es nicht doch letztlich auf die Evidenz der Argumente und auf die Kraft der Überzeugung gegenüber dem einzelnen ethischen Subjekt an?" (Honecker 1983, 130).

Honeckers sozialethische Entwürfe und Darstellungen durchzieht immer wieder die hoffnungsvoll wirkende Einsicht, dass dem vernünftigen Argument eine starke Überzeugungskraft zukommen kann. Lassen sich jedoch mittels vernünftiger Argumentationen real wirkungsvolle Transformationen vollziehen? Spielen hier nicht sehr viel mehr Einsichten eine Rolle, die sich emotional niederschlagen, in Traditionen und sozialen Gemeinschaften gelebt werden? Honecker hat diesem Einwand dadurch Rechnung getragen, dass er in diesem Zusammenhang von der tragenden Rolle der Motivation als einer Grundeinsicht des Menschen spricht. Tragende Motivationsstrukturen, die stärker sind als vernünftige Argumente, finden sich gerade in sozialen Gemeinschaften, zu denen auch sichtbare Kirchen gehören. So verwundert es nicht, dass Honecker seine sozialethische Theorie um eine überraschend starke Kirchentheorie ergänzt hat, ohne die seine Sozialethik nicht verständlich gemacht werden kann.

4. Würdigung der sichtbaren Kirche

Die positive Würdigung der sichtbaren Kirchen mit ihren soziologisch erfassbaren Erscheinungsformen hatte Honecker mit seiner Promotionsschrift (Honecker 1963a) thematisiert. Auch in seiner grundlegenden Schrift „Konzept einer sozialethischen Theorie" finden sich noch Anklänge an diese fundamentale Würdigung der soziologischen Einheit Gemeinde. Sie wird Mitte der 1970er Jahre bei Honecker noch als herausragendes ethisches Subjekt verstanden: „Die Gemeinde, die ihr Verhältnis zur Gesellschaft als Dienst begreift – und nicht für sich gesellschaftliche Exemtion beansprucht –, ist eo ipso Träger sozialethischer Kritik" (Honecker 1973, 59).

Begründet wird dieses Subjekt-Sein der christlichen Gemeinde mit der veränderten gesellschaftlichen Verortung der Kirchen: Waren die Kirchen zur Zeit der Reformation im Sinne einer positiv verstandenen Zwei-Reiche-Lehre lediglich Trägerin der Predigt und der Staat Träger der Legislative und Exekutive, so habe sich – so betont Honecker zu Recht – dieses Verhältnis seit der Aufklärung erheblich gewandelt: Die feudalistische Verklammerung von Kirche und Gesellschaft wurde nach 1918 gelockert. Die evangelische Kirche habe mit einer gewissen Verzögerung in der Mitte des 20. Jahrhunderts „ihre gesellschaftliche Rolle und die in dieser enthaltenen Möglichkeiten entdeckt" (Honecker 1973, 57). Unabhängig von jeder staatlichen Bevormundung können die Kirchen ihre jeweilige sozialethische Konzeption entwickeln und in die Gesamtgesellschaft einbringen. Damit mutiert die Gemeinde zu einem selbständigen Subjekt kirchlichen Handelns sowie zum Träger sozialethischer Verantwortung, weil sie in einer pluralistischen, demokratischen Gesellschaft zu einem Verband unter anderen geworden ist.

In einer solchen Gesellschaft kann sie ihrem eigentlichen Auftrag nachkommen und zur „Schar der absichtslos Dienenden" (Honecker 1973, 58) werden. „Ein absichtsloser und selbstloser Dienst der Christen muss [...] von ihr (sc. der bürgerlichen Gesellschaft) als Störung empfunden werden, weil sie die Kritik an der Warenform der Leistungsgesellschaft in sich trägt. Die bürgerliche Gesellschaft ist daher bestrebt, den Dienst der Gemeinde auf die Deklassierten der Gesellschaft oder auf archaische Ereignisse des Lebens wie Geburt und Tod zu beschränken" (ebd.). Damit wird in Honeckers sozialethischer Konzeption die sichtbare Kirche zum kritischen Unruhefaktor der bürgerlichen Gesellschaft, mehr noch: Die sichtbaren Kirchen werden zu der Größe, von der prägnante und wegleitende Veränderungen und Reformen ausgehen, weil alleine in solchen unangepassten Einheiten freie, experimentelle Praxis möglich ist. In beeindruckender Weise stellt Honecker die dienende, gesellschaftskritische Funktion der Kirchen und Gemeinden so dar:

„Die sozialethische Aufgabe der christlichen Gemeinde ist es dabei, paradigmatisch Modelle gesellschaftlichen Verhaltens zu entwerfen und experimentierend zu erproben, welche für die gesamte Gesellschaft Impulse zur Veränderung, zur Humanisierung gesellschaftlicher Verhältnisse werden können. [...] Die christliche Gemeinde sollte den ihr durch die Emanzipation der Gesellschaft vom Staat zugefallenen staatsfreien Raum dazu nutzen, ihrerseits nun nicht gesellschaftliche Abstinenz zu üben, sondern gesamtgesellschaftliche Verantwortung zu erkennen und auszuüben. Man kann dies als ‚Gesellschaftsdiakonie' bezeichnen. Der Begriff ist zutreffend, wenn darunter nicht nur sozialkaritatives Handeln der Gemeinde in und an der Gesellschaft verstanden wird, sondern das experimentelle Vorgreifen der Gemeinde auf eine bessere Gesellschaft, und wenn Diakonie zugleich als Kritik an ungerechten und unmenschlichen Verhältnissen, Ordnungen und Verhaltensweisen begriffen wird" (64f.).

Freiheitliche und damit humanisierende Impulse können nach Honecker damit in dieser sozialethischen Konzeption der 1970er Jahre insbesondere von den christlichen Gemeinden ausgehen. Sie sind eine NGO bzw. ein Verband besonderer Art, da Anpassung und interessegeleitete Orientierung nicht ihr Ding sind. Vernunftgemäße Argumentation, die sich in aller Freiheit vollzieht und alle wesentlichen Aspekte bedenkt, kann gerade in den christlichen Gemeinden möglich sein. Fortschrittliche, werteorientierte, humanisierende und zukunftsfähige Bewegungen gehen gerade von den christlichen Gemeinden aus.

Insbesondere in den 1990er Jahren nimmt Honecker diese Funktionszuweisung der Kirchen und Gemeinden deutlich zurück, um sie als einen Kultur-Faktor der Gesellschaft zu begreifen. Als Träger sozialethischer Verantwortung kommt die Gemeinde praktisch kaum mehr zum Tragen, was sich gerade in der Anlage der „Theologischen Ethik" (1990) bzw. vom „Grundriss der Sozialethik" (1995) zeigt: Dem Abschnitt VII („Kultur") folgt der Abschnitt VIII („Kirche in der Öffentlichkeit"), worin sich Honecker u. a. kritisch mit dem prophetischen Mandat der Kirche auseinandersetzt. Explizit heißt es dort: „Die Sinngebung des Lebens ist im letzten nicht durch Handeln zu gewinnen. Gerade diese Einheit lässt ethische Reflexion und gesellschaftliche Wertorientierung (relativ) unabhängig von religiöser und kirchlicher Legitimation gelten. Andererseits ist gleichfalls zu betonen, dass die geschichtliche Gestalt und das gesellschaftliche Handeln der Kirche ihrerseits hineinverwoben sind in die gesamte Kultur und Tradition einer Gesellschaft. Darum ist die Kirche unvermeidbar Gegenstand ethischer Betrachtung. Deshalb sind wesentliche Lebensäußerungen von Kirche, ihrer Ordnung, Diakonie und Verkündigung auch unter ethischem Aspekt zu reflektieren" (Honecker 1995, 685).

Die Zuordnung der theologisch fundierten Sozialethik zum kirchlichen Handeln bzw. die im letzten Abschnitt herausgestellte dienende Funktion der Sozialethik im Sinne einer Wirksamkeit kirchlichen Handelns bleibt nach wie vor erhalten, jedoch wird die direkt ausgewiesene zukunftsweisende Funktion der Gemeinde, wie sie noch in den 1970er Jahren betont wurde, stark zugunsten einer Werte-Orientierung in der Sozialethik zurückgenommen. Nicht die christlichen Gemeinden oder Kirchen, sondern der Einzelne inmitten einer beruflichen Einbindung wird zum Träger einer humanisierenden Tendenz inmitten einer sich verändernden Gesellschaft. Die positive Würdigung der Kirchen und Gemeinden wird nur noch indirekt wahrgenommen. Dadurch besteht die Gefahr, dass sich Honeckers Sozialethik dem Vorwurf eines Konservativismus aussetzt, der, wenn man seine sozialethische Theoriebildung ernst nimmt, auf keinen Fall als gerechtfertigt zu bezeichnen ist. Da insbesondere jedoch in einer globalisierten Weltgemeinschaft die Bedeutung der christlichen Gemeinden in ihrer Potenzialität nicht abnimmt, sondern im Gegenteil zunimmt, liegen hier Chancen bereit, die zunehmend mehr genutzt werden könnten und sollten. Eine wirtschaftsethische Kompetenz z. B. wächst einer Gemeinde bzw. einer Sozialethik nicht mehr dadurch zu, dass sie diese im deklaratorischen Sinne betont, sondern alleine dadurch, dass sie diese exemplarisch, aber auch überzeugend in ihren eigenen Bezügen lebt. Der Nationalstaat mit seinen Organen kann nur noch im eingeschränkten Maße als Träger sozialethischer Kritik bezeichnet werden; auch Einzelnen kommt diese Funktionalität nur noch teilweise zu. Dagegen wächst die steuernde gesellschaftskritische Rolle der intermediären Kräfte stark an, wozu u. a. auch die christlichen Gemeinden und Kirchen gehören. Diese ethische Kompetenz zu nutzen und zu fördern wird eine wesentliche Aufgabe einer sozialethischen Theoriebildung sein. An dieser Stelle ist also Honeckers Ethik, die sich als Freiheit ermöglichende praktische Unterscheidungslehre versteht, zu vertiefen. Dabei könnte der christlichen Gemeinde die Aufgabe zukommen, im Namen der Freiheit dem nötigen Menschenwürdigen einen ausreichenden Raum zuzuerkennen.

5. Würdigung der Menschenrechte und der Werte-Orientierung

Die Auseinandersetzung mit den Menschenrechten ist in diesem Sinne konsequenterweise zu einem durchgängigen und herausragenden Thema der sozialethischen Theoriebildung und Konkretion Honeckers während seiner gesamten Schaffenszeit geworden. Schon in der zentralen Studie „Konzept einer sozialethischen Theorie“ (Honecker 1971) begegnet die positiv-würdigende Auseinandersetzung mit den Menschenrechten, und in der Heidelberger Vorlesung (Honecker 2010) nimmt sie ebenfalls einen breiten Raum ein. Rückblickend äußert sich Honecker dort so:

„Das Thema Menschenrechte beschäftigt mich seit langem. 1978 wurde mein Buch ‚Das Recht des Menschen‘ als ‚Einführung in die evangelische Sozialethik‘ erstmals veröffentlicht. [...] Das Thema Menschenrechte wurde damals für mich interessant, weil an ihm die Frage zu veranschaulichen war, wie sich Theologie, Kirche und Glauben zu einer zentralen ethischen Überzeugung verhalten, die erst in der Neuzeit und in der Aufklärung entwickelt, ausgestaltet und durchgesetzt wurde. Menschenrechte sind damit ein wichtiges Paradigma für den Umgang von theologischer und christlicher Ethik mit säkularen Phänomenen. Auch lässt sich anhand der Menschenrechte eine Reihe von Themen der Sozialethik ansprechen und in ihrem ethischen Gehalt veranschaulichen [...]. Die damaligen Überlegungen stellen den Stand der Diskussion vor mehr als dreißig Jahren dar. Als solche haben sie unverändert ihre Geltung. An meiner Grundsicht der Menschenrechte hat sich grundsätzlich nichts Entscheidendes geändert" (Honecker 2010, 180f.).

In der Tat ist die Auseinandersetzung mit den Menschenrechten geradezu ein Paradebeispiel, an dem die sozialethische Theoriebildung Honeckers im positiven Sinne veranschaulicht werden kann (Honecker 1978; Honecker 1996; Honecker 2002, 245ff. u. ö.): Menschenrechte sind geschichtlich gewachsen, sollten in der Gegenwart der vernünftigen Argumentation zugänglich sein, sind Teil des gesamtgesellschaftlichen Diskurses und können zugleich theologisch wahrgenommen werden, ohne dass sie von Kirche und Theologie vereinnahmt werden können. Sie verhalten sich auf Grund ihrer Struktur und Anlage geradezu widerständig gegenüber dem Versuch einer kirchlichen Instrumentalisierung. Sie sind ein signifikanter Beleg dafür, dass die autonome und säkularisierte Moral in ihrer Geschichte positive Ergebnisse zeitigen kann.

„An die Stelle ständischer Pflichten und Rechte treten die allgemeinen Menschenrechte. Gerade die den Vernunft- und Humanitätsgedanken praktisch verwirklichenden Menschenrechte sind ein vorzügliches Beispiel der Säkularisierung" (Honecker 2002, 19).

Gerade wenn es um die Freiheit verstärkende Wirksamkeit theologisch-ethischen Nachdenkens und Handelns geht, dann sollten und müssen die Menschenrechte im Mittelpunkt der Überlegung stehen. Menschenrechte sind als Freiheitsrechte zu rekonstruieren. Genau dies hat Honecker immer wieder und in seiner Theoriebildung durchgängig deutlich gemacht. Darin ist seine Theoriebildung geradezu zukunftsweisend für das, was in einer globalisierten Weltgemeinschaft in den nächsten Jahrzehnten ansteht. Gerade Honecker ist zu verdanken, dass er in gleichsam prophetischer Schau schon ausgesprochen früh dies entdeckt und ins Gespräch gebracht hat.

Mehrere Einsichten ziehen sich seit Anfang der 1970er Jahre durch.

Erstens: Die Nachfolge Jesu realisiert sich im Verwirklichen jenes Rechtes Gottes, das Gott der ganzen Welt zukommen lassen will. „Dieses Recht Gottes konkretisiert sich irdisch so, dass das Recht eines jeden Menschen auf konkrete Humanität erkannt wird und darum sich die Christen zu Anwälten humanen Rechtes berufen wissen. [...] In den Menschenrechten stellt sich heute als profanes Zeichen des göttlichen Rechtswillens der Anspruch jedes Menschen auf eine menschliche Existenz dar. Sie sind die säkularisierte und gewiss unvollkommene, aber doch für jeden Menschen gültige Gestalt des Schalom" (Honecker 1971, 63f.).

Zweitens: Die Menschenrechte in ihrer konkreten Fassung sind das Ergebnis eines menschlichen Lernprozesses und historisch betrachtet die Folge der Auseinandersetzung mit den politischen Katastrophen der ersten Hälfte des 20. Jahrhunderts. Sie sind das Kondensat der menschlichen Unrechtsgeschichte (Honecker 2010, 181f.).
Drittens: Die Menschenrechte sind umstritten und in ihrer konkreten Fassung keineswegs eindeutig. Dies zeigt sich, so betont Honecker immer wieder, insbesondere in den unterschiedlichen Generationen der Menschenrechte. Die Unterschiede in der Durchsetzung der politischen und sozialen Rechte verdeutlichen dies. Insbesondere die WSK-Rechte werden von Honecker immer wieder in diesem Sinne kritisch beleuchtet: Bei den WSK-Rechten geht es um „Teilhaberechte, den status activus, positivus des Menschen. Derartige soziale Rechte können freilich nur dann gewährt werden, wenn der Staat über die entsprechenden Ressourcen verfügt. Rechtlich durchsetzbar ist beispielsweise ein Rechtsanspruch auf Lebensunterhalt bei Arbeitslosigkeit, aber nicht das Recht auf einen Arbeitsplatz […]“ (Honecker 2010, 185).
Viertens: Menschenrechte beanspruchen für sich Universalität, wobei es sich dabei keineswegs um eine faktische Universalität handelt. Im Kontext der unterschiedlichen Religionen werden die konkreten Menschenrechte, wie sie mit der Erklärung der Menschenrechte aus dem Jahr 1948 niedergelegt worden sind, unterschiedlich wahrgenommen, wenn nicht sogar abgelehnt. Auch auf internationaler Ebene verbleibt es in vielen Fällen „bei einer Menschenrechtsrhetorik. Denn aus der Zustimmung zu den Menschenrechtserklärungen ergibt sich keineswegs folgerichtig ein einklagbares Weltbürgerrecht“ (194). Als Beleg dafür verweist Honecker auf das Fehlen eines internationalen Gerichtshofes für Menschenrechte (195). „Ein allgemeines Weltbürgerrecht ist bislang nicht in Sicht“ (ebd).
Fünftens: Eine Kirche und eine Theologie, die sich bewusst an der Grenze von Kirche und Welt bewegen, können und dürfen die Menschenrechte nicht übersehen. Kirchliches Handeln wird sich gerade den Menschen zuzuwenden haben, die keine Rechte haben. Genauso ist es die Aufgabe der Theologie, die universalen Grundsätze der Menschenrechtsidee theologisch zu interpretieren und zu entschlüsseln. Gerade eine Wirklichkeitssicht, die sich im Vertrauen auf Gott sowie auf die Macht von Glaube, Hoffnung und Liebe ereignet, wird sich im Eintreten für die Menschenrechte äußern und zu ihrer Verwirklichung entschieden beizutragen haben.
Diesen fünf Grundsätzen Honeckers in der Auslegung der Menschenrechtsidee ist grundsätzlich zuzustimmen, wobei m. E. allerdings die Akzente ein wenig anders zu setzen sind: In einer globalisierten Weltgemeinschaft sind die Menschenrechte mit ihren sehr vielfältigen Deklarationen, Erklärungen und Konkretisierungen geradezu als das Verfassungsrecht der Weltgemeinschaft ohne Weltenstaat zu begreifen. Eine Vielzahl von WSK-Rechten wird mehr und mehr

konkretisiert, wozu insbesondere auch die MDG-Debatte beigetragen hat. Dass sich jüngst eine Post-MDG-Diskussion in der UN auftut, wird diese Tendenz verstärken. Hinzu kommen die Existenz und Beachtung des internationalen Gerichtshofes und der von ihm ausgesprochenen Urteile. Auch innerhalb der Religionen gibt es Bewegung, wenn es um die Achtung der Menschenrechte geht. Gerade im Islam, aber auch in den asiatischen Religionen gibt es durch den verstärkten Einfluss anderer Religionen sowie der öffentlichen Debatte erhebliche Fortschritte. All dies deutet darauf hin, dass die normierende Kraft der konkreten Menschenrechte erheblich zugenommen hat. Für die christlichen Kirchen und Theologien bedeutet dies, dass sie die Freiheitsidee, mit deren Hilfe ein Zugang zu den Menschenrechten zu finden ist, im Kontext der anderen Weltreligionen zu rekonstruieren hat. Auf diese Weise kann es ihr gelingen, die Wirksamkeit der Menschenrechte zu festigen. Honeckers Konzeption könnte also so fortgesetzt und weiterentwickelt werden, dass die Menschenrechte mehr noch in den Mittelpunkt einer theologischen Ethik rücken, die sich mit den Folgen der Globalisierung positiv gestaltend auseinanderzusetzen versucht. Dies schließt auch eine Förderung des interreligiösen Dialogs ein. Schließlich wird eine solche Sozialethik, die bewusst an der Schnittstelle von Kirche und Welt lebt und die säkularen Erscheinungsformen gelebter Humanität ernst nimmt, die Zuordnung von Politischen und WSK-Rechten in den Mittelpunkt zu rücken haben. Eine Fortentwicklung der Menschenrechtsdiskussion im Rahmen der theologisch-ethischen Reflexion über Honeckers Einsichten hinaus ist m. E. dringend angezeigt.

6. Würdigung der geschichtlichen, menschlichen Fortentwicklung

Die Würdigung der säkularen oder nachchristlichen Strukturen, der von christlichen Einsichten ausgehenden Transformationen der Gesellschaft, der Vernunft, der menschlichen Rationalität oder der Menschenrechte gipfelt bei Honecker letztlich in einer Würdigung des geschichtlich gewachsenen, menschlichen Fortschritts. Grundlegend steht hinter dieser Würdigung des menschlichen Fortschritts die Überzeugung, dass es Irrtümer und fehlerhafte Entwicklungen gibt, aber gleichermaßen auch Versuche, diese Irrtümer zu überwinden und in anderer Art und Weise nach vorne zu gehen. Wenn Honecker seit den ersten Zugängen zur sozialethischen Theoriebildung sich immer wieder kritisch mit dem Religiösen Sozialismus (L. Ragaz, C. Blumhardt) oder einem Denken in Utopien (E. Bloch, J. Moltmann) auseinandergesetzt hat, so verleitet diese Auseinandersetzung ihn nicht dazu, den menschlichen Fortschritt im Sinne einer Humanisierung der Gesellschaft in Abrede zu stellen.
Schon 1971 („Konzept einer sozialethischen Theorie") kann Honecker mit einem deutlich skeptischen Unterton vermerken:

„Die Gesellschaft ist kein fertiges Gebilde, sondern ein ununterbrochener Prozess, ist auch die gerechte, menschenwürdige Gesellschaft kein ein für allemal erreichter Zustand, sondern stetig zu verwirklichende Aufgabe. Dieser gesellschaftliche Prozess verläuft jedoch nicht in einer kontinuierlichen Entwicklung des Fortschritts. Rückschritte und Irrwege sind, wie die Geschichte zeigt, häufiger als echte Fortschritte zu einer menschlichen Gesellschaft" (Honecker 1971, 50).

Deutlich optimistischer heißt es in der Heidelberger Vorlesung (Honecker 2010): „Eine Sicht christlicher Ethik, welche die negativen Seiten in der Geschichte des Christentums leugnet, ist einseitig. Ebenso einseitig ist freilich auch eine Christentumskritik, welche die positiven Leistungen des Christentums radikal bestreitet. Die Wirkungen des Christentums sind dadurch entstanden, dass Religion, auch das Christentum, immer eine Auswirkung auf die Kultur hat. [...] [D]arüberhinaus (ist; J. H.) zu beachten und zu bedenken, dass christliche Ethik auch in allgemeine ethische Reflexionen und Erkenntnisse transformiert werden kann und muss. [...] Solche Transformationen wahrzunehmen, zu analysieren und zu reflektieren ist die Aufgabe theologischer Ethik. Dies ist eine schwierige und wissenschaftlich anspruchsvolle Vermittlungsaufgabe" (Honecker 2010, 31).

Es gibt also – und dies bestimmt Honeckers Durchführung einer Sozialethik – eine geschichtlich gewachsene Erkenntnis des ethisch und damit humanitär Sinnvollen, und das trotz aller Irrtümer und Fehler. Wenn es denn zu einer Transformation christlicher Einsicht in allgemein einsichtige Leitbilder kommt, dann ist dieser Vorgang zu begrüßen. Eine Säkularisierung christlichen Ethos wird von Honecker nicht nur analysiert, sondern bewusst willkommen geheißen.

Dieser Grundannahme entspricht nun auch Honeckers Aufbau einer konkreten ethischen Fragestellung: Geschichtlich gewachsene Erkenntnisse werden zunächst einmal umfassend entfaltet, bevor ein weiterführender Schluss die Analyse und Reflexion abschließt. In diesem Verfahren kommt die fundamentale Botschaft des christlichen Glaubens in reformatorischer Perspektive zur Sprache: Der Mensch ist mit seinen Taten und Untaten vor Gott gerechtfertigt, was ihn dazu befreit, trotz aller Irrtümer und Fehler weiter zu leben und gestaltend in der Welt mitzuwirken. Es ließe sich Honeckers Sozialethik als eine optimistische Deutung des Weltzusammenhangs verständlich machen: Die Fähigkeit zur Humanisierung der Lebensverhältnisse hat der von Gott gerechtfertigte Mensch noch lange nicht verloren. Es mag sein, dass diese Honeckers Sozialethik durchziehende Grundansicht hilfreich, motivierend und förderlich sein kann für einen modernen Weltumgang.

7. Zusammenfassung

Honeckers sozialethische Theoriebildung erhebt an eine Ethik grundsätzlich den Anspruch auf Universalität, auf Kommunikationsfähigkeit und auf Werte-Orientierung. Ein wichtiger Anspruch kommt hinzu: Jede ethische Reflexion soll inmitten der gesellschaftlichen Auseinandersetzung eine gewisse Wirksamkeit entfalten. Sozialethik hat bei ihm immer auch eine praktische Abzweckung, ist also an einer Humanisierung der Gesellschaft interessiert. Niemals ist sie lediglich eine Theorie; Meta-Ethik ist nicht das Anliegen, das Honecker verfolgt hat. Seine Würdigung der nachchristlichen Gesellschaft, seine Konzentration auf den normgebenden Katalog der Menschenrechte, seine positive Würdigung gesellschaftlicher Fortschritte und seine Orientierung an vernunftgeleiteten Argumenten zeigen in einer Gesellschaft, die im Zuge der Globalisierung sich noch intensiver mit dem Phänomen der Pluralisierung auseinandersetzen muss, m. E. in eine zukunftsweisende Richtung. Eine Theologie, auch eine theologische Ethik, wird ihre Einsichten mehr denn je zu plausibilisieren haben, und sie ist dazu auch durchaus in der Lage. Honeckers Sozialethik beweist dies hinlänglich. Die Zeiten, in denen von der vertieften Wahrnehmung christlicher Gewissheiten die Botschaft ausging, dass auf diesem Wege die Welt zum Besseren sich wenden ließe, liegen weit hinter uns. Im Zuge der Globalisierung kommt es vielmehr darauf an, den Kontext einer nachchristlichen Gesellschaft ernst zu nehmen und zu würdigen und an einer Verwirklichung der normgebenden menschenrechtlichen Lebensweise mitzuarbeiten. Genau darauf hat Honecker geradezu prophetisch in einer Zeit hingewiesen, als die theologisch-ethische Auseinandersetzung mit den Menschenrechten nun überhaupt nicht im Mittelpunkt des Interesses stand. Nimmt man heute diesen Faden seiner sozialethischen Theoriebildung auf, dann gilt es, die positiven Weiterentwicklungen des Menschenrechtsregimes zu vergegenwärtigen und normativ nach vorne auszuziehen. Dies bedeutet auch, der theologisch-ethischen Theoriebildung im Kontext der anderen Religionen mehr Platz einzuräumen. Hatte Martin Honecker zu seinen aktiven Zeiten so manchen Widerspruch hinnehmen müssen, sollten heute jedoch seine Einsichten noch einmal ganz neu gewürdigt werden. Sie haben es angesichts der aktuellen Herausforderungen in Wirtschaft, Politik und Gesellschaft im Blick auf eine menschengerechte Weltgemeinschaft sehr verdient. Gerade weil seine Argumentation so vernunftgemäß ausgerichtet ist, liegt in ihr ein noch lange nicht ausgeschöpftes Potenzial verborgen, und trotzdem kommt in der Würdigung von Vernunft, Geschichte, Menschenrechten und sichtbarer Kirche die Gewissheit zum Ausdruck, dass Gott seine Lust an der Welt noch lange nicht verloren hat. Wenn Sozialethik diesen Eindruck hinterlässt, dann ist ihr Anliegen, den theologischen Bezug nicht verlieren zu dürfen, im höchsten Maße erfüllt.

Literatur

Heinrich, R. (1972): Rezension zu: Martin Honecker, Konzept einer sozialethischen Theorie. In: ZEE 16 (1972), 55–57

Honecker, Martin (1961): Seelsorge an der Gesellschaft? In: EvTh 21 (1961), 544–563

Honecker, Martin (1963): Nochmals: Seelsorge an der Gesellschaft? In: EvTH 23 (1963), 373–389

Honecker, Martin (1963a): Kirche als Gestalt und Ereignis. Die sichtbare Gestalt der Kirche als dogmatisches Problem. München

Honecker, Martin (1971): Konzept einer sozialethischen Theorie. Grundfragen evangelischer Sozialethik. Tübingen

Honecker, Martin (1973): Glaube – Recht – Gerechtigkeit. Studienbrief 17. Fernstudienlehrgang für evangelische Religionslehrer. Deutsches Institut für Fernstudien an der Universität Tübingen. Tübingen

Honecker, Martin (1978): Das Recht des Menschen. Gütersloh

Honecker, Martin (1980): Das Problem des theologischen Konstruktivismus. In: ZEE 24 (1980), 97–110

Honecker, Martin (1983): Nachwort von Martin Honecker. In: Friedrich Schleiermacher, Christliche Sittenlehre. Hg. und eingeleitet von H. Peiter. Stuttgart, 125–149

Honecker, Martin (1983a): Der Sozialstaat – Die Krise seiner Ethik. In: Sozialstaat, Veröffentlichungen der Walter-Raymond-Stiftung 22. Köln, 137–151

Honecker, Martin (1990): Einführung in die Theologische Ethik. Berlin

Honecker, Martin (1990a): Eschatologie und Zivilreligion. In: EvTh 50 (1990), 40–55

Honecker, Martin (1995): Grundriss der Sozialethik. Berlin

Honecker, Martin (1996): Universalität und Unteilbarkeit der Menschenrechte? In: Menschenrecht und Entwicklung. Hg. von L. Brock und dem Kirchenamt der EKD. Frankfurt a. M., 20–30

Honecker, Martin (1998): Martin Honecker. In: Systematische Theologie der Gegenwart in Selbstdarstellungen. Hg. von C. Henning und K. Lehmkühler. München u. a., 167–187

Honecker, Martin (2002): Wege evangelischer Ethik. Positionen und Kontexte. Freiburg

Honecker, Martin (2010): Evangelische Ethik als Ethik der Unterscheidung. Mit einer Gesamtbibliografie von Martin Honecker. Münster

Hübner, Jörg (2011): Ethik der Freiheit. Stuttgart

Müller, Eberhard (1963): Seelsorge an und in der Gesellschaft. Eine Klärung von Missverständnissen über die Arbeit der Evangelischen Akademie. In: EvTh 23 (1963), 315–333

Teil II

Sich der kritischen Verständigung aussetzen

Zum Verhältnis von ethischer Theorie und ethischer Praxis

Hans G. Ulrich

Ethische Verständigungspraxis

Geht man den vielfältigen Unternehmungen nach, sich über das zu verständigen, was „Ethik" heißen kann und soll, warum und inwiefern mit „Ethik" etwas im Begriff oder in der Theorie fassbar gemacht werden kann und soll, bleibt gewiss die Feststellung, dass diese Verständigungsarbeit mehr oder weniger explizit immer präsent ist. Dass es dieser Verständigungsarbeit in der Ethik bedarf, setzt den Konsens darüber voraus, dass das, was „Ethik" heißen kann und soll, selbst in solcher Verständigungsarbeit besteht. Vorausgesetzt ist damit etwa, dass es darum geht, sich darin zu verständigen, was es heißt, „menschlich" zu leben und zusammenzuleben. Verständigungsarbeit ist unbestritten eine – wie auch immer zu kennzeichnende – „intersubjektive", „dialogische", „kommunikative" und nicht zuletzt „rational-diskursive" Angelegenheit. Es gehört zum Konsens, dass es allenthalben der Verständigungsarbeit im Leben, Verhalten und Handeln bedarf, auch weit über das hinaus, worin ausdrücklich – im Sinne einer ethischen Verständigung – Verständigung gesucht werden muss. Weiterhin ist dann die Frage unvermeidlich, inwiefern in dieser Verständigungsarbeit doch eine bestimmte Verständigungsgemeinschaft und ihr – wie auch immer zu fassendes – politisches Zusammenleben mitgegeben ist, innerhalb dessen und auch um dessentwillen die Verständigungsarbeit zu leisten ist. Mehr oder weniger deutlich ist dann aber auch noch vorausgesetzt, dass die Verständigung auf eine bestimmte Wirklichkeit hin geschieht, die dieses Zusammenleben trägt, die Menschen miteinander teilen und über die sie sich daher auch im Verstehen und Erkennen zu verständigen haben. Hier ist in jeder Hinsicht die Verständigung unabdingbar vermittelt durch die Wissenschaften, die einer entsprechenden Aufgabe folgen.

In solchen allgemeinen Implikationen ist dann schon angelegt, dass im Weiteren sich doch eine „Theorie" (vielleicht auch verschiedene Theorien) über diese Verständigungsarbeit abzeichnet, mit der wir uns vor Augen stellen, was diese kennzeichnet und bedingt. Bei dieser theoretischen Arbeit ist entscheidend, dass die Verständigungsarbeit, die sie zu erfassen sucht, ein bestimmtes Zusammenleben betrifft, das als „gesellschaftliches" oder „politisches" ausdrücklich zu thematisieren ist. Das bedeutet, dass es hier nicht um eine freischwebende geistige Tätigkeit geht, sondern dass diese immer schon auf ein Zusammenleben bezogen ist, das in seinem Zusammenhalt, ja in seinem friedvollen und nicht erzwungenen Zusammenhalt bewahrt bleiben soll. Es ist angezeigt, dass dieser Zusammenhalt eben durch das gewahrt und gewährleistet wird, was diese Verständigungspraxis leistet, durch welche Kontroversen auch immer diese hindurchmuss. So wie sich die Verständigung über „Ethik" präsentiert, werden solche Voraussetzungen nicht bestritten oder willentlich – gar programmatisch – unterlaufen. Das gilt auch dort, wo eine Morallehre ausgebildet wird, sofern diese sich in einem Vorgang der Traditionsbildung sieht, der beschrieben und transparent gemacht werden kann. Ebenso gilt es dort, wo in vielfältiger Diagnostik und Programmatik von „Pluralismus" die Rede ist. So wird beispielsweise gesagt, es müsse eine „Pluralismusfähigkeit" geben, durch die diverse und auch kontroverse Vielheit erhalten wird, ohne dass das friedvolle Zusammenleben zerstört wird.

Inhaltlich bestimmtes Zusammenleben

Die Begründungen für die notwendige Erhaltung von Vielheit freilich sind selbst auch kontrovers und bedürfen einer weitergehenden Verständigung – und theoretischen Bearbeitung. Das friedvolle Zusammenleben kann nicht um den Preis bewahrt werden, dass – wie angezeigt – darin die Wirklichkeit und die auf sie bezogene „Wahrheit" verloren gehen, worin Menschen sich als Menschen finden können und die Menschen miteinander teilen – die „wir" miteinander teilen. Es kann insofern keinen falschen Frieden geben und geben dürfen, in dem um des konfliktfreien Zusammenlebens willen aufgegeben wird, was zu uns Menschen gehört – das, was uns Menschen sein und bleiben lässt. Gemeint ist dann – jedenfalls auf diesem Wege – ein inhaltlich bestimmtes Zusammenleben, wie dies z. B. in John Rawls' Verständnis eines in der Pluralität sich überschneidenden Konsenses gedacht wird, der das Zusammenleben trägt und nicht inhaltsleer ist.[1] So ist darin etwa als wesentliches Moment bewahrt, dass Menschen gleiche fundamentale Rechte haben, das heißt solche Rechte, die ihre Beteiligung am politischen Zusammenleben sicherstellen und damit garantieren, dass niemand fundamental abhängig wird. Zugleich ist gewährleistet, dass alles in den inhaltlich bestimmten Konsens eingebracht werden kann, das sich mit diesem unabdingbaren Konsens als kompatibel erweisen lässt, ohne zugleich in jeder Hinsicht transformiert werden zu müssen.

Generell ist hier auf die Theorien zu verweisen, durch die daran gearbeitet wird, das Zusammentreffen von politischem Zusammenhalt in Freiheit und Gerechtigkeit und „Mensch bleiben" in entsprechenden Lebensverhältnissen als Grundlinie ethischer Verständigung zu fixieren. In welcher Theorie dies besser oder schlechter fassbar wird, ist gewiss weiterhin zu diskutieren. Zentral ist dafür die

---

1 Rawls, John (1993): Political liberalism. New York.

Frage, welche Bedeutung in welcher Begrenzung in der jeweiligen Theorie dem rationalen Diskurs, der Verständigung im Medium rationaler Argumentation, zukommt. Es muss mitbedacht werden, was durch den rationalen Diskurs, aber auch über ihn hinaus, an Gemeinsamkeit abgerufen oder vorausgesetzt werden kann, und damit auch, wie dies zu artikulieren ist.

Wird die immer gegebene Aufgabe der Verständigungsarbeit so bestimmt, dass das friedvolle Zusammenleben und das, was zu uns Menschen gehört, das „Mensch bleiben" zugleich zu bewahren ist, dann kommt die Frage danach explizit in den Blick, was „Mensch bleiben" inhaltlich heißt und wie eben darüber und daraufhin Verständigung geleistet und gewonnen werden kann. Hier kommt die ganze Wirklichkeit in den Blick, die theologisch zu erschließen ist, wenn denn „der Mensch" nicht für sich oder auf eine andere Realität hin zu fassen ist als einzig im Zusammenhang seiner Geschichte mit dem Gott, der ihn diesen bestimmten Menschen werden und bleiben lässt. So erscheint „der Mensch" als in dieser Geschichte bestimmt und verborgen.[2] Hier ist dann auch der Ort, an dem dieses „Mensch bleiben" in seiner ganzen Fraglichkeit und Gebrochenheit und damit zugleich die Nötigung zur Verständigung erscheint, sofern es um die „humane" Wirklichkeit geht, die das politische Zusammenleben trägt, und umgekehrt, sofern das politische Zusammenleben zugleich eine „humane" Wirklichkeit voraussetzt und zum Ziel hat. Das Konzept des „politischen Liberalismus" hat dieses Auseinanderdriften zwischen fundamentalen Rechten der Partizipation und einem inhaltlich bestimmten Konsens im Blick, wie dies auch in der Diskussion um das Miteinander und Ineinander von Gerechtigkeit und gutem (menschlichem) Leben verhandelt wird. Die Frage ist, wie weit dieser Konsens reichen darf oder muss, damit das politische Zusammenleben garantiert ist und zugleich die politische Praxis wirklich eine politische bleibt und nicht zur universellen Regentschaft (governance) wird. Daher ist die politische Aufgabe in ihrem eigenen substantiellen Sinn zu fassen und nicht nur wie im liberalen Modell das Zusammenleben zu sichern. Damit kommt die genuin politische Aufgabe in den Blick, einer „gemeinsamen Welt" zu entsprechen, die im „Urteil" gewonnen ist, das wahrheitsfähig ist und entsprechende Geltung beanspruchen kann.[3] In solcher Urteilspraxis findet ethische Verständigungsarbeit ihre genuin politische Kontur.[4]

---

2 Zu einer entsprechenden Entfaltung theologischer Anthropologie siehe: Sauter, Gerhard (2011): Das verborgene Leben. Eine theologische Anthropologie. Gütersloh.

3 Siehe: Arendt, Hannah (2012): Das Urteilen. Texte zu Kants Politischer Philosophie; dritter Teil zu „Vom Leben des Geistes" (hg. von Beiner, Ronald; Ludz, Ursula). München.

4 Zur Diskussion siehe: Schoberth, Ingrid (2014): Urteilen lernen II. Ästhetische, politische und eschatologische Perspektiven moralischer Urteilsbildung im interdisziplinären Diskurs. Göttingen.

Verständigung und politisches Handeln

Sofern Verständigung das Medium des gegebenen – politischen – Zusammenlebens ist und sofern dieses nicht auseinanderfallen darf und gemeinsames Handeln tragen soll, bleibt die Verständigung unabdingbar „politisch" ausgerichtet. Es ist dann zu wenig, zu sagen, dass alle Ethik per se „Sozialethik" ist, denn es geht immer zugleich darum, dass ein friedvolles, gerechtes Zusammenleben und gemeinsames Handeln auszuloten ist und dass dies eben durch politische Aktivität zu gewährleisten ist, die ihrerseits einen auch inhaltlich bestimmten Konsens voraussetzt und auch zum Gegenstand hat.

So wird es immer darum gehen, wie dieses „Mensch bleiben" inhaltlich bestimmt ist, zu dem das politische Zusammenleben gehört, wie es gelebt wird und gelebt werden kann. Immer muss in diesem Sinne mitreflektiert werden, inwiefern die Lebensverhältnisse entsprechend beschaffen sind. Die Frage ist zugleich, was damit in den Blick kommen muss, ohne das zu verkürzen oder abbrechen zu lassen, was „Mensch bleiben" heißt.

Dass sich dabei freilich erweisen wird, dass die Lebensverhältnisse nicht derart „human" sind, dass sie ein „Mensch bleiben" gewähren, macht die ganze Dramatik solcher ethischen Verständigung aus, wenn sie sich denn dieser Wahrnehmung und Auseinandersetzung nicht entzieht und eine, so gesehen, abstrakte „Moral" einfordert. So entsteht dann hier die entscheidende Frage, ob denn nicht die ethische Verständigungspraxis mit ihrer je gegebenen inhaltlichen Bindung selbst einen Weg aus dieser Dramatik darstellt oder jedenfalls aufzeigen kann. Zu erwarten wäre, dass sich durch den beständigen Vorgang der Verständigung die Lebensverhältnisse entsprechend verändern. Doch dies setzt voraus, dass die ethische Verständigung die Lebensverhältnisse wirklich durchdringt und nicht nur – von welchem Ort aus auch immer – im Widerspruch bleibt. In diesem Sinne sind solche Ethik-Bereiche wie „Unternehmensethik", „medizinische Ethik" oder „Wissenschaftsethik" als Bereiche zu verstehen, in denen ethische Praxis als kritisches Medium erscheint, das entsprechende Veränderungen bewirkt, die auf der Spur des „Menschbleibens" verlaufen. Was immer unter dem Thema „Humanisierung der Arbeitswelt" verhandelt worden ist, ist damit nicht obsolet, auch wenn dann immer noch ein „paradigm lost" ebenso gilt wie die kaum abzuwehrende Gefahr einer Ethik, die bestehende Verhältnisse nur bestätigt. Die – vielleicht – subversive Arbeit kritischer Verständigung würde aber deshalb nicht aufzugeben sein, um – stattdessen – etwa Systemveränderungen theoretisch zu fassen zu suchen, die nicht mehr auf solche durchdringende kritische Arbeit setzen. Die kritische Kraft solcher Theorien muss umgekehrt nicht abgeblendet werden. Es ist offenkundig, dass in allen diesen Bereichen, wie Unternehmensethik oder medizinische Ethik, die Diskussion um Systemveränderung etc. nicht ausgeschlossen ist, sondern dass Systemveränderung selbst- zunehmend – doch auch akut verhandelt wird.

Im Zusammenhang damit geht es immer auch darum, wo die ethische Verständigung mit dem expliziten politischen Handeln verbunden bleibt, das solche Veränderungen gezielt und direkt zur Aufgabe hat. Es gibt nicht Weniges, ja, es gibt immer mehr, was durch politisches Handeln und durch Gesetzgebung geregelt werden muss, weil es anerkanntermaßen zu dem gehört, was als inhaltlicher Konsens festzuhalten ist. Hier zeichnet sich das Problem der Expansion und der Intensivierung des politischen Aktionsfeldes ab, das kritisch daraufhin zu prüfen ist, wie es das bestimmt, transformiert und überlagert, was als die Wirklichkeit, die Lebenswirklichkeit, gelten kann, die wir miteinander teilen. Was als „Biopolitik", Bildungspolitik, Wissenschaftspolitik, Gesundheitspolitik, Familienpolitik etc. etabliert wird, erscheint in dieser Hinsicht in seiner Reichweite und Intensität unbestimmt. Hier wird im Besonderen die Aufgabe akut, in der ethischen Verständigung kritisch auszuloten, was „Mensch bleiben" heißt, wenn die menschliche Lebenswelt in allen ihren Bereichen nicht dieser oder jener Strategie der Verwaltung oder Beherrschung (governance) ausgeliefert werden soll. Ebenso zeichnet sich für die ethische Verständigungspraxis eine eigene Aufgabe ab, die sie mit einem entsprechend kritisch begrenzten politischen Handeln verbindet.

Damit ist auch in diesem Sinn das „Böckenförde-Diktum" akut: „Der freiheitliche, säkularisierte Staat lebt von Voraussetzungen, die er selbst nicht garantieren kann" (Böckenförde 1976, 60). Die permanente Diskussion über dieses Diktum (vgl. Habermas 2005) zeigt jedenfalls, wie sehr hinsichtlich der Reichweite und Intensität des politischen Wirkungsfeldes die Verhältnisse und Zuständigkeiten in Bewegung sind. Dies betrifft nicht nur die Frage, wie und in welchem Sinne der Staat „säkular" ist, sondern was die „res publica" überhaupt darstellt und umfasst, aber auch, wie die „res publica" – also etwa Fragen der Gerechtigkeit – von lebensweltlichen Voraussetzungen mitgetragen ist, wie z. B. der Garantie von Bildung, die aber nicht zugleich auch der politischen Bearbeitung in jeder Hinsicht ausgesetzt sein soll. Was die „res publica" ist und umfasst, wird auch im Begriff „Öffentlichkeit" verhandelt. Hier muss entsprechend der Begriff einer politischen Öffentlichkeit und ein anders oder weiter gefasster unterschieden werden; zugleich muss bestimmt werden, was „öffentlich" machen, „öffentlich" ausweisen oder „öffentlich" verhandeln etc. verheißt. Hier sind verschiedene Praktiken und Begriffe in Gebrauch, die selbst zu verhandeln sind.

Sofern die Verständigung in der Ethik und über Ethik jedenfalls auf das bezogen bleibt, was „Mensch bleiben" heißt, muss in ihr präsent bleiben, was die thematisierbare Wirklichkeit ist, auf die sie sich bezieht, in der sie sich selbst bewegt, die sie mitbestimmt und von der sie selbst bestimmt ist. Es geht darum, wie diese Wirklichkeit als im (politischen) Zusammenleben gültige und gelebte fassbar wird, wer wie dafür steht und wer wie dafür einsteht. Ethische Verständigungsarbeit, die dieses Problem festhält, ist in diesem mehrfach verschränkten Sinn kontextgebunden und kontextbezogen. Damit ist vorausgesetzt, dass eben dieser

Kontext auch namhaft gemacht wird. Hier wird akut, dass zum einen verschiedene Kontexte zur Geltung kommen, die in ihrer Verschiedenheit kenntlich zu machen sind, und dass zum anderen zugleich zu prüfen ist, wie gleichwohl Verständigung quer dazu, durch diese Kontexte hindurch oder auch von dem einen oder anderen ausgehend möglich ist. Die Arbeit an diesen Fragestellungen und ihre theoretische Erfassung sind gleichermaßen Bestandteil der Verständigungsarbeit, die freilich hier durchaus zunächst einmal differente Theorien generiert.

Ethische Verständigungsarbeit und Theoriebildung im Kontext christlicher Theologie

Solche Überlegungen, die freilich in vielerlei Hinsicht weiter aufzufächern und an Beispielen zu veranschaulichen sind, sind allenthalben implizit oder explizit präsent, wo die Aufgabe dessen beschrieben werden soll, was wir „Ethik" nennen. Solche Überlegungen sind mit diesem oder jenem Element auch in den vielen Beschreibungen von Ethik im Kontext von Theologie präsent. Hier liegt es nahe, zu diskutieren, wie die genannten Momente in einem theoretischen Zusammenhang auszuweisen sind bzw. in welchen Theorien dies mit welchem Erfolg geschehen ist. Es ist z. B. die Frage, inwiefern bestimmte Theorien praktischer Vernunft – wie die Theorie des rational vermittelten kommunikativen Handelns in allen ihren Elementen – eben dies leisten, sodass in Bezug auf die „christliche Ethik" dann im Besonderen zu fragen ist, wie sie innerhalb dieser umgreifenden Theorie oder auch ihr gegenüber zu verorten ist. Dies geschieht u. a. etwa mit der Verortung von Elementen der christlichen Religion, die auch in dieser Theorie aufzufinden sind (vgl. Habermas 2010). Diese Diskussion einer leitenden und umgreifenden Theorie ist zu verfolgen. Sie stellt eine eigene Aufgabe dar, mit der die Frage festgehalten wird, wie die Verständigungsarbeit in der ihr eigenen Disposition und Kohärenz zu fassen ist und so – wie z. B. auch eine Theorie des Rechts – ein Begründungs- und Entdeckungszusammenhang zur Verfügung steht, in dem Verständigungsarbeit auf verbindliche Weise geleistet werden kann; das heißt zugleich, dass Diskurse geführt werden, die zu Urteilen und Entscheidungen führen. Dies betrifft dann auch Urteile und Entscheidungen in Bezug auf die theoretische Disposition, in der sich die Ethik bewegt.

Eine solche theoretische Ausrichtung widersteht dem verbreiteten Vorgang einer Enzyklopädisierung der vielen und vielfältigen Elemente und Problemstellungen ethischer Verständigung, die sich herausgebildet haben. Die Lehrbücher der Ethik, wie sie gegenwärtig vorliegen, präsentieren weitgehend Ethik in enzyklopädisierter Form, auch wenn damit immer Versuche verbunden sind, festzuhalten oder zu „definieren", was über die Vielheit der Einzelelemente hinweg „Ethik" als eine gemeinsame Unternehmung ist oder als solche gelten soll. Doch auch diese Versuche, die ihrerseits vielfältig sind, bestätigen z. T. nur jenen Vorgang der Enzyklopädisierung, wie ihn Alasdair MacIntyre in seiner Analyse zum „Verlust der Tugend“ (MacIntyre 1987) vor Jahren diagnostiziert hat, um seinerseits eine bestimmte Theorie und Gestalt von Ethik – die aristotelisch geprägte Tugendethik – wieder in den Blick zu rücken.

Für die theologische Ethik ist in Bezug auf die Enzyklopädisierung signifikant, dass jedenfalls solche theologischen Ethiken, die die ethische Verständigung als diskursiv und hermeneutisch vollzogene Entfaltung eines „christlichen Ethos“ verstehen, obsolet geworden zu sein scheinen. Die Wege der Verständigung über die ethische Aufgabe gehen freilich auch innerhalb einer Ausrichtung an einem christlichen Ethos auseinander, sofern die Gegebenheit eines „christlichen Ethos“ grundlegend verschieden gefasst wird – je nach dem wiederum grundlegenden Verständnis von Theologie und „Moraltheologie“.

Different gesehen wird, inwiefern die Bestimmung eines „christlichen Ethos“ einen theoretischen Rahmen voraussetzt, wenn dieses Ethos nicht nur in seiner tradierten Gestalt und der ihr eigenen theologisch zu reflektierenden Genese nachvollzogen, sondern in seiner Genese und Konstitution so erfasst werden soll, dass Verständigung und Auseinandersetzung darüber möglich werden. So ist das christliche Ethos in einer „Theorie des Christentums“ verortet worden (Trutz Rendtorff). Diese Theorie verbindet die Identifikation einer konsistenten Logik des Christlichen, die als eine bestimmte Logik von „Freiheit“ gekennzeichnet wird, mit einer historisch fassbaren, als solcher faktisch gegebenen Gestalt, die als „Christentum“ – auch gegen seine Deformationen – kenntlich gemacht werden kann. Nicht grundlegend anders ist es dort, wo die umgreifende Theorie als Theorie der christlichen Kirche erscheint, die die christliche Kirche in ihrer theologisch zu fassenden Konstitution zugleich mit ihrer historischen und gesellschaftlichen Verortung als die „Wirklichkeit“ namhaft zu machen sucht, die das christliche Ethos bestimmt und umgekehrt. Solche Theorien, die das fundamental Gegebene in seiner „historischen“ Erscheinung reflektieren, bleiben freilich an ihre (theoretischen) Vorgaben einer solchen historischen Heuristik gebunden – so, wenn die Christentumsgeschichte in ihrer historischen Darstellung daran gebunden bleibt, dass sie als Geschichte einer bestimmten „Freiheit“ ausgewiesen wird.

Viele Thematisierungen der ethischen Aufgabe sind auf dieses Problem der Gewinnung einer Theorie der gemeinsamen „Wirklichkeit“ bezogen, die es ermöglicht, Ethik als Verständigung innerhalb einer solchen Wirklichkeit in der ihr eigenen Verbindlichkeit (Normativität) zu begreifen.[5] Diese „Wirklichkeit“ als Verständigungszusammenhang umgreift alle Wissenschaften, die sich ihrerseits in diesem Kontext mitteilen und ausweisen müssen – wie auch umgekehrt. Der

5 Siehe dazu die Diskussion bei Wolf Krötke in seiner Abschiedsvorlesung: http://edoc.hu-berlin.de/humboldt-vl/kroetke-wolf/PDF/Kroetke.pdf.

„Streit um die Wirklichkeit" ist auch in diesem Sinn gegeben. Wie aber sollte dieser Streit woraufhin zu führen bzw. wieder neu zu beginnen sein?[6]

Vorrang ethischer Verständigungsarbeit

Das Problem der Wirklichkeitstheorien ist eigens zu diskutieren. Zugleich aber ist jene Verständigungsarbeit im Blick zu behalten, die sich davon mit eigenen Gründen unabhängig hält. Sie setzt – und das ist einer der entscheidenden Gründe – voraus, dass mit jedem Element ethischer Praxis, aber auch mit jedem Theorieelement die Frage verbunden bleibt, wie darüber oder darin Verständigung möglich ist, auch wenn keine umgreifende Theorie leitend ist – oder auch gerade weil und insofern keine solche Theorie gegeben ist und damit offen bleibt, was als die „Wirklichkeit" primär und vielleicht programmatisch namhaft zu machen ist, in der wir uns bewegen – ein bestimmtes „Christentum", eine Welt „nach dem Christentum", eine christlich geprägte säkulare moderne Welt – oder wie auch immer die Identifikationen lauten.

Am meisten setzen sich dieser Frage diejenigen aus, die die Disposition ihrer Verständigungsarbeit jedenfalls zurückhaltend als Theorie fassen und präsentieren, die auch in dieser Hinsicht bei der permanenten Verständigungsarbeit bleiben und nur dieses oder jenes Theorieelement aufnehmen. Entscheidend ist dann diese Verständigungsarbeit selbst, die immer neu zu markieren hat, was sie als gültig und theoretisch fassbar voraussetzt, wo sie an dieser bestimmten Stelle weiterfragt und wo sie an anderer Stelle vielleicht auch wieder zurücknimmt, was als gültig gewonnen war und neue Fragen aufwirft. Diese Arbeit ist dann jedenfalls in dieser Hinsicht nicht theoriegebunden, sondern sucht direkt die Verständigung in Bezug auf das eine oder andere Element in der Disposition ethischer Verständigung oder auch in den herangezogenen Theorien. Solche Elemente sind vielfältig gegeben, die eine mehr oder weniger starke und weiterführende heuristische Kraft haben. Wie die Verständigung über ihre Genese, ihre Verortung, ihre theoretische Fassung etc. möglich ist, wird dadurch geprüft, dass sie in Gebrauch genommen werden. Hier ist die Arbeit, auch die an den verschiedenen Theorien, problemorientiert oder auch generiert von Problemstellungen, die als solche identifiziert werden können, weil jedenfalls bestimmte heuristische Elemente (topoi) erhalten bleiben, die nicht durch die eine oder andere Theorie überlagert werden.

So ist z. B. in der Diskussion um „Krieg und Frieden" diskutiert worden, in welchem Sinn die Beteiligung am „Krieg" für Christen prinzipiell ausgeschlossen ist, und zwar so, dass nicht zugleich mitgedacht (und mitverantwortet) wird, wie

[6] Diese Frage diskutiert Papst Franziskus in der Enzyklika „Laudato si ..." (2015) eindringlich, nicht zuletzt mit Blick auf eine „ökologisch" wahrzunehmende Lebenswirklichkeit.

gleichwohl staatliche Gewalt nötig ist, um Kriege zu verhindern. Dieses Problem wird dann in einer eigenen Logik behandelt – etwa im Sinne einer immer nur ad hoc zu fassenden Notsituation, die eine je spezifische Antwort braucht, die aber keine generelle Legitimation oder Rechtfertigung liefern kann. Dies bedeutet, dass man nicht nach einem übergreifenden theoretischen Ansatz sucht, in dem der Ausschluss von kriegerischer Gewalt für Christen mit bestimmten Ausnahmesituationen zusammen erfasst werden kann, wie dies in einigen Varianten der Zwei-Regimente-Lehre möglich ist. Wird diese nicht in Gebrauch genommen – also nicht nur eine ohnehin als obsolet geltende Lehre von zwei „Reichen" –, dann bleibt jedenfalls in dieser Hinsicht die Frage nach einer umgreifenden Theorie offen, wenn sie nicht ganz aufgegeben wird. Letzteres hat dann zur Folge, dass den Christen zwar gewiss die Aufgabe zukommt, alles zu unternehmen, was Krieg verhindern hilft, aber eine theoretische Fassung dafür, dass Krieg durch staatliche, militärische Gewalt zu verhindern ist – etwa im Sinne eines äußersten Ausnahmefalles –, nicht zur Geltung gebracht wird. Was bleibt, ist für diesen Fall das Mittragen eines Rechtfertigungsdefizits, das so weit als Aporie stehen bleibt und durch keine weitergreifende ethische Begründung aufgehoben werden kann. So ist auch das „Widerstandsrecht" verhandelt worden.

Ähnlich, wenn auch mit manchen weiteren Perspektiven für Handlungsmöglichkeiten für Betroffene und Mitverantwortliche versehen, zeigt sich in der Diskussion um den Schwangerschaftsabbruch solcher Verzicht auf eine übergreifende theoretische Disposition etwa im Sinn des politischen Liberalismus. Eher ist das Gefälle der Diskussion darin zu sehen, dass hier eine fundamentale Entscheidung thematisch wird, die auch die Grundlagen des politischen Modells tangiert.[7] Es wird weitgehend nicht bestritten, dass es um eine solche fundamentale Klärung geht, die als solche nicht aufzulösen ist.

Solche Beispiele sind in großer Zahl anzuführen. Sie zeigen, wie die ethische Verständigung am Werk ist und darin ihre Bestimmtheit hat, dass sie die kritische Spur und ihre Heuristik immer neu dort erprobt und immer neu dort artikuliert, wo die Wirklichkeit auf dem Spiel steht, die sie auf das „Mensch bleiben" hin zu erschließen hat. Dies ist eine permanent kritisch-hermeneutische Arbeit. Es zeichnet sich hier die Aufgabe ab, diese Arbeit in ihrem Verfahren zu beschreiben, womit wiederum abgrenzend gesagt ist, dass dann nicht eine (theorieabhängige) Methode, sondern eben diese Praktik in den Blick kommt. Dass dies dann auch etwa als Modell gefasst werden kann, wie dies Heinz-Eduard Tödt einmal gezeigt hat, spricht nicht dagegen, sondern bestätigt dies.

[7] Siehe die paradigmatische Diskussion bei: Reinders, Hans S. (2000): The future of the disabled in liberal society. An ethical analysis. Notre Dame, IN.

Ethik und die Praktik des Unterscheidens

Martin Honecker hat diese Praktik als die des „Unterscheidens“ gekennzeichnet – und vor allem auch vorgeführt (Honecker 2010).[8] Damit ist eine solche ethische Verständigungsarbeit im Blick, die sich in ihrer kritisch-heuristischen Kraft zu bewähren und erweisen sucht, aber nicht dadurch, dass sie sich mit einer umfassenden Theorie ausweist. Sie ist damit auch nicht den Problemen ausgeliefert, die diese Theorien obsolet werden lassen, weil ihre Voraussetzungen nicht mehr gegeben sind, das heißt solche Voraussetzungen, die sie – gewollt – an historisch fassbare Gegebenheiten bindet, wie etwa den Status einer christlichen, säkularen oder postsäkularen Welt. Das kann nicht heißen, dass sich diese Unterscheidungsarbeit nicht auch immer wieder als an solche Gegebenheiten gebunden erweist, aber es heißt, dass die Unterscheidungsarbeit derart „reflexiv“ ist, dass sie gegenüber ihrer eigenen Gebundenheit kritisch bleiben kann. Entscheidend bleibt, dass sie in ihren Unterscheidungen auf der bestimmten, nicht beliebigen kritischen Spur bleibt, der sie folgt – wie eben jener Spur, die mit der Frage nach dem „Mensch bleiben“ und der diesem „Mensch bleiben“ entsprechenden Wirklichkeit gegeben ist.

Die Praktik des Unterscheidens kann aber durchaus auch die Verhandlung über Theorien betreffen, mit denen in der Ethik zu arbeiten ist – wie z. B. die Diskussion um „Theorien der Gerechtigkeit“.

Verständigung – und „christliches Ethos“ – in der christlichen Gemeinde

Diese Überlegungen gelten durchaus nicht nur für eine Ethik, die von bestimmten christlichen Voraussetzungen abhängt. Dies kann so auch im Rahmen eines allgemeinen Diskurses über Moral und Verständigung verhandelt werden. Dass und inwiefern darin freilich dennoch theologische Implikationen mitgegeben sind, ist eine eigene Frage. Es muss sich zeigen, wie und inwiefern in der Disposition der Unterscheidungen eine theologische Logik enthalten ist. Spuren davon sind immer wieder auch diskutiert worden – sie betreffen dann im Weiteren das, was als Moral-Theologie entwickelt worden ist. Dazu gehört z. B. die Reflexion darüber, ob die Gleichrangigkeit von Menschen nicht einzig so festgehalten werden kann, dass die Unterscheidung von „Gott“ und Mensch mitgedacht wird.

Im Unterschied freilich zu solchen fundamentalen Unterscheidungen, die moralphilosophisch oder -theologisch zu gewinnen sind, kann das Unterscheiden einem solchen bestimmten Ethos (vgl. Ulrich 2007) wie dem christlichen folgen

---

[8] Siehe dazu auch: Ulrich, Hans G. (2015): The Ways of Discernment. In: Robert Song und Brent Waters (Eds.): The Authority of the Gospel. Explorations in Moral and Political Theology in Honor of Oliver O’Donovan. Foreword by Rowan Williams. Grand Rapids, Mich, Cambridge U.K., 179–195.

und seine Konturen sowie seine inhaltliche Reichweite sichtbar werden lassen. So kommen wir wieder auf das Problem zurück, was die wirklich fassbare „Wirklichkeit“ ist, auf die sich die ethische Verständigungspraxis bezieht – und inwiefern ein „christliches Ethos“ dafür einstehen kann, wenn denn dieses „Ethos“ nicht als so oder so gegeben behauptet wird, sondern eben durch Verständigungsarbeit erschlossen wird.

Sofern es um ein „Ethos“ geht, ist dann zu fragen, inwiefern dies inhaltlich bedeutet, jedenfalls dem allgemeinen Erfordernis zu entsprechen, für das „Mensch bleiben“ einzustehen. Das heißt dann aber auch, dies inhaltlich auszufüllen, eben in dieser Gestalt dafür einzustehen und dafür die „Beweislast“ zu tragen suchen. Freilich ist diese „Beweislast“ – wie hier angezeigt – nicht dadurch einzulösen, dass schließlich doch eine umgreifende Theorie auszuweisen ist, in der sich die Verständigung von allen mit allen bewegen kann.

Damit wird auch die christliche Gemeinde als der Ort gesehen, an dem dieses gelebt und erprobt wird.

Honecker bemerkt dazu:

> „… sehr viele Inhalte und normative Wertungen teilt sie (sc. die christliche Ethik) mit der humanen Ethik. Allerdings schließt dies keineswegs ein eigenes christliches Ethos aus, das auf einer christlichen Deutung von Leben, von Geschöpf-Sein, Erlösung des Menschen und auf der Zuordnung von Mensch, Welt und Gott beruht. Ein solches Ethos hat Ausstrahlungen auf die Lebensgestaltung, beispielsweise auf die Stellung der Frau, auf den Umgang mit Leidenden, Außenseitern und Armen, auf die Einschätzung der Umwelt. Inhalte dieser Einstellung können zwar durchaus säkularisiert werden. So sind die Menschenrechte eine Weise – auch – der Säkularisierung christlichen Ethos. Bei der praktischen Ausführung christlichen Ethos und moralischer Vorstellungen haben solche Verhaltensweisen insbesondere ihren Ort in der christlichen Gemeinde. Die Gemeinschaft von Christen bildet darum nicht nur den Kontext christlicher Ethik und ist der Ort der Vermittlung ethischer Kriterien, sondern eine Kommunikationsgemeinschaft, in der dialogische Urteilsfindung über christliches Leben, Verhalten und Handeln erfolgen kann. Allerdings ist die Gemeinschaft vielgestaltig, bunt, oder anders gesagt: ihrerseits pluralistisch. Sie ist gerade als Gemeinschaft von Christinnen und Christen nicht Gemeinschaft der Gleichen, sondern der Verschiedenen“ (Honecker 2010, 71).

So geht es darum, ein christlich geprägtes Ethos auf seine Tragfähigkeit und seine „Ausstrahlung“ hin zu erproben, ohne es in einer weiterreichenden Theorie (wie z. B. einer Theorie des Christentums) auszuweisen. Das schließt keineswegs aus, gute Gründe zu artikulieren und diskursiv zu verhandeln oder „säkulare“ (Teil-)Übersetzungen für möglich zu halten. Gleichwohl muss dies wiederum nicht bedeuten, dass mit diesen Gründen oder durch Übersetzung der Inhalt und die Bedeutung des christlichen Ethos auszuschöpfen sind. Oft wird an dieser

Stelle von „Plausibilitäten" geredet, die sozusagen das christliche Ethos „verständlich" machen sollen, ohne es begründen zu können. Es geht aber durchaus um mehr. Die Gründe oder Übersetzungen, die hier zu artikulieren sind, sollen zeigen, inwiefern das christliche Ethos das trägt, was „Mensch bleiben" heißt. Zugleich aber bleibt die Bestimmtheit dieses christlichen Ethos bestehen, die sich nicht ohne Verlust durch „Übersetzung" zur Geltung bringen lässt.

Dieser Bestimmtheit entspricht es, dass sich Menschen von ihm prägen lassen. Ebenso entspricht es dieser Bestimmtheit, dass die christliche Gemeinde als der besondere Ort erscheint, an dem dieses Ethos gelebt und erprobt wird. Dass Honecker an dieser Stelle unterstreicht, dass die christliche Gemeinschaft „vielgestaltig", „pluralistisch" ist, und damit noch einmal aufnimmt, wie unvermeidlich es ist, sich in einem wie auch immer gegebenen Pluralismus zu bewegen, bedeutet wiederum das sich Aussetzen, ja Ausliefern an Verständigungspraktiken – und dies als Kennzeichen der christlichen Gemeinde zu markieren (Honecker 2010, 72–86). Damit ist dann gegeben zu fragen, inwiefern die christliche Gemeinde ein für diese Verständigungsarbeit ausgezeichneter Ort ist, weil sie sich mit dem, was „Pluralismus" bedeutet, genuin auseinanderzusetzen hat, sofern die christliche Gemeinde eben in der Praxis der unterscheidenden Verständigungsarbeit zusammenfindet.

So bleibt es bei der immer neuen Ausrichtung auf eine Verständigungsarbeit, die aber, so unabsehbar diese Arbeit ist, zugleich immer neu sich der Aufgabe ausgesetzt weiß, sich nicht in dieser Unbestimmtheit zu verlieren und selbst nur zu spiegeln, sondern

> „... (es ist) die Frage nach dem moralischen und sozialen Grundkonsens einer Gesellschaft trotz Dissens in einzelnen Wertungen dringlich. Ethik ist also nicht nur dialogisch zu betreiben, sondern soll ein humanes Zusammenleben ermöglichen. Sie hat eine integrative Aufgabe.
>
> Anregung bei der Wahrnehmung dieser Aufgabe gibt die »integrative Ethik« von Hans Krämer. Der Philosoph Krämer strebt eine Verbindung von aristotelischer Strebensethik mit Kants Sollensethik an. Im Pluralismus moralischer Überzeugungen und ethischer Argumentation hat Ethik – auch – eine integrative Aufgabe. Eine Konvergenz ethischer Argumente gibt es also. Konvergenzargumentation nennt man eine Argumentation, die sich nicht auf ein einziges Moralprinzip beruft, sondern mehrere Argumente akzeptiert und verbindet. Die Konvergenzargumentation wird metaphorisch veranschaulicht anhand des Bildes eines Tragseils, das erst durch die Verflechtung mehrerer Drähte tragfähig wird. Eine derartige Offenheit für verschiedene Argumente und Zugänge entspricht der Vielgestaltigkeit der Lebenswirklichkeit. Wenn theologische Ethik einen Lebensbezug reklamiert, dann muss sie auch bereit sein, dem Pluralismus Rechnung zu tragen" (Honecker 2010, 84).

Diese Überlegungen setzen auf allseitige Verständigungsarbeit. Die ethische Aufgabe wird in eben dieser Verständigungsarbeit gesehen. Sie ist darauf ausgerichtet, Verständigung selbst als grundlegende Praktik zu bewahren – das heißt als eine Praktik, die explizit auf „humanes Zusammenleben" zielt. Darin besteht ihre integrative Aufgabe. Diese ist höchst voraussetzungsreich, weil sie nicht auf formale oder prozedurale Arrangements zu reduzieren ist, noch auf eine solche Konsensbildung, die sich den Verständigungsprozeduren nicht mehr in jeder Hinsicht ausliefert. Sie schließt in diese Verständigungsarbeit auch die Diskussion darüber ein, was als „Ethik" theoretisch erfasst werden kann (z. B. auch in Gerechtigkeitstheorien und Theorien der Öffentlichkeit, aber auch bestimmten ethischen Theorien), und drängt so auf immer neues Verstehen und weitere Verständigung, um dieser uneinholbaren Voraussetzung und der Zielsetzung, das „humane Zusammenleben" zu bestärken und zu fördern, zugleich gewärtig zu bleiben. So zeichnet sich eine Ethik ethischer Praxis ab, die über keine metaethische Theorie verfügt, aber doch selbst einer kritischen Spur folgt, die die ethische Aufgabe jedenfalls nicht verkürzt, sondern zusammenhalten lässt, was ethisch zu reflektieren ist. Es ist gewiss naheliegend zu fragen, inwiefern diese Beschreibung von Ethik nicht in einer Theorie wie naheliegender Weise der Diskurstheorie öffentlicher Kommunikation erfasst worden ist. Dem würde Honecker nicht in jeder Hinsicht widersprechen – und doch auch im Blick auf solche Theorien (wie auch die des Politischen Liberalismus) Verständigungsarbeit einfordern. Dies ist gewiss mit diesen Theorien selbst ja auch gegeben. Umso deutlicher tritt hervor, dass eine Ethik der Verständigungsarbeit erst darin ihre eigene und unauflösliche Aufgabe hat, dass sie zugleich der inhaltlichen Bestimmtheit eines Ethos folgt und sich eben darin kritisch bewährt. Dass die christliche Gemeinde wie hier bei Honecker als Ort solcher Verständigungsarbeit gesehen wird, reflektiert noch einmal, dass diese Ethik und ihre Praxis selbst einem inhaltlich bestimmten Ethos zugehört, das nicht theoretisch in jeder Hinsicht einzuholen ist, sondern das lebendige Medium der Verständigung bleibt. Darin besteht der unauflösliche Zeugnischarakter christlicher Ethik und ihrer Praxis.

Literatur

Böckenförde, Ernst-Wolfgang (1976): Staat, Gesellschaft, Freiheit. Frankfurt a. M.

Habermas, Jürgen (2005): Vorpolitische Grundlagen des demokratischen Rechtsstaates? In: ders. u. Josef Ratzinger, Dialektik der Säkularisierung. Über Vernunft u. Religion. Freiburg, 2. Aufl., 15–37

Habermas, Jürgen (2010): Das ‚gute Leben' eine ‚abscheuliche Phrase'. Welche Bedeutung hat die religiöse Ethik des jungen Rawls für dessen Politische Theorie? In: Rawls, John: Über Sünde, Glaube und Religion. Mit einem Nachwort von Jürgen Habermas. Frankfurt a. M., 315–336

Honecker, Martin (2010): Evangelische Ethik als Ethik der Unterscheidung. Münster

MacIntyre, Alasdair C. (1987): Der Verlust der Tugend. Zur moralischen Krise der Gegenwart. Frankfurt a. M.

Schoberth, Ingrid (2014): Urteilen lernen II. Ästhetische, politische und eschatologische Perspektiven moralischer Urteilsbildung im interdisziplinären Diskurs. Göttingen
Ulrich, Hans G. (2007): Wie Geschöpfe leben. Konturen evangelischer Ethik. Münster, 2. Aufl., 290–299

Lebensschutz, Autonomie und Menschenwürde

Die Diskussion innerhalb der evangelischen Ethik und Kirche in Deutschland vor dem Hintergrund säkularer Bioethik

Ulrich Eibach

Zusammenfassung

Der Beitrag stellt wesentliche Aspekte der deutschen bio- und medizinethischen Diskussion dar. Im Zentrum steht hierbei der Wandel im Verständnis von *Menschenwürde* hin zu einer empirisch feststellbaren Lebensqualität und die damit verbundene Vorstellung von einem bloß biologisch-menschlichen Leben, das noch nicht oder nicht mehr unter dem Schutz des Gebotes der Achtung der Menschenwürde steht. Damit verbunden ist die Vorstellung von einem „menschenunwürdigen" und „lebensunwerten" Leben, die deutliche Parallelen zum Gedankengut zu Beginn des 20. Jahrhunderts zeigt, das seinerseits die theoretischen Grundlagen für die Verbrechen der Nazi-Medizin legte. Vor dem Hintergrund dieser säkularen Diskussion wird die deutsche theologische und kirchliche, insbesondere die kontroverse evangelische Debatte über Grundfragen der Bioethik dargelegt. Es wird gezeigt, dass diejenigen evangelischen Ethiker, die in ethischen Fragen nicht mehr von einer explizit theologischen Basis aus argumentieren, sich säkularen Erwägungen deutlich annähern. Dies führt dazu, dass sie grundlegende ethische Normen relativieren, indem sie insbesondere den Schutz des Lebens der Selbstbestimmung (Autonomie) unterordnen. Damit bereiten sie den Boden für die gefährliche Vorstellung von einem menschenunwürdigen und lebensunwerten Leben.

In Europa ist die Entchristlichung in den letzten Jahrzehnten deutlich fortgeschritten. Der Einfluss des christlichen Glaubens auf die Lebens- und Wertvorstellungen wird immer geringer. Der Trend, sich säkularen Wertvorstellungen anzupassen, ist bis in die Kirchen und die Theologie hinein unverkennbar. Dieser Beitrag wird sich auf einen begrenzten Bereich dieser allgemeinen Entwicklung konzentrieren: den Wandel im Verständnis von *Menschenwürde* hin zu einer empirisch feststellbaren Lebensqualität in der Debatte über bioethische Probleme, so wie er sich in der deutschen bioethischen und insbesondere in der evangelischen Diskussion zum Lebensschutz am Lebensanfang und Lebensende darstellt. Es sollen zunächst (1.) die historischen und kulturellen Hintergründe der deutschen Diskussion zum Schutz menschlichen Lebens dargelegt werden, um vor deren Hintergrund anschließend (2.) die kirchlichen Verlautbarungen zu diesem Thema zu überprüfen. Der dritte und letzte Teil (3.) wird die Herausforderungen skizzieren, vor die Christen in einem immer stärker post-christlichen Europa gestellt sind, wenn sie ihre Verantwortung für die zu erhaltende christlich bestimmte Humanität europäischer Gesellschaften ernst nehmen.

1. Historische und kulturelle Hintergründe der deutschen bioethischen Diskussion

Seit den 1960er Jahren hat sich in westlichen Industrienationen ein deutlicher Wandel der Lebens- und Wertvorstellungen vollzogen. Dessen Kern bildet das Streben nach *Selbstverwirklichung, Autonomie* und *persönlichem Glück*, verbunden mit einer starken Säkularisierung und Pluralisierung der Lebensanschauungen. Dabei gelten Gesundheit und die Fähigkeit zu autonomer Lebensgestaltung als Bedingungen der Möglichkeit für das Erreichen des Lebensglücks (vgl. Honecker 2008). Dieses erwartet der säkulare Mensch nicht mehr als Geschenk von Gott, sondern er muss es in diesem irdischen Leben, das kein Jenseits dieses Diesseits kennt, selbst herstellen. Das Leben wird nicht mehr von Gott her und auf Gott hin, sondern „Transzendenz-los", „Gott-los" verstanden. Dem entspricht, dass alles nach dem Nutzen für das Wohlergehen und Lebensglück bewertet wird. Auch das menschliche Leben muss sich anhand der Ziele rechtfertigen, die die säkulare Gesellschaft als Wertmaßstäbe vorgibt. Es muss nachweisen, dass es über so viel *Qualität* verfügt, dass es der Gesellschaft nicht zur Last fällt. Vor diesem Hintergrund entsteht ein *Zwang* zum *gesunden* und *autonomen Leben.* Dem entspricht das *Gegenbild* des notwendig glücklosen, unheilbaren und *lebensunwerten Lebens* der Menschen, deren Persönlichkeit durch Krankheit, Altern u. a. abgebaut ist oder die diesem Bild vom autonomen und gesunden Menschen nie entsprochen haben, weil sie schon schwer behindert zur Welt kamen. Diese Unheilbaren durchkreuzen den Größenwahn, wir Menschen könnten eine heile Welt ohne Krankheiten und Leiden herstellen. Sie stellen insofern einen Stachel im Fleisch unseres Menschenbildes dar.

1.1 Lebenswert als Gegenstand von Qualitätsurteilen

Die angedeuteten Entwicklungen bilden seit den 1970er Jahren den Hintergrund der deutschen Debatten über Abtreibung, pränatale Diagnostik, Spätabtreibungen, Embryonenschutz und Sterbehilfe (vgl. Honecker 1995, 92ff.). Sie werden in Deutschland teils immer noch mit Blick auf den menschenverachtenden Umgang mit krankem Leben in der Zeit des Nationalsozialismus geführt. Dabei stößt man – wie erst recht im europäischen wie außereuropäischen Ausland – immer häufiger auf die Behauptung, dass alles, was zu bioethischen Fragen gegenwärtig gesagt wird, nichts mit den Vorstellungen zu Beginn des 20. Jahrhunderts zu tun habe, die zu den Verbrechen der Medizin im Nationalsozialismus geführt haben. Die Nazis haben auf ein damals weit über Deutschland hinaus verbreitetes Gedankengut zurückgegriffen, das insbesondere durch den Sozialdarwinismus geprägt war. Darwins Theorie über die Entwicklung des Lebens wurde zugleich zur Norm des Lebens in der menschlichen Gesellschaft erhoben, wobei insbesondere das Prinzip der Aussonderung der schwachen Individuen als naturgemäß und somit auch für das menschliche Leben maßgeblich angesehen wurde. Die Nazis haben diese Vorstellungen lediglich um den Gedanken des „rassischen Unwerts" erweitert und sie in brutaler Weise in die Praxis umgesetzt (vgl. Nowak 1988; F. R. Nicosia, J. Huener 2002). Die damaligen Auffassungen vom „lebensunwerten Leben" waren jedoch schon vor der NS-Herrschaft in der Schrift des angesehenen Strafrechtlers *Karl Binding* und des Psychiaters *Alfred Hoche* (Binding / Hoche 1920) prägnant dargelegt und propagiert worden.

Um die Frage zu prüfen, ob die heutigen bioethischen Vorstellungen wirklich nichts mit diesem Gedankengut gemein haben, ist ein kurzer Blick auf diese Schrift hilfreich. *Binding* stand der nationalsozialistischen Ideologie fern, *Hoche* war ein entschiedener Gegner der Nazis. Trotzdem wurden ihre vom sozialdarwinistischen Denken geprägten Vorschläge über „die Freigabe der Vernichtung lebensunwerten Lebens" gedankliche Grundlage für die Verbrechen der Nazis an kranken und behinderten Menschen. Der theoretische Kern dieser Schrift bestand darin, dass der Mensch den Wert eines zu schützenden Rechtsguts in dem Maße verliere, in dem aus dem Nutzen seines Lebens für die Gesellschaft ein Schaden wird. Da die Würde des Menschen mit seinem „Gebrauchswert" gleichzusetzen sei, dürfe „wertloses", weil gesellschaftlich schädliches Leben ausgelöscht werden. Die dadurch eingesparten Mittel sollten denjenigen zugutekommen, die im Sinne gesellschaftlich wünschenswerter Ziele rehabilitierbar sind. Diese „soziale Nützlichkeitsmoral" hielt man im Unterschied zur religiös motivierten „Gefühlsethik" für eine rational und sogar naturwissenschaftlich (evolutionär) begründete Ethik. Dieser Denkansatz führte zur Alternative von Heilen oder Töten, Töten derjenigen, die das Bild vom gesunden, starken, vernünftigen und autonomen Menschen in Frage stellen, deren Leben also schwer behindert und unheilbar war und deshalb als lebensunwert eingestuft wurde.

Angesichts der derzeitigen demographischen Entwicklung in Deutschland (Überalterung) und der stetig zunehmenden Zahl schwerstpflegebedürftiger alter Menschen und der durch sie verursachten Kosten im Gesundheits- und Pflegebereich wird die Vorstellung vom menschenunwürdigen Leben heute auch in Deutschland immer häufiger verborgen oder offen mit der Absicht ins Gespräch gebracht zu hinterfragen, ob die personellen und finanziellen Mittel, die für unheilbar kranke und schwerstpflegebedürftige Menschen aufgewendet werden, wirklich sinnvoll eingesetzt werden. Die in solchen Überlegungen gebrauchte Terminologie (dahinvegetieren, bloß vegetatives Leben u. a.) zeigt deutliche Übereinstimmungen mit der Begrifflichkeit in der Schrift von Binding / Hoche (vgl. z. B. Jens / Küng 1995). Sie macht deutlich, dass es in diesen Fragen am Lebensanfang wie am Lebensende letztlich darum geht, ob es biologisch menschliches Leben gibt, das noch nicht, nie oder nicht mehr unter dem Schutz der Menschenwürde steht, das daher als bloß biologisches Menschenleben vormenschlich, menschenunwürdig und – für wen? – nicht *zumutbar* ist.

Standen zu Beginn des 20. Jahrhunderts die psychisch-geistig behinderten Menschen im Mittelpunkt der Diskussion, so sind es heute in erster Linie Komapatienten und pflegebedürftige alte und demente Menschen. „Nach wie vor ist die Diskussion durch … die Frage nach dem Wert oder Unwert des Lebens geprägt" (Schumann 2006, 27). Allerdings wird diese Wertfrage nicht mehr primär im Hinblick auf den Wert des Einzelnen für die Gesellschaft, sondern derzeit in erster Linie im Hinblick auf die Qualität des Lebens für den Einzelnen selbst gestellt: „Wie zu Bindings Zeiten wird bei bestimmten Krankheitsbildern … auf Grundlage allgemeiner Wertvorstellungen dem Einzelnen unterstellt, dass auch er diesen Zustand nicht lebenswert empfinden könne. Der Unterschied zu Binding besteht lediglich darin, dass nicht die Freigabe zu einer aktiven Tötung gefordert wird, sondern die Zulassung einer Herbeiführung des Todes durch Verdursten, Verhungern oder Eigenvergiftung des Körpers" (Schumann 2006, 43). Die stets wiederholte Behauptung, es gebe zwischen den damaligen Argumenten und der gegenwärtigen Diskussion über den Lebensschutz keine Parallelen, ist im Hinblick auf die entscheidende Voraussetzung unrichtig, dass ein bloß biologisch menschliches Leben angenommen wird, das nicht unter dem Schutz der Menschenwürde stehe. Zumindest für den Anfang, oft aber auch für das Ende des Lebens nehmen Menschen damals wie heute für sich das Recht in Anspruch, ein derartiges Urteil über das Leben anderer Menschen fällen zu dürfen. Der Unterschied besteht nur darin, dass solche Urteile damals offen in einem sozialutilitaristischen Kontext standen, während solche Urteile heute (unter Verschweigen etwaiger Nützlichkeitserwägungen) angeblich stellvertretend für den Patienten selbst und in seinem Interesse vorgenommen werden. Damit stellt sich unabweisbar die Frage, ob der Schutz des Lebens von seinem Beginn bis zu seinem Ende in unserer Gesellschaft noch gewährleistet bleibt, wenn er dem Glück und Wohlleben seiner Träger ebenso wie dem anderer Menschen und dem der größten Zahl in der Gesellschaft abträglich ist.

1.2 Autonomie und Menschenwürde

Die *Autonomie* nimmt eine Schlüsselstellung im Menschenbild der Neuzeit ein. Die Aufklärung hat die *Würde* des Menschen von seiner Autonomie her inhaltlich gefüllt. Sie und die nachfolgende idealistische Tradition haben sich in ihrem Menschenbild ganz vom „idealen" Menschen, seinen höchsten geistigen Fähigkeiten leiten lassen. Die ganz und dauernd auf die Hilfe anderer angewiesenen

Menschen hatte man in diesem Menschenbild aus dem Blick verloren, denn sie stellen diese Fiktion vom „idealen" Menschen in Frage. Insofern stellt bereits ein solches Menschenbild eine Gefährdung der schwerstpflegebedürftigen Menschen dar. Zumindest bietet es keinen Schutz gegen die Bedrohungen, die seit Ende des 19. Jahrhunderts von Theorien ausgingen, die – wie insbesondere der *Sozialdarwinismus* – das Lebensrecht der schwächsten Glieder der Gesellschaft in Frage stellten.

Bereits die heidnische Antike glorifizierte den autonomen, geistig hochstehenden (Philosophen) und den jugendlich vitalen Menschen (Athleten). Dieser „ideale Humanismus" stellte, in Verbindung mit der Bemessung des Lebenswerts des Einzelnen am Nutzen für den Staat, den wesentlichen Grund für das fast völlige Fehlen eines Ethos der Barmherzigkeit und für die Selektion der „Unheilbaren", insbesondere der an Geist und Seele „Missratenen" (Platon, Aristoteles) dar. Gegen diese *Ethik der Stärke* vertrat die christliche Kirche ein ausgesprochen antiselektionistisches *Ethos der Barmherzigkeit* und der *Fürsorge* für die Schwächsten der Gesellschaft (vgl. Eibach 1976, 272ff.).

Demgegenüber sieht die liberale protestantische Theologie seit dem 19. Jahrhundert bis zur Gegenwart in der Entdeckung der Freiheit des Individuums das Spezifikum der Reformation und hat sich deshalb dem idealistischen Menschenbild ziemlich kritiklos angeschlossen. Sie hat vergessen, dass Jesus Christus, der „leidende Gottesknecht" (Jesaja 53), den entscheidenden Gegenentwurf zu allen bloß idealistisch-humanistischen, aber auch zu biologistischen Menschenbildern bietet, dass er nicht die Verklärung hohen Menschentums, sondern das barmherzige Ja Gottes zum wirklichen, nicht zuletzt zum sündigen und leidenden Menschen ist (vgl. Bonhoeffer 1967, 37ff.).

Nach *Immanuel Kant* kommt einem Lebewesen *Würde* zu, sofern es sich durch die Vernunft in Freiheit gemäß den Forderungen des allgemeinen Sittengesetzes selbst bestimmt. Die Achtung der *Menschenwürde* fällt faktisch mit der Achtung der *Autonomie* zusammen. Dem *Leben* an sich kommt keine Würde zu, sondern nur insofern, als es Bedingung der Möglichkeit von Autonomie ist. Der Mensch realisiert seine Würde letztlich zwar selbst, doch ist die Freiheit als das Vermögen der Selbstbindung an das Sittengesetz für alle Glieder der menschlichen Gattung zu postulieren. Sie ist also keine empirische, sondern eine transempirische Größe, eine „transzendentale Idee". Freiheit und mit ihr Würde sind in der Welt sinnlicher Erscheinungen nicht beweisbar. Würde kommt deshalb auch nicht in erster Linie dem einzelnen Menschen zu, sondern der *Menschheit* als ganzer, an deren *Gattungswürde* der ihr zugehörige Einzelmensch teilhabe. Daraus folgt, dass „die Würde der Menschheit an jedem anderen Menschen praktisch anzuerkennen ist" (Kant 1785, 462).

Wenn Kant daher in seinem „kategorischen Imperativ" (ebd. 429) fordert, einen Menschen immer in erster Linie als Selbstzweck zu behandeln, so spricht er dem Menschen als Natur- und Gattungswesen *Personsein* und *Würde* zu. Es bedarf also nach Kant nicht der tatsächlichen Realisierung der Freiheit in spezifisch freiheitlichen Akten, um Person zu sein. Die Personalität wird nicht erst durch geistige Akte konstituiert, vielmehr ist das Personsein deren Voraussetzung (vgl. Siep 1992, 81ff.). Folgt man dieser Interpretation Kants, so kann man sagen, dass die Achtung der Menschenwürde nach Artikel 1 des deutschen Grundgesetzes (GG) auch nach Kant primär in der Achtung und dem Schutz des Lebens gemäß Artikel 2 GG konkret wird. Menschenwürde und dementsprechende Rechte kämen damit dem ganzen menschlichen *Leben* vom Beginn seines Lebens bis zum Tode und allen Gliedern der biologischen Gattung Mensch zu, unabhängig von der Ausprägung ihrer Lebensqualitäten.

Allerdings bleibt ein offenes Problem. Wenn *Kant* die Würde der Menschheit darin gegeben sieht, dass ihre Glieder grundsätzlich die Fähigkeit haben, sich mittels der Vernunft in Freiheit selbst gemäß dem Sittengesetz zu bestimmen, dann stellt sich die Frage, ob denjenigen Gliedern, die *grundsätzlich* und unwiderruflich nie, nicht oder nicht mehr über die Fähigkeiten verfügen, die die Würde der Gattung begründen sollen, dennoch Würde und entsprechende Rechte zukommen. Diese Frage betrifft besonders das Leben, das sich z. B. aufgrund hirnorganischer Schädigungen vor und nach der Geburt nie oder unwiderruflich nicht mehr seiner ihm zugedachten Vernunftnatur in Freiheit bedienen, seine innerweltliche sittliche Bestimmung also nicht realisieren kann (vgl. Eibach 2002, 29ff.). Einem solchen Menschenleben Würde zuzusprechen, ließe sich – wie schon *D. Hume* es gesagt hat – nur mit der religiösen Zusatzannahme begründen, dass auch dieses Menschenleben von Gott geschaffen und sein Eigentum ist und deshalb unter dem von ihm gebotenen, auch allem „normalen“ Menschenleben geltenden Schutz steht. *Kants* Argumentation hängt einerseits hinsichtlich ihrer Geltung davon ab, dass man Freiheit und Würde als transzendentale Ideen und nicht als *empirische Lebensqualitäten* versteht, deren Vorhandensein oder Fehlen man empirisch feststellen kann. Andererseits wird sein transzendentales Verständnis von *Person* und *Würde* unhaltbar, sofern jede explizit religiöse und transzendente Sicht des Menschen, jede nicht nur philosophisch-hypothetische, sondern positiv glaubende Rückbindung der Freiheit an Gott und das Sittengesetz in Frage gestellt wird, denn dann muss die Würde letztlich doch als empirische Qualität, als empirische Freiheit verstanden werden, die offensichtlich bei Menschen fehlt, die aufgrund noch nicht entwickelter, fehlender oder verlorener neurophysiologischer Fähigkeiten zur Ausübung moralischer Freiheit noch nicht, nie oder endgültig nicht mehr fähig sind.

Viele empiristisch argumentierende Philosophen weisen darauf hin, dass Kants transzendentalphilosophische Begründung des *Personseins* letztlich (und ungeachtet seines Versuchs einer hypothetischen Einklammerung) von religiös-metaphysischen Grundvoraussetzungen ausgehe. Sie betonen, dass diese Voraussetzungen in einer von wissenschaftlichem Denken geprägten säkularen Welt kaum noch geteilt werden und darum auch nicht mehr rational begründbar seien. Sie dürften daher in einem zu weltanschaulicher Neutralität verpflichteten Staat nicht mehr zur Grundlage der Interpretation des *Grundgesetzes* (GG) werden. Diese Einwände träfen Kant ebenso wie explizit christliche Begründungen der *Menschenwürde.* Diese sei vielmehr, wenn man sie als eine nicht empirisch fassbare Wesensbestimmung des Menschen verstehe, eine „Leerformel“ (vgl. Wetz 1998). Als Inhalt der Würde bleiben somit nur bestimmte geistige *Lebensqualitäten,* vor allem die empirisch feststellbare *Entscheidungs- und Handlungsautonomie,* mithin nicht zuletzt die Fähigkeit, eigene Interessen geltend zu machen. Der vom Staat zu erwartende Schutz der Autonomie fiele somit mit dem Schutz *bewusster Interessen* zusammen, und der Schutz der Würde würde nicht mehr im Schutz des ganzen *Lebens* konkret, sondern nur im Schutz dieser Interessen. Wo die Lebensqualitäten, die bewusste Interessen ermöglichen, noch nicht oder nie (Embryonen, Feten) oder nicht mehr vorhanden sind (hirnorganische Schäden u. a.), hätte das Leben keine Würde und keine entsprechenden Rechte mehr. Es dürfte im Interesse anderer zu von ihnen gesetzten Zwecken behandelt und gebraucht oder gar verbraucht werden.

1.3 Zur politischen und rechtlichen Diskussion in Deutschland

In Deutschland ist vor dem Hintergrund des angedeuteten Wertewandels derzeit auf philosophischer wie juristischer Ebene eine Uminterpretation des Begriffs *Menschenwürde* in Artikel 1 Absatz 1 des GG („Die Würde des Menschen ist unantastbar. Sie zu achten und zu schützen ist Verpflichtung aller staatlichen Gewalt.“) im Sinne der angedeuteten empiristischen Wende in vollem Gange (vgl. Picker 2002). Das kommt nicht zuletzt in Bereichen der biomedizinischen Forschung und der Medizin zum Tragen. Demnach wäre der Schutz des Lebens nach Artikel 2 Absatz 2 des GG („Jeder hat das Recht auf Leben und körperliche Unversehrtheit.“) von der Achtung der Menschenwürde nach Artikel 1 – verstanden im Sinne der Achtung der Autonomie und bewusster Interessen – abzukoppeln, wäre der Achtung der Autonomie eindeutig unterzuordnen und stünde mit anderen Grundrechten, wie z. B. dem Recht auf Forschungsfreiheit, auf einer Stufe. Daraus folgt, dass es biologisch menschliches Leben geben soll, das nicht unter dem ungeteilten Schutz der Menschenwürde stehe, wenigstens dann, wenn es keine Chance hat, zu einem Wesen zu reifen, das sich seiner Autonomie bedienen kann, sei es, weil es aufgrund menschlicher Eingriffe überhaupt nicht dazu bestimmt ist, geboren und zum erwachsenen Menschen zu werden (Abtreibung ungewollten Lebens, überzählige Embryonen u. a.), sei es, weil ihm die psychophysischen Fähigkeiten fehlen, als selbstbewusstes und freies Wesen zu leben (schwer hirnorganisch Behinderte). Dies schafft Freiraum für eine verbrauchende Forschung mit menschlichem Leben (Embryonen), das nicht zur Geburt bestimmt ist, und Freiraum dafür, menschliches Leben vorgeburtlich zu töten, das keine Chance zu einem selbstbewussten Leben hat (Eibach 2002, 53ff.).

Wenn Menschenwürde nur einem weitgehend ausdifferenzierten gesunden Leben zukommt, dann impliziert das notwendig, dass Krankheiten auch zum Verlust entsprechender Lebensqualitäten und damit der Menschenwürde führen können (Eibach 1998, 58ff.). Eine derart veränderte Interpretation der Artikel 1 und 2 des GG hätte, wenn sie zur verbindlichen Auslegung durch das Bundesverfassungsgerichts würde, weitreichende Folgen für den Schutz des Lebens in allen Lebensphasen, nicht nur für den Schutz vorgeburtlichen, sondern auch für den des geborenen und des endenden Lebens. Ein schleichender Zerfall der Rechtssicherheit hinsichtlich der Schutzrechte für das vorgeburtliche und das geborene, aber behinderte und unheilbar kranke Menschenleben ist dann kaum noch vermeidbar (vgl. Picker 2002).

Indem die Würde mit Autonomie gleichgesetzt und durch sie ersetzt wird, erhebt sich der Mensch, der keinen Gott mehr über sich anerkennt, zum uneingeschränkten „Herrn" und „Besitzer" seines eigenen Lebens, der frei ist, sein Leben letztgültig als lebensunwert zu beurteilen und dieses Urteil auch auszuführen. Deshalb wird auch in Deutschland von Staatsrechtlern aus dem so verstandenen Begriff Menschenwürde ein positives *Recht auf Selbsttötung* abgeleitet. Dem entspricht ein Recht auf Beihilfe zur Selbsttötung und – wenigstens wenn diese letztendlich nicht mehr selbst vollzogen werden kann – die Tötung auf Verlangen. Letztere findet zwar auch in Deutschland bei den weitaus meisten Menschen Zustimmung, ist aber hier gegenwärtig politisch noch nicht durchsetzbar (vgl. Eibach 2014a).

Eine wesentliche Weichenstellung wurde mit dem sogenannten „Patientenverfügungsgesetz" (2009) vollzogen. Danach bestimmt allein der betroffene Mensch über die Art seiner medizinischen und pflegerischen Behandlung, entweder in der jeweils aktuellen Situation oder durch schriftliche Vorwegentscheidungen (Patientenverfügungen = PV) für solche Situationen. Das Gesetz räumt dem Selbstbestimmungsrecht uneingeschränkten Vorrang vor dem Lebensschutz auch für die Fälle ein, in denen der Mensch nicht an einer unheilbaren und unaufhaltsam zum Tode fortschreitenden Krankheit leidet. Solchen Verfügungen, insbesondere Vorausverfügungen vor dem Eintritt der Krankheit, liegen im Grunde Urteile zugrunde, die das Leben unter bestimmten Umständen für menschenunwürdig erklären. Die Beendigung eines solchen Lebens kann dann z. B. durch das Vorenthalten von Nahrung und Flüssigkeit, also das Unterlassen der Befriedigung von Grundbedürfnissen, herbeigeführt werden (vgl. Eibach 2005, 39ff.). Weil hier die Übergänge zur aktiven Euthanasie durch bewusstes Unterlassen (vgl. Schumann 2006, 59ff.) unverkennbar sind, haben viele Ärzte und Pflegekräfte geltend gemacht, dass dieses Unterlassen bei Menschen, deren Tod zeitlich überhaupt nicht absehbar ist, ihrer berufsethischen Verpflichtung zum Schutz des Lebens widerspricht. Indem das Gesetz jedoch dem Selbstbestimmungsrecht uneingeschränkten Vorrang vor dem Lebensschutz einräumt, impliziert es im Grunde so etwas wie ein positives Recht auf Selbsttötung durch Unterlassen lebenserhaltender Maßnahmen. Das bedeutet zugleich, dass subjektive *Lebensunwerturteile* als Ausdruck des verbindlichen Selbstbestimmungsrechts rechtens sind.

Wenn subjektive Lebensunwerturteile über das eigene Leben rechtlich verbindlich sind, dann muss man letztlich auch anerkennen, dass es auch objektiv gesehen menschenunwürdiges Leben gibt. Dann liegt die Schlussfolgerung nahe, dass es auch „mutmaßlicher Wille“ (ein juristisches Konstrukt, mit dem an der Selbstbestimmung auch bei Verlust des Selbstbewusstseins und fehlender schriftlicher PV festgehalten werden soll) der Menschen ist, die keine PV abgefasst haben, dass sie in solchen Lebenszuständen nicht leben möchten, es sei denn, sie hätten eindeutig Gegenteiliges geäußert. Zur Ermittlung des mutmaßlichen Willens greift man dann schnell auf angeblich allgemeine Wertvorstellungen in der Gesellschaft zurück. Man soll davon ausgehen dürfen, dass der Wille von einst „vernunftfähigen“ Menschen, die jetzt nicht mehr entscheidungsfähig sind und keine schriftliche Verfügung hinterlassen haben, den vorherrschenden und rational begründbaren Wertvorstellungen in der Gesellschaft entspricht (Hoerster 1998, 81f., 105f.), dass sie also einer „Erlösung“ von einem nach diesen Wertvorstellungen unwürdigen Dasein zustimmen würden. Dann liegt es nahe, dass das angeblich rationale Urteil der Mehrheit der aufgeklärten Allgemeinheit z. B. auch festlegen darf, ab wann im Verlauf einer Krankheit (z. B. Alzheimer-Demenz) der Zustand eines lebensunwerten Lebens eintritt, in dem kein „vernünftiger“ Mensch leben will. Ist erst einmal die entscheidende Weichenstellung akzeptiert, dass es lebensunwertes Leben gibt, so liegt dieser Schritt nahe. Damit werden die Türen zur Tötung angeblich lebensunwerten Lebens geöffnet. Zuerst entscheidet der Betroffene selbst, wann sein Leben nicht mehr lebenswert sein und beendet werden soll; dann entscheiden andere nach seinem mutmaßlichen oder auch nur gemutmaßten Willen; dann entscheidet die Allgemeinheit nach Kriterien, die sie für vernünftig hält und die sich auch immer mehr mit der ökonomischen Rationalität decken werden. Wenn sich die Belastungen der Gesellschaft durch die zunehmende Zahl pflegebedürftiger Menschen als nur noch schwer tragbar erweisen, dann wird die Gesellschaft allmählich insgeheim oder offen die Kriterien für eine „gelenkte Sterblichkeit“ festlegen, wenn auch zunächst nur in der Form des Unterlassens von das Leben bewahrenden Maßnahmen.

Weil derartige PV mit Lebensunwerturteilen dem Menschen ein uneingeschränktes Verfügungsrecht über sein Leben einräumen, haben die katholische und die evangelische Kirche das gemeinsam verfasste PV-Formular eindeutig auf den Bereich des Sterbens und der „infausten Prognose“ einer zum zeitlich absehbaren Tod führenden Krankheit beschränkt (vgl. EKD 2005; DBK / EKD 2011). Dabei wird zu Recht davon ausgegangen, dass eine solche PV nur besagt, dass der Mensch möchte, dass der unaufhaltsame Sterbeprozess nicht mit medizinischen Maßnahmen verlängert wird. Eine solche PV beinhaltet kein Urteil über den Lebenswert eines Menschen, sondern sie erkennt an, dass über das Leben todkranker Menschen in verhängnishafter Weise zum Tode verfügt ist, so dass alle weiteren Bemühungen um Verlängerung der Lebenszeit nur den Sterbeprozess verlängern können (vgl. Eibach 1976, 378ff.).

Wenn die empirische Autonomie der entscheidende Inhalt der Menschenwürde ist, dann sind letztlich alle neuen technischen Möglichkeiten, über menschliches Leben zu verfügen und den Freiheitsspielraum des Menschen gegenüber der Natur, auch der eigenen Leiblichkeit, zu erweitern. Jede Einschränkung der in dieser Hinsicht möglichen biomedizinischen und sonstigen Fortschritte in der Verfügung über das Leben stünde dann im Widerspruch zur Autonomie und damit zur Menschenwürde. Jede Erweiterung der menschlichen Entscheidungs- und Handlungsmöglichkeiten über sein Leben wäre daher in sich ein Fortschritt hin zu mehr Humanität, der sich aus der Menschenwürde ergibt und der daher keinem Menschen vorenthalten werden darf (zumindest dann nicht, wenn er sich das finanziell leisten kann). Selbst der Verbesserung der normalen natürlichen Beschaffenheit gemäß menschlichen Wünschen, z. B. durch verändernde Eingriffe ins Genom oder ins Gehirn, stünden dann keine grundsätzlichen Bedenken mehr entgegen. Der Mensch, der sein eigener „Gott“ ist, darf sich in den biologischen Grundlagen seines Lebens, auch seines seelisch-geistigen Lebens, nach seinen Wünschen verändern und „verbessern“. Zwar ist man im Hinblick auf eine Verbesserung der menschlichen Natur in Deutschland noch zurückhaltend, doch mehrt sich auch diesbezüglich die Zahl der Befürworter (vgl. Eibach 2010).

2. Zur ethischen Diskussion innerhalb der evangelischen Theologie und Kirchen

Im Kontext der im ersten Teil beschriebenen kulturellen Veränderungen wandeln sich auch die theologischen und kirchlichen Diskussionen und Verlautbarungen zu bioethischen Fragen (vgl. Höver / Eibach 2003). Theologie und Kirchen passen sich zunehmend den herrschenden Zeitströmungen an, um überhaupt noch Gehör in einer säkularen Gesellschaft, in den Wissenschaften, der Politik und der Gesetzgebung zu finden. Dazu gibt nicht zuletzt das von Philosophen und Juristen immer stärker vertretene Postulat Anlass, wonach, wer sich in seinen Argumentationen auf rational und empirisch nicht überprüfbare Voraussetzungen religiöser Art beziehe, sich vom ethischen Diskurs ausschließe. In einer pluralistischen und säkularen Welt könnten religiöse Aussagen keine rechtliche oder sonstige Verbindlichkeit mehr beanspruchen (vgl. Fischer 2003). Die Frage stellt sich allerdings, wer eigentlich das Recht hat, Bedingungen dafür zu formulieren, was unter einem „rationalen Diskurs“ zu verstehen ist und

wer daran unter welchen Voraussetzungen teilnehmen darf (vgl. Habermas 2005).
Eine Alternative für Theologie und Kirchen besteht darin, angesichts der rapide zunehmenden Entchristlichung der Gesellschaft gerade die genuin christlichen Grundlagen ethischer Überzeugungen ausdrücklich zur Sprache zu bringen, damit sie auch in einer säkularen Gesellschaft noch bekannt bleiben und möglichst auch verstanden werden und so von den Zeitgenossen bei ihrer eigenen Meinungsbildung berücksichtigt werden können. Verfolgen Theologie und Kirchen den ersteren Weg der Anpassung, so machen sie sich selbst für die Öffentlichkeit überflüssig. Sie wiederholen nur, was andere von anderen Voraussetzungen aus auch sagen. Sie nehmen den im Dialog mit säkularen Positionen erst zu ermittelnden Kompromiss in ihren eigenen Positionen schon vorlaufend vorweg und entheben sich damit der Möglichkeit, den Dialog wirklich im Sinne christlicher Ethik zu beeinflussen. Eine solche vorlaufende Anpassung ist auch dann nicht nötig, wenn z. B. um der Gesetzgebung und des Rechtsfriedens willen im Dialog ein Kompromiss zwischen den Positionen gefunden werden muss. Im Folgenden soll demgegenüber zunächst (2.1) in Bezug auf den Lebensschutz aufgezeigt werden, wie hierzu eine nicht säkularen Erwägungen angepasste theologische Position aussehen könnte. Anschließend (2.2) wird aufgezeigt, welche ethisch und rechtlich problematischen Konsequenzen sich ergeben, wenn Christen ihre öffentlichen Beiträge zu bioethischen Problemen von den spezifisch christlichen Wurzeln ihrer Wertvorstellungen abkoppeln.

2.1 Gottebenbildlichkeit und Menschenwürde – eine evangelische Sicht

In der bisherigen verfassungsrechtlichen Auslegung der Artikel 1 und 2 des deutschen Grundgesetzes (GG) wird die Achtung der *Menschenwürde* (GG Art. 1) in erster Linie im Schutz des ganzen menschlichen *Lebens* (Art. 2) und nicht nur im Schutz autonomer Interessen konkret. Träger der Menschenwürde ist demnach das ganze menschliche *Leben* und nicht nur Teile desselben (Großhirn). Das *Leben selbst gebietet Achtung* und nicht nur die autonomen Fähigkeiten des Menschen. Dieses Verständnis von Würde ist maßgeblich bestimmt durch die jüdisch-christliche Lehre von der *Gottebenbildlichkeit* aller Menschen (vgl. EKD / DBK 1989, 39ff.; Honecker 1990, 192ff.; Härle 2010).
Nach *christlicher Sicht* gründet die Würde des Menschen darin, dass Gott ihn zu seinem Ebenbild bestimmt hat. Diese Ebenbildlichkeit besteht darin, dass Gott ihn zu seinem Partner erwählt und geschaffen hat, der für sein und das Leben anderer und die Schöpfung Verantwortung übernehmen soll, und vor allem darin, dass der Mensch zu ewiger Gemeinschaft mit Gott berufen ist. *Person* ist der Mensch und Würde hat er also dadurch, dass *Gott* ihn mit dieser *besonderen Bestimmung* und *Verheißung* auszeichnet. Diese werden nicht dadurch hinfällig,

dass der Mensch ihnen aufgrund von Krankheit, Behinderung usw. nicht oder nicht mehr entsprechen kann. Auch dann bleibt die besondere Bestimmung Gottes für sein Leben bestehen, geht dieses Leben der Vollendung seiner Bestimmung im „ewigen Leben“ Gottes entgegen. Hier erst *vollendet* sich alles Leben zur *Gottebenbildlichkeit*. Alles Menschenleben bleibt im irdischen Leben hinsichtlich seiner Bestimmung zur Gottebenbildlichkeit mehr oder weniger *Fragment*, wenn auch in unterschiedlicher Weise und Gebrochenheit. Die Gottebenbildlichkeit ist und bleibt dem faktischen Leben transzendent, ist letztlich sowohl hinsichtlich ihrer Konstitution als auch ihrer Vollendung eine allein in Gottes Handeln gründende und durch ihn zum „ewigen Leben“ vollendete eschatische Größe, die allerdings gerade als solche zukünftige, durch Gott allein vollendete Größe diesem *konkreten irdischen Leben schon jetzt von Gott zugesprochen* und als „transzendentes“ *Prädikat zugeeignet* ist (vgl. Härle 2011, 185ff.; Mühling 2012, 245ff.). Nicht allein aufgrund der biologischen Zugehörigkeit zur Gattung Mensch, sondern aufgrund dieser Verheißung der Gottebenbildlichkeit im „ewigen Leben“ kommt schon dem irdischen Menschenleben die Würde zu, Ebenbild Gottes zu sein, und steht alles menschliche Leben vom Beginn seines biologischen Daseins bis zu seinem Tod unter dem Schutz der Menschenwürde (vgl. Eibach 2002, 29ff.). Auf der Basis dieser christlichen Sicht spielt die Freiheit wenigstens in Hinsicht auf die Konstitution der Würde des Menschen keine entscheidende Rolle.

Zu Recht hat der bedeutende Arzt *V. v. Weizsäcker* (1987) in seiner Auseinandersetzung mit der NS-Medizin 1947 darauf verwiesen, dass ohne die Vollendung auch allen schwer behinderten Lebens zur Gottebenbildlichkeit im „ewigen Leben“ in der Tat ein „lebensunwertes“ Leben angenommen werden müsse, also ein Leben, bei dem nicht einsichtig ist, warum wir es als Menschenleben achten und behandeln sollen und es nicht, z. B. zu Forschungszwecken, ge- und verbrauchen oder gar vernichten dürfen. Ohne vollendetes *ewiges* werde auch *irdisches Leben* relativ, habe keinen einmaligen und unverlierbaren Wert, werde – zumindest an seinen Rändern, wo es sich nicht mehr selbst verwirklichen kann – lebensunwert. Wer die Dimension des *ewigen Lebens* bei Gott verliere, gerate unter den Zwang, die Würde und den Lebenswert nach weltimmanenten empirischen Wertmaßstäben rechtfertigen und dabei die Würde und die Menschenrechte des vorgeburtlichen, behinderten und schwer pflegebedürftigen Menschenlebens doch irgendwann preisgeben zu müssen.

Das Leben und die Würde und das Personsein des Menschen verdanken sich nach christlicher Sicht Gottes Handeln, sind *verdanktes Leben, verdankte Würde*, die dem *ganzen psychophysischen Organismus* (Lebensträger) von Gott her *zugesprochen* und *zugeeignet* ist, so dass sie unverlierbar jedem Moment des Lebens und Sterbens gilt. Die Würde gerät durch körperlichen und geistigen Verfall nicht in Verlust. Menschen müssen daher menschlichem Leben nicht erst Würde zusprechen und haben nie das Recht, ihm diese abzusprechen und es als menschenunwürdiges Leben einzustufen, auch nicht das eigene Leben. Menschen haben jedoch die *Pflicht,* die Würde als mit dem Leben zugleich vorgegebene und unverlierbare Größe *anzuerkennen* und alle Menschen entsprechend zu achten und zu behandeln.

Freilich kann man auch auf der Grundlage eines solchen religiös-transzendenten Verständnisses von Person und Würde nicht bestreiten, dass das Leben sich in der Regel von der völligen Abhängigkeit hin zur wachsenden Selbstgestaltung entwickelt. Dieser Entwicklungsprozess kann durch naturbedingte Fehlentwicklungen, durch Krankheiten und auch durch menschliches Entscheiden und Handeln abgebrochen werden. Insbesondere im hohen Alter kann es durch Krankheiten und Abnahme der Lebenskräfte zum Verlust des selbstbestimmten Lebens und zu einer völligen Abhängigkeit von der Hilfe anderer Menschen kommen. Das, wozu der Mensch durch den Einfluss anderer Menschen wird und was er aufgrund seiner ihm immanenten Fähigkeiten aus sich selbst macht, können wir im Unterschied zum *Personsein,* das ohne das Zutun des Menschen selbst konstituiert wird, als *Persönlichkeit* bezeichnen. Sie ist in der Tat eine empirische Größe, die unterschiedlich entwickelt sein und die durch Krankheit, Behinderung und Abbau der Lebenskräfte zerstört werden kann. Von dem Fehlen von Persönlichkeitsmerkmalen darf aber nicht auf den Verlust des Personseins rückgeschlossen werden. Nur wenn – wie z. B. im empiristisch-rationalistischen und teils im idealistischen Menschenbild – die Person mit der Persönlichkeit identifiziert wird, kann es durch Krankheit zu einem Verlust des Person- und Menschseins kommen. Der Grad der *Entfaltung der Persönlichkeit* darf – ethisch gesehen – nur unter der Voraussetzung für die Behandlung einer Person bedeutsam werden, dass dadurch nicht ihre Würde und Rechte in Frage gestellt werden. Keinesfalls darf dies dazu führen, dass man ohne wirkliche Not das Recht auf Hilfe und Gesundheitsfürsorge derjenigen in Frage stellt, deren Persönlichkeit noch nicht entwickelt oder schwer beeinträchtigt sein wird oder ist. Auch dann, wenn das Leben aufgrund von Fehlentwicklungen nicht zu selbstständigem und selbstbewusstem Leben heranwachsen kann oder wenn es durch Krankheit und Altern zum Abbau der Persönlichkeit kommt, haben wir in und „hinter" der zerbrochenen *Persönlichkeit* die von Gott geschaffene und geliebte *Person* in ihrer *unverlierbaren Würde* zu sehen und sie entsprechend zu achten und zu behandeln.

2.2 Streit um Menschenwürde und Lebensschutz in den evangelischen Kirchen

Das kurz dargelegte Verständnis von Menschenwürde wird in seinen Grundannahmen von der katholischen Kirche wie auch den evangelischen Kirchen Deutschlands vertreten (vgl. Höver / Eibach 2003). Allerdings ist es innerhalb der evangelischen Theologie anlässlich der Diskussionen über Forschungen mit menschlichen Embryonen zu einem offenen Streit gekommen, der einen tiefgreifenden Dissens im Verständnis der Menschenwürde offenbart. Dabei spielen Abgrenzungen zu katholischen Positionen, die Sorge, den Anschluss an das säkulare Denken zu verlieren und als fortschritts- und wissenschaftshinderlich eingestuft zu werden, eine nicht unerhebliche Rolle (vgl. Anselm / Körtner 2003). Um der Diskussion innerhalb der „Evangelischen Kirche in Deutschland" (EKD) Raum zu geben, hat die EKD die Argumentationshilfe „Im Geist der Liebe mit dem Leben umgehen" (2002) vorgelegt, in der die kontroversen Ansichten dargelegt werden. Darin wird festgestellt, dass ein Konsens der dort dargelegten verschiedenen Positionen darin bestehe, „dass die Menschenwürde nicht quantifizierbar ist" und dass sie „daher nicht gegen andere Grundrechte abgewogen werden" dürfe (S. 45). Das ist eine Selbstverständlichkeit, die auch von Nichtchristen geteilt wird, sofern sie den Begriff Menschenwürde nicht überhaupt als „Leerformel" abtun. Die Frage ist vielmehr die, *worin* die Menschenwürde besteht und *welchem menschlichen Leben sie zukommt*. In eben diesen Fragen bestehen zwischen den beiden Positionen unüberbrückbare Differenzen. Der ersten Position, die auch von den Leitungsgremien der EKD vertreten wird, liegt eine genuin theologische, der zweiten aber im Grunde eine säkulare philosophische Argumentation zugrunde. Darüber kann auch die offenbar von allen geteilte und mit antikatholischer Tendenz ausgesprochene Behauptung nicht hinwegtäuschen, dass „die evangelische Ethik in einem kritischen Verhältnis zu einer Prinzipienethik steht, die den einzelnen Menschen *ausschließlich* nach allgemeinen Regeln behandelt wissen will" (S. 15) und die demgegenüber die Freiheit der Gewissensentscheidung betont. Eine solche Anerkennung der Gewissensfreiheit mag in Bezug auf Entscheidungen in Konfliktsituationen – wie z. B. bei ungewollter Schwangerschaft, bei pränataler Diagnostik, bei der Sterbehilfe (vgl. Eibach 2014a) – zutreffend sein. Das heißt aber nicht, dass die solchen Entscheidungen vorausliegenden anthropologischen und ontologischen Fragen Gegenstand von Gewissensentscheidungen Einzelner oder gesellschaftlicher Interessengruppen werden dürfen – wie z. B. den an Forschungen interessierten Biowissenschaftlern. Zu solchen Fragen gehören z. B. die nach der Bedeutung der Menschenwürde, welcher Gestalt menschlichen Lebens sie zukommt und auch, wann das menschliche Leben beginnt und wann es endet.

Anerkannt wird von allen Beteiligten, dass die Menschenwürde sich nicht aus dem Gegebensein von biologisch-menschlichem Leben an sich unmittelbar ableiten lässt. Die zweite Position in der EKD-Argumentationshilfe geht von der These aus, dass menschliches Leben sich nicht von seinem Anfang an *als* Mensch sondern sich *zum* Menschsein hin entwickelt, ja, dass vom Menschen und einer ihm zukommenden Würde nur dann gesprochen werden kann, wenn die Voraussetzungen für eine Geburt eines Kindes mit den Qualitätsmerkmalen für ein selbstständiges Menschenleben mit großer Wahrscheinlichkeit vorliegen (S. 22, 44). Diese Bedingungen können unterschiedlich bestimmt werden. Auf jeden

Fall solle die Einnistung in die Gebärmutter vollzogen sein. Nun ist allerdings diese ihrerseits ein reines Naturfaktum, das der Mensch mit allen Säugetieren gemeinsam hat. Es ist keinesfalls ein spezifisch menschliches oder gar ein personales Geschehen. Bei diesem Denkansatz müsste konsequenterweise das Geborenwerden als hirnorganisch einigermaßen gesundes Leben die entscheidende biologische und psychosoziale Grenze für die Zuschreibung „menschlichen Lebens mit Menschenwürde" (Kreß 2009, 212ff.) darstellen. Auf jeden Fall folgt aus dieser Position, dass dem Leben, das nicht von einer Mutter lebensfähig geboren werden wird, kein Personsein und keine Würde zukommt. Den bei der IVF entstandenen überzähligen Embryonen, die vom Transfer in den Mutterleib ausgeschlossen werden, kommt jene entscheidende „Potentialität, in die irdische Lebenswelt geboren zu werden", gerade nicht zu. Hierbei wird nicht berücksichtigt, dass dieser Mangel meist nicht auf fehlende biologische Bedingungen, sondern auf menschliches Entscheiden und Handeln zurückgeht. Das Recht, ein Mensch zu sein und entsprechend behandelt zu werden, wird dann nicht nur vom Vorhandensein bestimmter biologischer und seelisch-geistiger Eigenschaften abhängig gemacht, sondern letztlich auch von menschlichen Entscheidungen und Handlungen, die dem Leben die nötigen Bedingungen zum Geborenwerden zukommen lassen oder vorenthalten.

Das Menschleben und seine Würde werden damit zum Gegenstand eigenmächtiger Entscheidungen, auch wenn diese sich an biologischen Fakten wie der Nidation, der Geburt, dem hirnorganischen Zustand, der selbstständigen Lebensfähigkeit orientieren. Sie kommen dem Leben nur von dem irdischen Ziel her zu, dem selbstständigen (und selbstbewussten) Leben als *Persönlichkeit* (dgg. vgl. Schneider-Flume 2002). Dieses Ziel wird nicht theologisch im vollendeten Sein in der Gemeinschaft mit Gott gesehen, sondern rein innerweltlich als „In-der-Welt-Sein" als selbstständig lebensfähiger Mensch (Anselm / Körtner 2003, 200ff.; Kreß 2009, 169ff., 200ff.). Von dieser Ausgangsbasis aus ist es nicht verwunderlich, dass man gegen einen verbrauchenden Umgang mit Embryonen, die aufgrund menschlichen Entscheidens nicht dazu bestimmt sind, als Mensch geboren zu werden, keine grundsätzlichen ethischen Bedenken mehr hat. Unklar bleibt bei dieser These weiterhin, *ab wann* und auch *bis wann* biologisches Leben unter dem Schutz der Menschenwürde steht. Wenn diese letztlich nur dem selbstständigen Leben als realisierter Persönlichkeit zukommt, wird ein je nach Entwicklungsgrad dieses Lebens *abgestufter Lebensschutz* unausweichlich. Beim Verlust der Persönlichkeitsmerkmale geht dann unvermeidlich auch die Menschenwürde verloren.

Diese zweite Position folgt also dem idealistisch-philosophischen Menschenbild. Die sie vertretenden Ethiker vollziehen über dies zum Teil die empiristische Wende im Verständnis der Würde mit und binden diese an das empirisch aufweisbare innerweltliche Leben als selbstständige Persönlichkeit. Die gerade aus evangelischer Sicht grundlegende Unterscheidung zwischen *Person* und *Persön-*

lichkeit wird damit nivelliert (vgl. 2.1). Es kann daher nicht ausbleiben, dass diese Position, die die Persönlichkeit und ihre Autonomie in den Mittelpunkt rückt, auch in Bezug auf den Umgang mit dem endenden, insbesondere dem in seinen geistigen Fähigkeiten abgebauten Leben, die bisherige Einstellung der katholischen und evangelischen Kirchen zu Fragen der „aktiven Euthanasie" und des „lebensunwerten Lebens" in Frage stellt. Allerdings ist man in dieser Hinsicht – gerade aufgrund der Verbrechen in der Zeit der Nazi-Herrschaft – noch zurückhaltender als bei den Fragen des Lebensschutzes beim beginnenden Leben. Dies wird am deutlichsten an den Differenzen zwischen beiden Positionen in der ethischen Beurteilung der *Präimplantationsdiagnostik* (PID).

Die evangelischen Kirchen in Deutschland haben in allen Stellungnahmen zum Schwangerschaftsabbruch betont, dass das Leben eines im Mutterleib heranwachsenden Kindes nur „mit der Frau und nicht gegen sie" geschützt werden kann. Im Unterschied zur katholischen Kirche ist man bereit, in Grenzfällen einer unausweichlichen Konfliktsituation zwischen dem Leben des Kindes und den Interessen der Frau einen Schwangerschaftsabbruch zu akzeptieren. Zugleich verneinen die Kirchen jedoch, dass eine schwangere Frau (und ihr Partner) ein grundsätzliches Verfügungsrecht über das im Mutterleib heranwachsende Kind haben. Ein Schwangerschaftsabbruch darf darum nie mit der Begründung vollzogen werden, dass das zu erwartende Leben behindert oder gar „lebensunwert" sein wird (vgl. Höver / Eibach 2003, 34ff.). Daher haben auch die evangelischen Kirchen eine „Schwangerschaft auf Probe" abgelehnt. Das bewusste Eingehen einer Schwangerschaft bei bekanntem hohem Risiko, ein behindertes Kind zu bekommen, bei gleichzeitiger Absicht, dieses Kind beim Vorliegen einer Behinderung abzutreiben, stellt ja keine unvorhersehbare und unausweichliche Konfliktsituation zwischen Leben und Leben dar. Vielmehr wurde diese Situation bewusst durch menschliches Handeln herbeigeführt. In diesen Fällen liegt also der Abtreibung ein inakzeptables „Unwerturteil" über das Leben des Kindes zugrunde. Aus den gleichen Gründen haben die Kirchen die PID als sittlich nicht verantwortliche Methode, zu einem nicht behinderten Kind zu kommen, abgelehnt. Sie haben damit die sittliche Freiheit bestritten, sich auf diese Weise ihren an sich ethisch akzeptablen Wunsch nach einem gesunden Kind zu erfüllen.

Wenn die PID als ethisch und rechtlich legitime Methode gebilligt wird, so kommt das einer Anerkennung von „Lebensunwerturteilen" gleich, von denen das Leben oder der Tod von Menschenleben abhängig wird (vgl. Eibach 2002, 99ff.). Menschliches Leben wird dann grundsätzlich menschlicher Verfügung überantwortet. Der Gesetzgeber hat das „Embryonenschutzgesetz" (1990) durch ein Gesetz (2011) ergänzt, das die PID grundsätzlich verbietet, sie aber Paaren erlaubt, bei denen beide Träger einer Disposition für die gleiche schwere Erbkrankheit sind oder die mit hoher Wahrscheinlichkeit damit rechnen müssen, dass das Kind nicht oder nicht lange lebensfähig sein wird. Dies soll von Ethikkommissionen, die die Bundesländer einrichten, überprüft und genehmigt werden. Man nimmt diese Begrenzung auf solche *Grenzfälle* vor, damit die Geltung des Grundsatzes, dass die Selektion von Embryonen normativ-ethisch wie auch rechtlich grundsätzlich verboten ist, nicht aufgehoben wird. Es sollen also durch die Erlaubnis der PID in solchen Grenzfällen keine Lebensunwerturteile gebilligt werden. Man kann allerdings nicht bestreiten, dass solche Konfliktfälle nicht verhängnishaft über Menschen kommen, sondern erst durch menschliches Entscheiden und Handeln erzeugt werden. Insofern ist es berechtigt, diese begrenzte Erlaubnis der Selektion kranker Embryonen vor dem Transfer in den Mutterleib als rechtliche Billigung von Lebensunwerturteilen und Tötung von menschlichem Lebens einzustufen. Ist erst einmal ethisch und rechtlich grundsätzlich anerkannt, dass es *menschenunwürdiges* und *lebensunwertes* Leben gibt, das man selektieren darf, so kann eine solche Entscheidung langfristig nicht ohne Auswirkungen auf die fortgeschrittenen Entwicklungsstadien eines Kindes und auf das geborene und endende Leben bleiben. Es wird eine grundsätzliche ethische und rechtliche Weichenstellung vollzogen, die gerade angesichts der wachsenden Zahl schwerstpflegebedürftiger, insbesondere hirnorganisch geschädigter alter und dementer Menschen und der Anerkennung ihrer Menschenwürde sehr kritisch zu beurteilen ist.

Diejenigen evangelischen Ethiker, die die oben gekennzeichnete zweite Position vertreten, sprechen sich für eine ethische und rechtliche Billigung der PID aus (z. B. Kreß 2007, 157ff.). Sie behaupten eine Konfliktsituation zwischen den ethisch berechtigten Interessen eines Paares nach einem gesunden Kind und dem Lebensschutz des frühen Embryos. Sie gehen von einer je nach Entwicklungsstand abgestuften Schutzwürdigkeit menschlichen Lebens aus und stellen den frühen Embryo nicht oder nur sehr bedingt unter den Schutz der Menschenwürde. Implizit wird ein behindertes Kind auch als weniger „wertvoll" beurteilt als ein nicht behindertes, und es wird gefolgert, dass Embryonen mit einer Anlage für eine mehr oder weniger schwere Behinderung selektiert werden dürfen. Es soll der Gewissensentscheidung und einer Güterabwägung eines Paares überlassen bleiben, ob sie sich dieser Methode bedienen. Der Schutz frühen menschlichen Lebens wird also den Interessen erwachsener Menschen eindeutig untergeordnet. Sie dürfen über es (als bloßes Objekt) verfügen.

Mit ähnlichen Argumenten wird auch die verbrauchende Forschung mit Embryonen gerechtfertigt, wenn diese therapeutischen Zwecken zu dienen beansprucht. Im Rückgriff auf ein Menschenbild, in dem die entscheidenden Inhalte des christlichen Verständnisses von der Gottebenbildlichkeit zu Gunsten einer innerweltlichen Sicht vom Menschen preisgegeben wurden, gewinnt der Anspruch auf ein gesundes Leben eine solche Bedeutung (Kreß 2009, 80ff.; 129ff.; kritisch Honecker 2008; Eibach 2008), dass ethische Grundsätze wie die ungeteilte Beachtung der Würde allen Menschenlebens, das Tötungsverbot u. a. dem therapeutischen Fortschritt geopfert werden. Die Verweltlichung des Menschenbilds, die Glorifizierung der Gesundheit und die Unterscheidung zwischen menschenwürdigem und lebensunwertem Leben entsprechen einander. Insofern steht bei den dargelegten konträren evangelischen Positionen die theologische Basis christlicher Ethik selbst zur Diskussion.

3. Folgerungen für evangelische Stellungnahmen zu bioethischen Problemen

In den vorangehenden Ausführungen wurde gezeigt, dass in dem Maße, in dem Christen ihre Botschaft dem anpassen, was sich auf der Grundlage säkularer Wertmaßstäbe nachvollziehen lässt, sie jenen unabhängigen Standpunkt verlieren, von dem aus sie zu den Gefährdungen des Lebensschutzes im sich fortschreitend säkularisierenden Europa Stellung nehmen könnten. Angesichts dieser Entwicklung können Christen ihre Verantwortung in immer weniger christlich geprägten Gesellschaften nur wahrnehmen, wenn sie diesen Tendenzen zur Relativierung des Lebensschutzes mit einer biblisch begründeten Integrität ihrer eigenen Ethik ein deutliches Gegenbild zumuten. Es hat insbesondere sozialethische und insofern auch politische Konsequenzen. Entscheidende Voraussetzung hierbei ist die Berufung auf ein in der Transzendenz Gottes begründetes relationales Menschenbild.

Nach biblischer und reformatorischer Sicht ist die Autonomie für die Begründung der Würde des Menschen nicht konstitutiv. Menschliches Dasein gründet auch hinsichtlich seiner Würde in *Beziehungen*, wobei die Beziehung Gottes zum Menschen, die alles Dasein erst ermöglicht und schafft, grundlegend ist. Diesem das Dasein schaffenden und erhaltenden Angewiesensein auf Gottes schöpferische Liebe entspricht das Angewiesensein auf Beziehungen zu anderen Menschen, auf von der Liebe bestimmte Beziehungen, durch die und in denen Leben sich ereignet. Leben ist ein „*Sein-in-Beziehungen*". Dieses ist Bedingung der Möglichkeit des Selbstseins (vgl. Dalferth / Jüngel 1981), hat *seinsmäßigen Vorrang vor dem Selbstsein*, der *Autonomie* (Ricœur 1996, 141ff.; Lévinas 1989). Deshalb ist das *Mit-Sein* die grundlegende Dimension des Menschseins. Menschenleben ist und bleibt das ganze Leben hindurch auf Zuwendung und Liebe angewiesen.

Diesem *Angewiesensein* entspricht das „Für-Sein" der anderen, das *Für-einander-Dasein*, ohne das Leben nicht sein, wenigstens aber nicht wirklich gelingen kann (Eibach 2014b). Dies ist auch bei mündigen Menschen der Fall. Es tritt jedoch bei ungeborenen, unmündigen, kranken und pflegebedürftigen Menschen am deutlichsten hervor, weil bei ihnen das „Aus-sich-selbst-leben-können" am geringsten entwickelt ist. Das Angewiesensein auf andere entwürdigt den Menschen nicht. Nicht die *Autonomie*, sondern die *Liebe* ist die grundlegende, *Leben gewährende* und *erhaltende Dimension des Menschseins*, ohne die Leben nicht sein und nicht gelingen kann und durch die der Mensch in erster Linie in seiner

Würde geachtet und ihr gemäß behandelt wird. Die *Leben ermöglichenden Beziehungen der Liebe* haben mithin seinsmäßigen Vorrang vor der autonomen Lebensgestaltung.

Beraubt man allerdings diese relationale Sicht des Menschseins der alles „Sein-in-Beziehungen" erst ermöglichenden und tragenden Beziehung Gottes zum Menschen und verkürzt sie auf die mitmenschlichen Beziehungen, so wird das Lebensrecht davon abhängig gemacht, dass Leben von anderen Menschen bejaht, angenommen und in die menschliche Gemeinschaft aufgenommen wird. Menschen hätten dann das Recht, dem Leben die Chance zu- oder abzusprechen, in die menschliche Gemeinschaft hinein geboren und in ihr aufgenommen zu werden, und damit auch das Recht, dem Menschenleben Würde und ein entsprechendes Lebensrecht zu- und abzusprechen. Von manchen Ethikern ist die relationale Sicht des Menschseins in diesem säkularisierten Sinne auf die mitmenschlichen Beziehungen reduziert und dann daraus gefolgert worden, dass, wenn die Einbettung in mitmenschliche Beziehungen nicht gewährleistet sei, begonnenes Leben also von Menschen, auf deren Zuwendung es angewiesen ist, nicht angenommen wird, dieses Leben nicht „gelingen" und daher auch nicht gegen deren Willen „ins Leben gezwungen" werden darf. Selbstverständlich sind bei einer solchen Sicht keine Bedenken gegen einen verbrauchenden Umgang mit Embryonen geltend zu machen, die überhaupt nicht zum Geborenwerden in eine menschliche Gemeinschaft bestimmt sind. Bisher hat man seitens theologischer Ethiker daraus noch nicht die Schlussfolgerung zu ziehen gewagt, dass schwer kranke, insbesondere hirnorganisch kranke Menschen, die zu keinen selbstbewussten Beziehungen mehr fähig sind und die von anderen Menschen nicht mehr angenommen, sondern allenfalls noch in Pflegeeinrichtungen physisch versorgt werden, eigentlich auch nicht mehr in mitmenschlichen Beziehungen leben und daher um ihrer selbst und um der Gemeinschaft willen von ihrem leidvollen Dasein zu „erlösen" seien. Die Diskussion darüber, ob und wie man solche Menschen behandeln soll, ob ihr Leben noch lebenswert ist, hat aber auch in Deutschland begonnen (vgl. 2.1; 2.3).

Bei einer Verkürzung der relationalen Sicht des Menschseins auf die mitmenschliche Dimension wird die theologisch entscheidende Beziehung ausgeblendet, nämlich, dass der Mensch sein Leben von Gott als *anvertraute Leihgabe* empfängt, es daher auch über den Tod hinaus in der Beziehung Gottes zu ihm gründet, er sein irdisches wie sein vollendetes „ewiges Leben" von Gott empfängt, dass, wenn alle bewussten Beziehungen zu anderen Menschen abbrechen, er doch nicht aus der Beziehung Gottes zu ihm herausfällt (Röm 8,38ff.). Leben gründet in der aller selbsttätigen Lebensgestaltung als Bedingung der Möglichkeit vorausgehenden und Leben schenkenden *Fürsorge Gottes*. Darum ist es *erste Aufgabe von Menschen, in ihrem Handeln dieser Fürsorge Gottes zu entsprechen.* Sie sind daher aufgerufen, entstandenes Leben anzunehmen und ihm die Leben gewährenden Beziehungen anzubieten. Es kann dem Menschen nur verboten sein, darüber zu entscheiden, ob dem Menschenleben Würde und dementsprechende Rechte auf eine würdige Behandlung zu- oder abgesprochen werden, denn dann würde der Mensch sich zum Richter über Leben und Tod erheben.

Die dem „Sein-in-Beziehungen" entsprechende *Ethik der Fürsorge* gründet in dieser fundamentalen Grundstruktur des Menschseins (vgl. Eibach 2014b), dem *Angewiesensein auf die Zuwendung Gottes und anderer Menschen*, und auch in der bleibenden *Abhängigkeit* des Menschen, auch seines Geistes und seiner Freiheit, von den „Naturbedingungen" des Lebens, der *Leiblichkeit und ihrer Hinfälligkeit*. Diese Abhängigkeit ist ebenso wenig entwürdigend wie das Angewiesensein auf die Fürsorge anderer Menschen. Nicht darauf kommt es an, dass man die Personwürde als eigene Qualität vorweisen kann, sondern dass sie als eine unverlierbare Größe von anderen selbst dann geachtet wird, wenn sie dem „empirischen" Auge unter einer vielleicht zerrütteten Persönlichkeit verborgen ist. So gesehen ist die Herausforderung, vor die schwere Behinderungen vor und nach der Geburt und ein Abbau der Persönlichkeit durch Krankheit und Altern den Einzelnen ebenso wie auch die Gesellschaft stellen, die, dieses fragmentarische und unheilbare Leben geborgen sein zu lassen in den Leben ermöglichenden Beziehungen der Liebe, die ihm alle möglichen Hilfen zukommen lassen, die sein schweres Geschick erleichtern. Die Achtung der Würde wird daher nicht in erster Linie in der Achtung einer selbstbewussten Selbstbestimmung konkret, sondern vielmehr in der Achtung der leiblich-seelischen Ganzheit des Subjekts, vor allem seiner leiblich-seelischen Bedürfnisse, und hier wiederum nicht zuletzt in seinem Bedürfnis nach mitmenschlichen Beziehungen. Eine Achtung der Würde des Subjekts ist daher gar nicht möglich, ohne dass man Beziehungen zu dem der Hilfe bedürftigen Menschen aufbaut und darin seine wahren Bedürfnisse wahrnimmt und sie zur Grundlage des helfenden Handelns macht.

Dem Ansatz bei der Ethik der Fürsorge entspricht die Einsicht, dass nicht die Heilung und nicht die therapeutischen Fortschritte der Test auf das Proprium christlicher Diakonie und auf die Humanität der Gesellschaft sind, sondern gerade im Gegenteil: wie wir in der Gesellschaft mit den *Unheilbaren*, vor allem mit denen umgehen, deren Leben nach innerweltlichen Maßstäben sinn- und wertlos ist. Wenn eine Gesellschaft die Bewahrung dieser im christlichen Glauben begründeten empathischen Humanität höher achtet als den technischen Fortschritt und wenn sie um dieses Zieles willen an der uneingeschränkten Beachtung der dafür grundlegenden ethischen Prinzipien auch dann festhält, wenn sie der Entwicklung neuer therapeutischer Verfahren wirklich entgegenstehen sollten, so hat dies nichts mit Fortschrittsfeindlichkeit zu tun, sondern damit, dass der technische Fortschritt nicht blind verlaufen und zur Aushöhlung der Humanität in der Gesellschaft führen soll. Wo sich das Streben nach wissenschaftlichem Fortschritt, medizinischer Bemächtigung des Lebens, Gesundheit und leidfreiem Leben zur Infragestellung der Menschenwürde und zur Bedrohung der Fürsorge für die schwächsten Glieder der Gesellschaft auszuweiten droht, muss die Gesellschaft bereit und fähig sein, um der Wahrung der *Würde* und *Rechte der schwächsten Mitmenschen* willen auf mögliche wissenschaftliche und therapeutische Fortschritte zu verzichten. Wenn eine Gesellschaft dazu nicht mehr bereit und in der Lage ist, dann ist die Bewahrung der Humanität dem wissenschaftlich technischen Fortschritt zum Opfer gefallen (vgl. Eibach 2008).

So gesehen ist die oft behauptete Unvereinbarkeit einer Ethik, die Prinzipien geltend macht mit einer Situations- und Gewissensethik und einer Verantwortungsethik, die von den Folgen her denkt (z. B. „Ethik des Heilens"), nicht aufrecht zu erhalten, denn das Insistieren auf der uneingeschränkten Beachtung solcher grundlegender ethischer Prinzipien dient dem *Schutz des Lebens aller Menschen,* insbesondere des Lebens der schwächsten, die ihre Rechte nicht selbst geltend machen können, und dem Gelingen des Lebens aller Menschen in der *Gemeinschaft* der Menschen. *Daher wurzelt alle „Ethik des Heilens" in der Achtung der Menschenwürde und Menschenrechte allen Menschenlebens und ist ihr uneingeschränkt ein- und unterzuordnen* (vgl. Eibach 2002, 162ff.). Nur bei der unbedingten Beachtung dieser ethischen Grundsätze wird der wissenschaftlich-technische Fortschritt im Verein mit den ökonomischen Interessen nicht die uneingeschränkte Vorherrschaft über die Humanität der Gesellschaft erlangen, so dass der Ethik und dem Recht letztlich nur noch die Aufgabe zufällt, diesen technischen und ökonomischen Fortschritt so zu legitimieren, dass er in der Gesellschaft akzeptiert und vom Gesetzgeber möglichst uneingeschränkt rechtlich gebilligt wird. Es ist gerade Aufgabe der Kirchen, die säkulare und wissenschaftlich-technisch geprägte Gesellschaft daran zu erinnern, dass es ein Irrglaube ist, die Probleme der Menschen mit Krankheit, Leiden und Tod ließen sich primär oder gar nur durch einen medizintechnischen Fortschritt lösen. Vielmehr wird dieser Fortschritt auf lange Frist die Zahl derjenigen, die mit unheilbaren Krankheiten und Behinderungen leben müssen, immer mehr erhöhen.

Anstatt grundlegende ethische Prinzipien im Interesse des medizintechnischen Fortschritts zu relativieren, sind Kirchen und Theologen aufgefordert, in der säkularen Gesellschaft zu verdeutlichen, welche Bedeutung sie für die Humanität einer Gesellschaft haben. Vor allem aber hätten sie daran zu erinnern, dass der Fortschritt zum Leben ohne Sünde, Krankheit und Tod und zum Heil des Menschen sich nicht auf der Ebene der vielen technischen Fortschritte vollzieht, sondern dass er Gottes Handeln und Wirken vorbehalten bleibt, und ebenso daran, dass die medizintechnische Bekämpfung von Krankheiten nur eine Form des Umgangs mit Krankheiten ist, dass der Mensch aber auch bereit und fähig bleiben muss, krankheitsbedingtes Leiden und den Tod zu ertragen und anzunehmen (vgl. Eibach 2013). Dazu hilft gerade die Einbettung in mitmenschliche Beziehungen, die darin erfahrene liebevolle Zuwendung und eine gute Pflege. Insbesondere für kranke Menschen, denen mit medizintechnischen Mitteln nur noch bedingt geholfen werden kann, ist es bedrohlich, wenn die Mittel im Gesundheitswesen in einseitiger Weise in die medizintechnische Bekämpfung von

Krankheiten investiert werden und gleichzeitig an den finanziellen und personellen Mitteln für eine menschenwürdige Pflege gespart wird. Die Entwicklung kann wieder zur Alternative von „Heilen“ oder „Töten“ derjenigen führen, die unheilbar und für die Gesellschaft angeblich nur eine Last sind. Schon jetzt machen die Defizite in einer menschenwürdigen Pflege insbesondere alten Menschen Angst und fördern die Zustimmung zur „aktiven Sterbehilfe“ (vgl. Eibach 2014a).

Literatur

Anselm, R. / Körtner, U. (Hg., 2003): Streitfall Biomedizin. Urteilsfindung in christlicher Verantwortung. Göttingen

Binding, K. / Hoche, A. (1920): Die Freigabe der Vernichtung lebensunwerten Lebens. Ihr Maß und ihre Form. 2. Aufl. 1922, Leipzig

Bonhoeffer, D. (1967): Ethik. 7. Aufl. München

Dalferth, I. U. / Jüngel, E. (1981): Person und Gottebenbildlichkeit. In: Böckle, F. (Hg.), Christlicher Glaube in moderner Gesellschaft, Bd. 14. Freiburg u. a., 87ff.

Deutsche Bischofskonferenz (DBK) und Rat der Evangelischen Kirche in Deutschland (EKD) u. a. (2011): Christliche Patientenvorsorge. Hannover

Eibach, U. (1976): Medizin und Menschenwürde. Ethische Probleme in der Medizin aus christlicher Sicht, 5. Aufl. 1997. Wuppertal

Eibach, U. (1998): Sterbehilfe – Tötung aus Mitleid? Euthanasie und ‚lebensunwertes‘ Leben. Wuppertal

Eibach, U. (2002): Gentechnik und Embryonenforschung – Leben als Schöpfung aus Menschenhand? Eine ethische Orientierung aus christlicher Sicht, 2. Aufl. 2005. Wuppertal

Eibach, U. (2005): Autonomie, Menschenwürde und Lebensschutz in der Geriatrie und Psychiatrie. Münster

Eibach, U. (2008): Medizinischer Fortschritt und die Krise der Ziele der Medizin. In: Ztschr. med. Ethik Jg. 54, 249ff.

Eibach, U. (2010): Biochemische und chirurgische Eingriffe ins Gehirn. In: Ztschr. med. Ethik Jg. 56, 219ff.

Eibach, U. (2013): Menschenwürdig sterben! Ist nur selbstbestimmtes Leben und Sterben menschenwürdig? In: Deutsches Pfarrerblatt 113. Jg., 152ff.

Eibach, U. (2014a): Tötungswünsche und Beihilfe zur Selbsttötung – Überlegungen aus der Sicht der Krankenseelsorge. In: Bormann, F.-J., Wetzstein, V. (Hg.), Gewissen. Dimensionen eines Grundbegriffs medizinischer Ethik. Berlin / Boston, 475ff.

Eibach, U. (2014b): Das Leben als Gabe und Aufgabe. Ethik der Gabe im Kontext einer Ethik der Fürsorge. In: Maio, G. (Hg.), Ethik der Gabe. Humane Medizin zwischen Leistungserbringung und Sorge um den Anderen. Freiburg i. Br., 232ff.

Evangelische Kirche in Deutschland (EKD) / Deutsche Bischofskonferenz (DBK, 1989): Gott ist ein Freund des Lebens. Herausforderungen und Aufgaben beim Schutz des Lebens. Gütersloh

Evangelische Kirche in Deutschland (EKD, 2002): Im Geist der Liebe mit dem Leben umgehen. Argumentationshilfe für aktuelle medizin- und bioethische Fragen. EKD Texte 71. Hannover

Evangelische Kirche in Deutschland (EKD, 2005): Sterben hat seine Zeit. Überlegungen

zum Umgang mit Patientenverfügungen aus evangelischer Sicht, EKD Texte 80. Hannover
Fischer, J. (2003): Wider die Selbstisolierung. In: Zeitschrift für Evangelische Ethik 47 (2003), 163ff.
Habermas, J. (2005): Zwischen Naturalismus und Religion. Philosophische Aufsätze. Frankfurt a. M.
Härle, W. (2010): Würde. Groß vom Menschen denken. München
Härle, W. (2011): Ethik. Berlin / New York
Honecker, M. (1990): Einführung in die theologische Ethik. Berlin / New York
Honecker, M. (1995): Grundriß der Sozialethik. Berlin / New York
Honecker, M. (2008): Gesundheit als höchstes Gut? Das sich wandelnde Verständnis von Heil und Heilung in der modernen Gesellschaft. In: Schäfer, D. u. a. (Hg.), Gesundheitskonzepte im Wandel. Stuttgart, 127ff.
Hoerster, N. (1998): Sterbehilfe im säkularen Staat. Frankfurt a. M.
Höver, G., Eibach, U. (2003): Die aktuelle Biomedizin aus der Sicht der christlichen Kirchen. In: Schiktanz, S. Tannert, C., Wiedemann, P. (Hg.), Kulturelle Aspekte der Biomedizin. Frankfurt a. M., 16ff.
Jens, W., Küng, H. (1995): Menschenwürdig sterben. Ein Plädoyer für Selbstverantwortung. München
Kant, I. (1785): Grundlegung der Metaphysik der Sitten. Kants gesammelte Schriften Bd. IV, Akademie-Ausgabe. Berlin 1911
Kreß, H. (2007): Medizinische Ethik, 2. Aufl. 2009, Stuttgart
Kreß, H. (2007): Präimplantationsdiagnostik. Ethische, rechtliche und soziale Aspekte. In: Bundesgesundheitsblatt Bd. 50, 157ff.
Lévinas, E. (1989): Humanismus des anderen Menschen. München
Mühling, M. (2012): Systematische Theologie. Ethik. Eine christliche Theorie vorziehenden Handelns. Göttingen
McIntyre, A. (2001): Die Anerkennung der Abhängigkeit. Über menschliche Tugenden. Hamburg
Nicosia, F. R., Huener, J. (Eds., 2002): Medicine and Medical Ethics in Nazi Germany. New York / Oxford
Nowak, K. (1978): „Euthanasie" und Sterilisierung im „Dritten Reich", 3. Aufl. 1988. Göttingen
Picker, E. (2002): Menschenwürde und Menschenleben. Das Auseinanderdriften zweier fundamentaler Werte als Ausdruck der wachsenden Relativierung des Menschen. Stuttgart
Ricœur, P. (1996): Das Selbst als ein Anderer. München
Schneider-Flume, G. (2002): Leben ist kostbar. Wider die Tyrannei gelingenden Lebens. Göttingen
Schumann, E. (2006): Dignitas – Voluntas – Vita. Überlegungen zur Sterbehilfe aus rechtshistorischer, interdisziplinärer und rechtsvergleichender Sicht. Göttingen
Siep, L. (1992): Praktische Philosophie im deutschen Idealismus. Frankfurt a. M.
Wetz, F. J. (1998): Die Würde des Menschen ist antastbar. Eine Provokation. Stuttgart
von Weizsäcker, V. (1947): „Euthanasie" und Menschenversuche. In: Gesammelte Schriften Bd. 7. Stuttgart, 91ff.

Orientierung am Patienten als Anliegen der Arztethik

Hartmut Kreß

Über das Arzt-Patient-Verhältnis wird seit der Antike nachgedacht. Dies wird beispielhaft am Schrifttum der hippokratischen Schule sichtbar. Insofern mag es verwundern, dass die Arzt-Patient-Beziehung in der geisteswissenschaftlichen akademischen Ethik sowie in der Medizin selbst in den zurückliegenden Jahrzehnten durchweg nur beiläufig eine Rolle spielte. Jedoch handelt es sich um eine Fragestellung, die große Aufmerksamkeit verdient – gerade auch in der Gegenwart. Aktuell werden das Gesundheitswesen und die ärztlichen Tätigkeiten oftmals einseitig an Maßstäben der Wirtschaftlichkeit und der technischen Effizienz bemessen. Hierdurch droht im Alltag des Gesundheitswesens überlagert zu werden, dass die Adressaten ärztlichen Handelns Patienten sind, die in ihrer Individualität, ihrer persönlichen Biographie und ihren sozialen und kulturellen Einbindungen zu verstehen sind. Nachfolgend wird das Anliegen einer patientenorientierten Medizin vor dem Hintergrund anthropologischer und ethischer Grundsatzreflexionen des 20. Jahrhunderts entfaltet. Dabei sind als gedanklicher Rahmen auch Impulse bemerkenswert, die im zurückliegenden Jahrhundert von der dialogischen Ethik des jüdischen Philosophen Martin Buber gesetzt worden sind.

1. Das Leitbild der patientenzentrierten Medizin

Im Jahr 1906 postulierte der Dermatologe Ernst Schweninger: „Die Ärzte sind der Kranken wegen da, nicht die Kranken um der Ärzte willen!" (Schweninger 1906, 78). Der prägnante Satz findet sich in seiner Monographie „Der Arzt", die in der von Martin Buber herausgegebenen Schriftenreihe „Die Gesellschaft" erschien. Schweninger war 1882 zum Leibarzt des Reichskanzlers Otto von Bismarck berufen worden. Medizinisch blieb er ein Außenseiter; medizinhistorisch erinnert eine nach ihm benannte Hautkrankheit an ihn (Haas / Barthelmes 2001, 349). In seinem Satz wandelte er ein Diktum aus dem Neuen Testament ab, dem in der jüdischen Antike ein religionskritischer Sinn zugekommen war: „Der Sabbat ist um des Menschen willen da und nicht der Mensch um des Sabbats willen" (Mk 2,27). Dem alten Diktum zufolge besitzt der einzelne Mensch den Vorrang sogar vor religiösen Traditionen und vor kultischen Geboten. Die neuere Wirkungsgeschichte des Sabbatwortes ist bemerkenswert. So wurde es zum

Beispiel aufgegriffen, um die Mittelpunktstellung des einzelnen Menschen in der Rechtsordnung und im Staat zu verdeutlichen. Im Jahr 1948 legten die Ministerpräsidenten der westdeutschen Länder für das Nachkriegsdeutschland den Herrenchiemseer Entwurf als Modell einer neuen Staatsverfassung vor. An die Spitze rückten sie die Formulierung: „Der Staat ist um des Menschen willen da, nicht der Mensch um des Staates willen." Davon abgesehen war schon im frühen 20. Jahrhundert die zitierte medizinethische Pointierung anzutreffen, der Arzt sei um des Kranken willen da. Schweninger selbst meinte, er habe hiermit zugleich das hippokratische Arztethos ins Gedächtnis rufen wollen, für das galt: „salus aegroti suprema lex" / Das Wohl des Kranken soll für den Arzt das höchste Gesetz sein. Modern ausgedrückt: Im Zentrum ärztlicher Ethik haben der Gesundheitsschutz und die gesundheitliche Versorgung der Patienten zu stehen.

Nun gehört Gesundheit zu den Leitbegriffen der Ethik und der Rechtsordnung, die unbestimmt, d. h. deutungsoffen, klärungs- und definitionsbedürftig sind. Das Spektrum seiner Bedeutungen zeigt sich anhand der Menschenrechtskonventionen, die den Schutz der menschlichen Gesundheit zum Grundrecht erhoben haben. Im Internationalen Pakt der Vereinten Nationen über wirtschaftliche, soziale und kulturelle Rechte vom 19.12.1966 heißt es in Artikel 12: „Die Vertragsstaaten erkennen das Recht eines jeden auf das für ihn erreichbare Höchstmaß an körperlicher und geistiger Gesundheit an." Andere Menschenrechtskonventionen haben dieses Grundrecht – ein Schutz- und Abwehr-, aber auch ein Anspruchs- und Leistungsrecht – gruppenspezifisch ausdifferenziert. Die UN-Kinderrechtskonvention von 1989 brachte es in Artikel 24 zugunsten von Kindern, die UN-Behindertenrechtskonvention von 2006 in Artikel 25 zugunsten von Menschen mit Behinderung zur Sprache. Darüber hinaus ist der Gesundheitsschutz fachmedizinisch zu spezifizieren, z. B. in Bezug auf die reproduktive oder die psychische Gesundheit. Dass die psychische Gesundheit ein wesentliches Teilelement des Gesundheitsbegriffs und -schutzes bildet, ist durch neuere epidemiologische Studien verdeutlicht worden und findet inzwischen breite, auch gesundheitspolitische Beachtung.

Anthropologisch sind die objektive und die subjektive Komponente von Gesundheit auseinanderzuhalten. Einerseits lassen sich der Gesundheitsstatus eines Menschen bzw. seine Erkrankung diagnostisch-objektivierend, von außen her betrachten. Andererseits besitzen Menschen hierzu ihre persönliche Perspektive. Was Kranksein oder was Gesundheitsschutz für einen Einzelnen konkret besagt, hängt von seiner Lebenssituation und seinen Erfahrungen ab. Ein statistisch durchschnittlich gesunder Erwachsener in mittleren Lebensjahren versteht unter Gesundheit oder Krankheit anderes als ein unter chronischem Schmerz leidender älterer Patient oder als ein genetisch belasteter, dem Ausbruch einer Amyotrophen Lateralsklerose, einer Chorea Huntington- oder einer Parkinson-Erkrankung entgegensehender Mensch oder als ein auf ein Spenderorgan angewiesener Dialysepatient. Wenn Menschen sich zu ihrer Gesundheit äußern,

spielen neben situativen, biographischen oder familiären Faktoren oftmals kulturelle Prägungen und die persönliche Lebensanschauung und Religiosität eine Rolle.
Dies alles ist für das Verhältnis aufzuarbeiten, das zwischen Arzt und Patient besteht. Kulturgeschichtlich hat sich die Arzt-Patient-Beziehung immer wieder verändert. Während der Arzt in der Antike oder im Mittelalter als Erzieher, als karitativer Helfer oder auch als tugendhafter Freund beschrieben wurde (Maio 2012, 111ff.), fiel ihm seit der naturwissenschaftlich-empirischen Wende der Medizin im 19. Jahrhundert eine andere Funktion zu. Er wurde wesentlich zum medizinisch-technischen Experten oder zum „homo faber", der den Patienten analytisch-diagnostisch betrachtet und sein Augenmerk auf die medizinische Anamnese, den objektiven Krankheitsbefund richtet. In unserer eigenen Gegenwart sind das Arztbild und die Arztrolle neu zu durchdenken. Dabei ist wichtig, dass Patienten mehr als bloßes Objekt von Diagnose und Therapie sind. Vielmehr sind sie in ihrer Biographie, ihrer Individualität und in ihrer persönlichen, subjektiven Sicht von Gesundheit und Krankheit wahrzunehmen. Für das Verhältnis von Arzt und Patient ergibt sich hieraus das Leitbild einer therapeutischen Allianz oder einer gesundheitsbezogenen Verantwortungspartnerschaft, so dass es gilt, die moderne naturwissenschaftlich-analytische Konzeption der Medizin im Sinn einer „Patient-centered care", einer patientenorientierten oder patientenzentrierten Medizin fortzuentwickeln.

2. „Anthropologische Medizin" auf der Basis dialogischer Ethik

Solche neueren Bemühungen können an Denkanstöße anknüpfen, die im Lauf des 20. Jahrhunderts allmählich zum Zuge gebracht worden sind. In die Richtung einer patientenorientierten Medizin zielte 1906 das eingangs erwähnte Wort Ernst Schweningers: „Die Ärzte sind der Kranken wegen da, nicht die Kranken um der Ärzte willen!". Zwei Jahrzehnte später entwickelte der Heidelberger Neurologe und Psychosomatiker Viktor von Weizsäcker ein Denkmodell, das sich konsequent am Patienten ausrichtete. In seinem Aufsatz „Der Arzt und der Kranke" legte er 1926 dar, es komme darauf an, einen Patienten im Horizont seiner individuellen Biographie zu sehen, zu ihm eine personale Beziehung aufzubauen und das persönliche Gespräch zu suchen. Für den Arzt solle die „Biographik", die „biographische Methode" maßgebend sein. Zwischen Arzt und Patient existiere ein „Erschließungsgeschehen": Der „Anfang ist eine biographische Szene und ist zuerst ein Gespräch". Der Arzt habe den Patienten in seiner Lebens- und Krankheitsgeschichte, seiner Geschichtlichkeit und Zeitlichkeit zu sehen und sich zu fragen: „Was wird dieser Mensch?" Eine Krankheit lasse sich als Lebenskrise begreifen, die zur „Wandlungskrise" werden könne, falls der Patient sie innerlich verarbeite. Dieser könne aus ihr innerlich gestärkt mit einem

„existentiellen Sprung“ herausgehen. In der Arzt-Patient-Beziehung sei grundsätzlich nicht der Arzt, sondern der Patient das eigentliche Subjekt (Zitate: vgl. Kreß 2009, 26f. Ausführlicher zur anthropologischen Medizin: Hartmann 2008). Hiermit entwarf von Weizsäcker ein personales sowie prozessuales Bild von Gesundheit bzw. Krankheit, welches die leibliche und die seelische, geistige Seite des Patienten einschloss und die Krankheit im Licht persönlicher Einstellungen interpretierte. Sein Denkansatz leidet freilich unter Einseitigkeiten. So leitete er somatische Krankheiten geradezu monokausal aus psychischen Belastungen oder aus der biographischen Vergangenheit ab, indem er den Bluthochdruck eines Patienten aus chronisch unterdrückter Wut oder eine Gelbsucht mit Hilfe von Neid und Eifersucht erklärte. In seiner „Pathosophie“ schrieb er überdies, „jede [!] Erkrankung“ hänge mit „unbewußter Schuld“ zusammen. Auf diese Weise verschränkte er Krankheit mit Sünde oder Schuld – was als ein äußerst problematischer Gedanke zu bewerten ist. Denn ein solcher Ansatz droht Patienten zusätzlich zu ihrem Krankheitsschicksal noch mit moralischen oder religiösen Vorwürfen zu belasten und sie „doppelt unglücklich“ zu machen: Der Patient „hat nicht nur eine ernste Krankheit, er ist gleichzeitig ihr schuldiger Verursacher“ (Engelhardt 2009). Eine derartige Deutung von Krankheit als Strafe, die sich therapeutisch hemmend auswirkt, ist religionsgeschichtlich tief verwurzelt, kehrte auch im 20. Jahrhundert immer wieder und ist heute noch anzutreffen. Der katholische Theologe Karl Rahner ging so weit, Krankheit als „Sichtbarwerden der Macht der Sünde und des Teufels“ zu bezeichnen (Rahner 1963, 70). Doch von dieser speziellen inhaltlichen Problematik abgesehen (vgl. auch Etzelmüller 2009): Was von Weizsäcker selbst anbelangt, so hat er die Heilkraft des Arztes und die interpersonale Arzt-Patient-Beziehung geradezu überhöht. Er erklärte den Arzt und den Patienten zum „bipersonellen Menschen“ und meinte zum ärztlichen Umgang mit Schmerzen: „Die Heilbehandlung besteht ja nur [!] in einer Berührung zweier Menschen“ (von Weizsäcker 1926, 315).

Andere ärztliche Vordenker der „Heidelberger Schule“, der von Weizsäcker zugerechnet wird, wie Richard Siebeck oder der Philosoph und Psychiater Karl Jaspers haben die Spekulationen eines derartigen psychosomatischen und psychogenetischen Krankheitsbildes nicht geteilt (vgl. Engelhardt 2011a). Gleichwohl bleibt für die arztethischen Reflexionen des 20. Jahrhunderts bemerkenswert, dass von Weizsäcker an der interpersonalen, intersubjektiven Dimension der Arzt-Patient-Beziehung interessiert war. Um den Kern seines Denkansatzes zu erfassen, empfiehlt es sich, die dialogische Ethik aufzugreifen, die von dem Philosophen Martin Buber stammt. Viktor von Weizsäcker war seinerseits von der Dialogphilosophie Bubers beeinflusst gewesen. Die Zeitschrift „Die Kreatur“, in der er seinen Aufsatz „Der Arzt und der Kranke“ publiziert hatte, war von Buber initiiert worden.

Buber hatte in den 1920er Jahren für die philosophische Anthropologie einen Paradigmenwechsel eröffnet. Er ließ den philosophischen Idealismus Immanuel

Kants hinter sich, dem zufolge der einzelne Mensch seine Würde und seine Subjektstellung aus seiner Vernunftexistenz, seiner Teilhabe an der universalen Vernunft gewinnt. Darüber hinaus überschritt er den abendländischen Dualismus – repräsentiert vom Platonismus, von christlichen Überlieferungen und in der Neuzeit im Cartesianismus und im Idealismus wiederkehrend –, der Leib und Seele voneinander abhob und die körperliche Existenz als anthropologisch nachrangig bewertete. Stattdessen entfaltete er ein ganzheitliches Menschenbild, das die geistige und leibliche Seite der Existenz integrierte und interpersonal angelegt war. Ausgehend von der Einsicht „Die fundamentale Tatsache der menschlichen Existenz ist der Mensch mit dem Menschen" (Buber 1971, 164) analysierte er die Phänomene der menschlichen Begegnung und deutete Ethik als „Antwort auf das Du". Dem Mitmenschen ist Würde und Eigenwert nicht allein aufgrund seiner Vernunft, seines Geistes zu eigen, sondern weil er ein leiblich begegnendes „Du" und eine Individualität ist, die von bloßen Objekten oder Gegenständen, dem „Es", kategorial abzuheben ist.

Ethisch heißt dies, dass der eine, das Ich, dem anderen als dem Du in seiner jeweiligen Situation und den konkreten Umständen gemäß gerecht werden soll. Zur Verdeutlichung entfaltete Bubers Dialogphilosophie Kriterien, an denen sich die Dynamik der mitmenschlichen Begegnung und ein gelingendes Gespräch normativ bemessen lassen. Hierzu gehören die „Unmittelbarkeit", der gemäß das Ich aufgefordert ist, sich dem Mitmenschen unverstellt und unvoreingenommen zuzuwenden, oder die „Ausschließlichkeit". Letztere zielt darauf ab, dass das Ich den jeweils anderen in seiner individuellen Identität erfasst. Sodann hob Buber die „Wahrhaftigkeit" dem anderen gegenüber, die „personale Vergegenwärtigung", die „Realphantasie", die „Rückhaltlosigkeit" und das „Vertrauen" hervor. Für den zwischenmenschlichen Dialog ist es wesentlich, dass ich mich in die Erwartungshaltungen und in die Vorstellungswelt meines Gegenübers hineinversetze, den Denk- und Wertehorizont des anderen aus seiner Perspektive wahrnehme und mir die Wirkung meiner eigenen Person aus dessen Sicht vor Augen führe. Im Verhältnis von Mensch und Mitmensch kommt es auf die „Akzeptation", auf materiale Toleranz und auf „Gegenseitigkeit" bzw. Reziprozität an. Phänomenologisch legte Buber dar, dass sich Interpersonalität keineswegs nur im Wortwechsel oder aktiven Handeln erschöpft, sondern sich auch durch beredtes Schweigen oder beim Blickwechsel ereignet (vgl. Kreß 1985, 173–185).

Die Dialogik Bubers ist im 20. Jahrhundert in der Reformpädagogik und in der Psychotherapie rezipiert worden. Wie schon an den Überlegungen von Weizsäckers ablesbar wird, lässt sie sich ebenfalls für die Arzt-Patient-Beziehung auswerten. Übersetzt man ihre Intentionen in heutige medizinische Terminologie, dann ist die Kommunikation des Arztes mit dem Patienten im Rahmen der ärztlichen Behandlung als unspezifischer Wirkfaktor oder als ein hilfreiches Placebo zu beschreiben. Dies ist nun näher darzulegen.

3. Das ärztliche Gespräch als nützliches Placebophänomen

Neben der fachlichen Diagnostik und der lege artis, nach dem Stand der Wissenschaft durchgeführten Therapie sind die Information und Aufklärung des Patienten fester Bestandteil einer ärztlichen Behandlung. Erst nachdem diese erfolgt sind und die informierte Zustimmung, der informed consent des Patienten vorliegt, können Medikamente eingesetzt oder darf eine Operation in Gang gebracht werden. Gegebenenfalls ist der Arzt ferner zum Beispiel verpflichtet, den Patienten über wirtschaftliche Aspekte einer Behandlung, die Kosten und die Möglichkeiten der Kostenerstattung zu unterrichten (vgl. Katzenmeier 2012). In unserem Zusammenhang ist von Belang, dass das Gespräch, das der Arzt mit einem Patienten führt, *als solches* zu den behandlungsrelevanten Kontextfaktoren zählt. Gelingt die Gesprächsführung des Arztes in zwischenmenschlicher Hinsicht, vermag dies einen Placebo-Effekt zu erzielen, der sich auf das gesundheitliche Wohl, auf die physische und die psychische Situation des Patienten positiv auswirkt.

Das Wort „Placebo“ ist auf die lateinische Übersetzung des alttestamentlichen Psalms 116,9 zurückzuführen („placebo domino in regione vivorum“ / ich werde dem Herrn im Lande der Lebenden gefallen). Im 12. Jahrhundert wurde das Wort im englischen Sprachgebrauch für die gesungene Totenandacht verwendet. Heute besitzt es oftmals einen negativen Beiklang. Die negativen Assoziationen haben eine alte Wurzel darin, dass Trauergäste ehemals dafür bezahlt wurden, diese Totenandacht zu vollziehen; sie waren Schein- oder Ersatztrauernde. Im 14. Jahrhundert wurde das Wort dann in einem weltlichen Sinn benutzt: „to sing a placebo“ als Synonym für Schmeicheleien. Seit dem 17. Jahrhundert wurde es medikalisiert. Es umschrieb Medikamente, die dem Patienten einen Dienst erweisen sollen, ohne dass der Arzt hiervon einen spezifischen Therapieeffekt erwartete. Die Gabe von Placebos war eine Gefälligkeit des Arztes gegenüber dem Patienten (vgl. Oeltjenbruns / Schäfer 2008, 447).

Heute fasst man unter den Begriff des Placebo pharmakologisch unwirksame Substanzen, die in der medizinischen Forschung und in klinischen Studien verwendet werden. Allerdings können sie medizinisch durchaus positive Effekte erzeugen. Der Nutzen einer ärztlichen Behandlung setzt sich durchgängig aus einem Verum- und einem Placebo-Anteil zusammen. Je nach Krankheit und Behandlung variiert es, welchen Stellenwert die Medikamente besitzen, die als direkt wirksam gelten, und welcher Anteil Placebo-Medikationen oder sonstigen Maßnahmen zukommt. Über die Wirkung von Placebos ist im Einzelfall zwar keine Prognose möglich. Empirische, sozialwissenschaftliche und neurobiologisch angelegte Studien belegen aber, dass Placebos faktisch nützlich sind. Umgekehrt erzeugen sie im Problemfall als Nocebos auch Schaden.

Gesundheitsdienliche Placeboeffekte gehen freilich nicht allein von Medikamenten aus, sondern beruhen ebenfalls auf dem Verhalten des Arztes und der

Qualität der Arzt-Patient-Beziehung. Daher thematisiert die umfangreiche Ausarbeitung, die der Wissenschaftliche Beirat der Bundesärztekammer 2010 über Placebos vorlegte, als Teilaspekt die Arzt-Patient-Beziehung, das „therapeutische Setting". Der Bundesärztekammer zufolge kommt einer gelingenden Verantwortungspartnerschaft und einem ertragreichen Gespräch von Arzt und Patient eine Placebowirkung zu, die dem Patienten – zu ergänzen ist: je nach Fallkonstellation, z. B. bei palliativen Begleitungen, auch den Angehörigen – existentiell nutzen und die Therapie stützen. Die Studie macht auf Einzelfaktoren aufmerksam, unter ihnen die Empathie des Arztes, seine psychosoziale Kompetenz, sein Zuhörenkönnen und seine Bereitschaft zu antworten, die Verständlichkeit und Gründlichkeit seiner Information, die Zeit, die er sich für den Patienten nimmt, sowie seine Geduld, den Blickkontakt zum Patienten, d. h. neben der verbalen die nonverbale Kommunikation, oder das wechselseitige Loyalitätsverhältnis (vgl. Bundesärztekammer 2011, 157–176).

Ein von Vertrauen getragenes Arzt-Patient-Gespräch fördert die compliance bzw. die Adhärenz des Patienten. Mentalistisch lässt sich der positive Placeboeffekt, den die Kommunikation von Arzt und Patient und die Macht des Wortes mit sich bringen, aus der Befindlichkeit des Patienten und seiner Erwartungshaltung gegenüber dem Arzt erklären. Im besten Fall vermag die kommunikative Zuwendung des Arztes einen Patienten zu motivieren, durch eigene Verhaltensänderungen aktiv zur Wiederherstellung seiner Gesundheit beizutragen. Umgekehrt können das abweisende Auftreten und die Verweigerung des Gesprächs durch den Arzt Noceboeffekte auslösen und therapeutisch kontraproduktiv sein: „In diesem Fall kommt es durch Erwartung und Erfahrung zu einer Verschlechterung des Befindens" (Bundesärztekammer 2010, A1418; vgl. Engelhardt 2004; Kentenich / Pietzner 2011).

4. Ärztliche Gesprächsführung und Authentizität

In der Substanz sind es die in Bubers Dialogphilosophie entfalteten Elemente des Zwischenmenschlichen – Wahrhaftigkeit, personale Vergegenwärtigung, Realphantasie, Rückhaltlosigkeit, Vertrauen, Akzeptation –, die sich medizinisch als Unterstützung des Patienten, d. h. als nützliche Placebophänomene erweisen. Sie stellen einen Begleitumstand dar, der die fachlich-medizinische Expertise in der Diagnostik und in der Therapie konstruktiv ergänzt. Wenn man die Begriffsbildung aufgreift, die sich bei Buber selbst findet (vgl. Buber 1973, 293ff.), sind noch weitere Aspekte zu nennen. Wesentlich ist es, dass der Arzt zu einem „echten" oder „authentischen" Dialog mit dem Patienten bereit ist. Er sollte mit ihm nicht nur einen „fiktiven" oder „technischen" Dialog führen und sich keinesfalls zu einem „dialogisch verkleideten Monolog" verleiten lassen. Für Ärzte ist es immer wieder eine schwierige Aufgabe, einem Patienten einen belastenden Krankheitsbefund oder eine niederdrückende Prognose mitzuteilen. Die „Wahrheit" zu sagen, bedeutet für den Arzt aber nicht nur, den Patienten sachlich korrekt zu informieren, so dass es um Wahrheit als Satz- oder Begriffswahrheit im Sinn der Korrespondenztheorie geht. Vielmehr ist zusätzlich die prozessuale oder kommunikative Seite von Wahrheit ernst zu nehmen, aufgrund derer Wahrheit als interpersonales Geschehen zu deuten und sie an der intersubjektiven Beziehungsqualität zu bemessen ist. Darüber hinaus sollte der Arzt die subjektive Dimension von Wahrheit beachten, nämlich seine moralische Verpflichtung auf Wahrheit als „Wahrhaftigkeit" im Sinn persönlicher Authentizität und Glaubwürdigkeit.

Dies steht in Kontrast dazu, dass Mediziner im 20. Jahrhundert in die Rolle des naturwissenschaftlich-technischen Experten, des „homo faber" gerieten. Verschärfend kommt heute hinzu, dass die Strukturen der Gesundheitsversorgung für Patienten unübersichtlich geworden sind. Aufgrund von Ökonomisierung und Wettbewerbsdruck im Gesundheitswesen und von Zeitknappheit bei Ärzten und Pflegepersonal ist der medizinische und klinische Alltag in hohem Maß depersonalisiert bzw. entpersönlicht. Umso belangvoller ist es, den kommunikativen Komponenten der gesundheitlichen Versorgung, namentlich dem ärztlichen Gespräch, wieder einen höheren Stellenwert zuzugestehen. Dies tritt noch pointierter zutage, wenn man sich zum Vergleich vor Augen führt, auf welche Resonanz zurzeit die alternative Medizin stößt.

5. Alternative Medizin – in ihrer interpersonalen Dimension für die Schulmedizin lehrreich

Bei Patienten finden Homöopathie, Anthroposophie, Pflanzenmedizin, Akupunktur und die Vielzahl weiterer Spielarten alternativer oder komplementärer Medizin großen Anklang. Zwar sind die Homöopathie mit ihrem Ähnlichkeitsgrundsatz „Similia similibus curantur" und der These, Heilmittel würden durch Verdünnung potenziert, sowie weitere alternativmedizinische Behandlungsansätze auf der Basis naturwissenschaftlicher Plausibilität und Evidenz hochgradig anfechtbar. Mit kritischem Akzent ist sie als „ein sehr komplexes nichtreligiöses Glaubenssystem" zu bewerten (Engelhardt 2011b, 83). Politisch wurden im Jahr 2010 in Großbritannien starke Vorbehalte erhoben, die sich auf die öffentliche Finanzierung der Homöopathie bezogen (vgl. House of Commons 2010). Die Problematik wird ebenfalls in der Bundesrepublik Deutschland erörtert. Einem 2011 ergangenen Urteil des Bundessozialgerichts zufolge darf die Homöopathie von Wirkstoffprüfung und vom Wirtschaftlichkeitsgebot nicht ausgenommen werden. Von Seiten naturwissenschaftlicher Medizin und Pharmakologie wird methodisch ihre Szientabilität bestritten. Dennoch sehen Patienten in ihr eine ganzheitliche Alternative zur technologiegetriebenen konventionellen Medizin und einen Ausweg aus der „Erosion medizinischer Versorgungsstrukturen". Die Popularität alternativmedizinischer Behandlungen beruht wesentlich auf ihren Placeboeffekten, namentlich auf dem Kontexteffekt, der aus dem Zeitaufwand des Arztes, seiner Gesprächsbereitschaft und seiner affektiven Zuwendung zum Patienten resultiert. Patienten erleben dort einen „stärkeren Einbezug auch persönlicher Probleme aus der Familie und dem Berufsleben. Bereits der zeitliche Umfang des persönlichen Kontaktes beim Alternativtherapeuten wird doppelt so hoch eingeschätzt wie beim Schulmediziner" (Robert Koch-Institut 2002, 23). Gerade auch bei schweren, unheilbaren Krankheiten wird alternative Medizin nachgefragt, um die konventionelle schulmedizinische Behandlung zu ergänzen (vgl. Heese et al. 2010; Läengler et al. 2010). Wohltuende Placeboeffekte sind für Schmerzen, Depression oder die Parkinson-Krankheit beschrieben worden. Dass sich mit alternativer Medizin, z. B. Akupressur oder ätherischen Ölen, der subjektive Leidensdruck mildern und hilfreiche menschliche Zuwendung zum Ausdruck bringen lässt, zeigt sich ferner beim pflegerischen Umgang mit Sterbenden (Wellens-Mücher 2011; Luz-Bißmaier 2011).

Andererseits wurde bei Onkologiepatienten die Tumorprogression nicht beeinflusst. Bei Patienten mit Bewusstseins- oder kognitiven Einschränkungen, unter Narkose oder bei Alzheimer-Demenz ließ sich keine positive Placebowirkung beobachten. Zudem führt die „versteckte Verabreichung eines Placebos … zu keiner Placeboantwort". Daher ist zur alternativen Medizin die Bilanz zu ziehen: „Der Patient muss wissen, dass er behandelt wird" (Oeltjenbruns / Schäfer 2008, 452; vgl. Haustein 2004). Die von ihr insbesondere durch die Arzt-Patient-Kommunikation erzielten Placeboeffekte betreffen weniger die Krankheit als objektivierbare klinische Funktionsstörung („disease"), sondern vielmehr das subjektive Empfinden bzw. die Krankheit als „illness".

Es liegt an der naturwissenschaftlichen Medizin, diese Beobachtung konstruktiv aufzugreifen. Wenn „eine schulmedizinisch richtige Therapie von einem kommunikativ begabten Arzt verordnet wird, addieren sich günstige Placebo- zu den spezifischen Wirkungen" (Engelhardt 2004, 1940; vgl. Gaßner / Strömer 2014). Aufgrund von Sachzwängen und Zeitdruck sind Ärzte im heutigen medizinischen Alltag zwar oftmals kaum in der Lage und manchmal auch gar nicht willens, Patienten ausreden zu lassen oder zeitintensivere Gespräche mit ihnen zu führen (vgl. Bundesärztekammer 2011, 165). Eine pragmatische Ursache ist die Honorarordnung. Die Gesundheitspolitik hat es bislang sogar versäumt, ein adäquates Honorar dafür einzuführen, dass Ärzte Patienten ausführlich beraten, wenn es um eine Patientenverfügung geht (vgl. Bickhardt 2012, 57ff.). Allerdings kommt es nicht immer nur auf die Quantität an Zeit an, die ein Arzt für ein Patientengespräch aufwendet. Auch in einem zeitlich knapp bemessenen Gespräch ist die qualitative Dimension wichtig, nämlich das Bemühen des Arztes um Empathie und um eine dialogische Gesprächsführung. Hierdurch zeigt er dem Patienten, dass er ihn als personales Gegenüber wertschätzt.

In dieser Hinsicht sind die Kriterien des dialogischen Gesprächs, die Buber entwickelt hat, unverändert bedeutsam. Die Impulse, die seine Dialogphilosophie setzte, sind heute sodann noch in einer weiteren Perspektive aufzugreifen. Für ihn war tragend, dass jeder Mensch in seiner Individualität und damit auch in seinem jeweiligen Anderssein, seinem biographischen So-Sein zu respektieren ist. Auf dieser Basis hatte er bereits im frühen 20. Jahrhundert zu religiöser Toleranz aufgerufen (vgl. Buber 1926). Heute ist das Postulat der Toleranz speziell für die Arzt-Patient-Beziehung fruchtbar zu machen. In unserer Gesellschaft ist ein Grad an weltanschaulicher und religiöser Pluralisierung eingetreten, der kulturgeschichtlich neuartig ist. In der Bundesrepublik Deutschland bilden die Menschen ohne Konfessions- oder Religionszugehörigkeit die größte Teilgruppe (ca. 35 %). Der römisch-katholischen oder den evangelischen Kirchen gehören mit weiter abnehmender Tendenz jeweils weniger als 30 % an. Unter den sonstigen Religionen kommt den islamischen Strömungen der größte Anteil zu. Zusätzlich ist innerhalb der Weltanschauungen und Religionen selbst ein sehr hoher Grad an Binnendifferenzierung und Individualisierung anzutreffen.

6. Kultureller und religiöser Pluralismus – Herausforderung im Gesundheitswesen

Diese weltanschaulich-religiöse Pluralisierung kehrt sowohl bei Ärzten wie auch bei den Patienten wieder. Unter den Ärzten zeigt sich die Pluralität von Wertüberzeugungen exemplarisch an ihren heterogenen Einstellungen zu Sterbehilfe und Sterbebegleitung (vgl. z. B. van den Daele 2012, 79). Persönliche religiöse Überzeugungen der Ärzte fließen unter Umständen unbewusst und unreflektiert in ihre Entscheidungen und ihr Verhalten gegenüber Patienten ein, die dem Tod entgegengehen (vgl. Bülow et al. 2008, 427; Seale 2010).

Bei Patienten ist ebenfalls ein Spektrum von Lebens- und Weltanschauungen vorhanden, das sehr weit gespannt und völlig heterogen ist (vgl. Mönter 2007). Aufgrund ihrer Persönlichkeitsrechte und ihrer Gewissens-, Religions- und Weltanschauungsfreiheit haben sie sowohl ethisch als auch juristisch das gute Recht, über ihre Gesundheit, ihren Umgang mit Krankheit und mit dem Sterben im Horizont ihrer jeweils eigenen, höchstpersönlichen Wertüberzeugungen zu entscheiden. Ärzte sollten ihrerseits in der Lage sein, sich die Anschauungen der Patienten zu vergegenwärtigen und kultursensibel auf sie einzugehen. Daher sollten sie über bestimmte Konventionen (z. B. kulturelle Unüblichkeit eines Händedrucks) oder über religiös-kulturell bedingte Schamgefühle Bescheid wissen (etwa bei Patientinnen muslimischer Herkunft in der Gynäkologie) und gegenüber kulturellen oder religiösen Werten ihrer Patienten tolerant sein. Im Krankheitsfall vermag eine religiöse Überzeugung zur psychischen Stabilisierung des Patienten und zur sozialen Unterstützung durch seine jeweilige religiöse

Gemeinschaft beizutragen. Für das coping, die Bewältigung von Konflikten und von Krankheitslasten kann sie hilfreich sein („positives coping").
Dies besagt freilich nicht, ein Arzt müsse die Anschauungen des Patienten inhaltlich stets nachvollziehen oder seinem Willen bedingungslos Folge leisten. Schon Buber hatte betont, dass Toleranz keineswegs immer eine „Billigung" dessen impliziert, was der andere jeweils meint und sagt (vgl. Kreß 1985, 177). Der Arzt darf und soll gedanklich Distanz wahren. Unter Umständen ist er sogar verpflichtet, Schranken zu setzen. In der Gegenwart haben Ärzte immer wieder eine Gratwanderung zwischen der Achtung vor dem Patientenwillen einerseits und notwendiger Grenzziehung andererseits zu vollziehen: angesichts wunscherfüllender Medizin, kosmetischer Chirurgie, Strategien des enhancement oder auch des Wunsches eines Patienten nach Chemotherapie, die ärztlich nicht mehr indiziert ist (vgl. Alt-Epping / Nauck 2012). Eine Gratwanderung ist manchmal ebenfalls in Anbetracht religiöser oder weltanschaulich-kultureller Vorstellungen erforderlich. Im Problemfall löst eine religiöse Bindung Fatalismus, vorschnelle Ergebung in das Schicksal oder zusätzliche psychische Belastungen aus, z. B. wenn Krankheit oder Depression als Zeichen der Strafe Gottes empfunden werden. Religion wird dann zum therapeutisch hinderlichen Faktor und belastet die Bewältigung der Krankheit („negatives coping") (vgl. Murken / Reis 2011, 324; Brusdeylins 2014, 15f.). Der Arzt wird überdies auf jeden Fall dann Grenzen zu ziehen haben, wenn es um den Schutz Dritter geht. Gegebenenfalls hat er Nein zu sagen – etwa wenn ein Ehemann türkischer oder muslimischer Herkunft seiner Frau um der zügigen Erzeugung von Nachkommen willen eine In-vitro-Fertilisation vorschnell aufnötigt. Derartige Grenzziehungen ergeben sich aus dem positiven Recht und aus dem ordre public.
Grundsätzlich ist im Rahmen einer patientenzentrierten Medizin jedoch anzustreben, kulturell oder religiös bedingte Eigenarten, die Probleme aufwerfen, mit Hilfe von Dialog und Überzeugungsarbeit zu bewältigen. Um ein Beispiel herauszugreifen, das mit dem Lebensende zu tun hat: Bis heute ist für muslimische Patienten sowie ihre Angehörigen die Idee der Allmacht Gottes leitend. Das menschliche Leben sei Gottes Eigentum, über das der Mensch nicht verfügen dürfe. Für Muslime ergeben sich hierdurch noch heute auch im säkularisierten Kontext der hiesigen Gesellschaft Vorbehalte sogar gegen passive Sterbehilfe, das Sterben-Lassen. Im klinischen Alltag kann es hilfreich sein, bei Meinungsdifferenzen, die in solchen Fällen zwischen Ärzten einerseits, muslimisch geprägten Patienten oder Angehörigen andererseits auftreten, Dritte als Vermittler einzubeziehen oder auch einen Imam zu Rate zu ziehen, um westliche medizinische und ethisch-rechtliche Gesichtspunkte sowie islamische Einschätzungen in einen Ausgleich zu bringen (vgl. Ilkilic 2008; Lisson 2014). Das dialogische Arzt-Patient-Verhältnis wird hiermit zum Trialog erweitert.
Hiervon abgesehen ist zu bedenken, dass bei vielen Menschen in der säkularisierten westlichen Gesellschaft die im engen Sinn konfessionellen Bindungen

zunehmend zurücktreten, ohne dass deshalb – wie auch die Weltgesundheitsorganisation sowie humanistische Verbände darlegen – spirituelle Begleitung als solche bedeutungslos würde. Vor diesem Hintergrund werden künftig Konzepte interkultureller, religiös-weltanschaulich übergreifender und auch neutraler Seelsorge zu entwickeln sein. Dies gilt ferner deswegen, weil die Kirchen in der Bundesrepublik Deutschland häufig nicht mehr in der Lage oder bereit sind, die konfessionell getragene Seelsorge in Krankenhäusern zu finanzieren. Aufgrund des sozioreligiösen gesellschaftlichen Wandels zeichnet sich für Kliniken die Aufgabe ab, anstelle der herkömmlichen konfessionellen Struktur vermehrt religions- und weltanschauungsübergreifend Seelsorge zu organisieren. – Abschließend ist auf arztethische Aspekte zurückzukommen.

7. Resümee zur patientenzentrierten Medizin

Ein Kernproblem des Umgangs mit Patienten bildet derzeit der Zielkonflikt zwischen Ökonomie und Gesundheitsschutz, der für das Gesundheitswesen charakteristisch geworden ist. Insbesondere Ärzte geraten in die Zwickmühle, faktisch zu Rationierungsbeauftragten des Gesundheitswesens zu werden und den Sachzwängen der technisierten Medizin und der Ökonomisierung ausgesetzt zu sein, obwohl sie eigentlich auf das Patientenwohl verpflichtet sind. Patienten können und sollen sich ihrerseits auf die Patientenautonomie und auf ihr Recht auf Selbstbestimmung berufen. Für sie entsteht jedoch das Dilemma, einerseits als rational agierende Klienten des Gesundheitssystems und als Kunden der Ärzte zu gelten. Andererseits herrscht in der konkreten Situation der Krankheit zwischen ihnen und den Ärzten ein Machtgefälle, eine Asymmetrie. Der Patient gerät umständebedingt in die Lage der Unterlegenheit.

Angesichts dieses Geflechts unterschiedlicher, ja widerstreitender Faktoren ist das ärztliche Selbstverständnis und Rollenbild heute neu zu durchdenken. Eine patientenzentrierte Medizin führt zu praxis- und alltagsorientierten Schlussfolgerungen. Zu ihnen gehört, dass Ärzte nicht allein auf das Krankheitsbild und die Krankheitssymptome blicken, sondern den Patienten als individuelle Person wahrnehmen und ihn dazu befähigen sollten, auch bei komplexen Gesundheitsproblemen und in Anbetracht komplizierter medizinischer Sachverhalte, etwa in der Humangenetik oder der Fortpflanzungsmedizin, zu eigenverantworteten Entscheidungen zu gelangen. Dabei sind sowohl die Reichweite wie auch die Begrenzung des technisch Machbaren zu berücksichtigen. Ärzte sollten die Erfordernisse der sogenannten sprechenden Medizin und die Regeln dialogischer Gesprächsführung beachten, um im Sinn des shared decision making oder der Verantwortungspartnerschaft gemeinsam mit den Patienten zu Lösungen zu gelangen und ihren informed consent zu ermöglichen. Dabei sind die persönlichen Wertüberzeugungen von Patienten zu tolerieren. Vor allem dann, wenn

Wert- und Entscheidungskonflikte aufbrechen, ist es unabdingbar, dialogisch nach Lösungen zu suchen und dabei gegebenenfalls auch Dritte – ein Ethikkonsil, eine Vertrauensperson des Patienten, einen Psychologen, einen Seelsorger oder andere Personen – in den Meinungsbildungsprozess einzubeziehen. Solche Gesichtspunkte zum Arzt-Patient-Verhältnis haben die Funktion, kontrafaktisch zu den einengenden Sachzwängen des ökonomisierten medizinischen Alltags die Vertrauenswürdigkeit des ärztlichen Handelns zu stützen – ein Anliegen, dessen Gewicht auch sozialethisch im Blick auf die Stabilität der heutigen Gesellschaftsordnung nicht unterschätzt werden darf.

Literatur

Alt-Epping, B. / Nauck, F. (2012): Der Wunsch des Patienten – ein eigenständiger normativer Faktor in der klinischen Therapieentscheidung? In: Ethik in der Medizin 24/2012, 19–28

Bickhardt, J. (2012): Folgerungen für die Beratungspraxis. In: G. D. Borasio et al., Patientenverfügung. Das neue Gesetz in der Praxis. Stuttgart, 45–61

Brusdeylins, K. (2014): Bewältigungsstrategien bei ungewollter Kinderlosigkeit. In: pro familia magazin 42/2014, H. 1, 14–17

Buber, M. (1926): Vorwort. In: Die Kreatur 1/1926, 1–2

Buber, M. (1971): Das Problem des Menschen. 4. Aufl. Heidelberg

Buber, M. (1973): Das dialogische Prinzip. 3. Aufl. Heidelberg

Bülow, H.-H. et al. (2008): The world's major religions' points of view on end-of-life decisions in the intensive care unit. In: Intensive Care Medicine 34/2008, 423–430

Bundesärztekammer (2010): Stellungnahme des Wissenschaftlichen Beirats der Bundesärztekammer „Placebo in der Medizin". In: Deutsches Ärzteblatt 107/2010, A1417–1421

Bundesärztekammer auf Empfehlung ihres Wissenschaftlichen Beirats (Hg.) (2011): Placebo in der Medizin. Köln

Bundessozialgericht (2011): Urteil vom 14.12.2011, Az. B 6 KA 29/10 R

Engelhardt, K. (2004): Ethische Probleme der Placebobenutzung. In: Deutsche Medizinische Wochenschrift 129/2004, 1939–1942

Engelhardt, K. (2009): Viktor von Weizsäcker, Warum wird man krank? In: Schleswig-Holsteinisches Ärzteblatt 62/2009, H. 5, 64

Engelhardt, K. (2011a): Die „Heidelberger Schule". In: Deutsche Medizinische Wochenschrift 136/201, 2692–2695

Engelhardt, K. (2011b): Verlorene Patienten? Für mehr Menschlichkeit in der Medizin. Darmstadt

Etzelmüller, G. (2009): Der kranke Mensch als Thema theologischer Anthropologie. Die Herausforderung der Theologie durch die anthropologische Medizin Viktor von Weizsäckers. In: Zeitschrift für Evangelische Ethik 53/2009, 163–176

Gaßner, M. / Strömer, J. M. (2014): „Hokuspokus" auf Rezept. In: Deutsches Ärzteblatt 111/2014, A784f.

Groschopp, H. (Hg.) (2011): Barmherzigkeit und Menschenwürde. Selbstbestimmung, Sterbekultur, Spiritualität, Schriftenreihe der Humanistischen Akademie Berlin Bd. 4. Aschaffenburg

Haas, N. / Barthelmes, H. (2001): Ernst Schweninger. Leibarzt des Reichskanzlers und Direktor der Charité-Hautklinik 1884–1902. In: Hautarzt 52/2001, 346–351

Hartmann, F. (2008): Lässt sich der Begriff der Person bei Viktor von Weizsäcker mit einem praxisnahen Verständnis von Menschenwürde verbinden? In: K. Gahl et al. (Hg.), Gegenseitigkeit. Würzburg, 317–336

Haustein, K.-O. (2004): Homöopathie und die Behandlung von Geschwulstkrankheiten. In: Onkologe 10/2004, 269–275

Heese, O. et al. (2010): Complementary therapy use in patients with glioma. An observational study. In: Neurology 75/2010, 2229–2235

House of Commons, Science and Technology Committee (2010): Evidence Check 2: Homeopathy. London

Ilkilic, I. (2008): Kulturelle Aspekte bei Entscheidungen am Lebensende und interkulturelle Kompetenz. In: Bundesgesundheitsblatt - Gesundheitsforschung - Gesundheitsschutz 51/2008, 857–864

Katzenmeier, C. (2012): Patientenautonomie und Patientenrechte. In: Bundesgesundheitsblatt - Gesundheitsforschung - Gesundheitsschutz 55/2012, 1093–1099

Kentenich, H. / Pietzner, K. (2011): Placebo in der Medizin oder: Die Rolle des Arztes im therapeutischen Prozess. In: Journal für Reproduktionsmedizin und Endokrinologie 8/2011, Sonderh. 2, 15–19

Kreß, H. (1985): Religiöse Ethik und dialogisches Denken. Das Werk Martin Bubers in der Beziehung zu Georg Simmel. Gütersloh

Kreß, H. (2009): Medizinische Ethik. 2. erw. Aufl. Stuttgart

Krones, T. / Richter, G. (2008): Ärztliche Verantwortung: Das Arzt-Patient-Verhältnis. In: Bundesgesundheitsblatt - Gesundheitsforschung - Gesundheitsschutz 51/2008, 818–826

Läengler, A. et al. (2010): Anthroposophic medicine in paediatric oncology in Germany: results of a population-based retrospective parental survey. In: Pediatric Blood & Cancer 55/2010, 1111–1117

Lisson, M. (2014): Toleranz bei muslimischen Patienten gefragt. In: Ärzte Zeitung vom 12.6.2014

Luz-Bißmaier, A. (2011): Aromapflege bei Schwerkranken und Sterbenden. In: Pflegezeitschrift 64/2011, 548–550

Maio, G. (2012): Mittelpunkt Mensch: Ethik in der Medizin. Stuttgart

Mönter, N. (Hg.) (2007): Seelische Erkrankung, Religion und Sinndeutung. Bonn

Murken, S. / Reis, D. (2011): Religiosität, Spiritualität und Krebserkrankung. In: C. Klein et al. (Hg.), Gesundheit - Religion - Spiritualität. Weinheim/München, 321–331

Oeltjenbruns, J. /Schäfer, M. (2008): Klinische Bedeutung des Placeboeffektes. In: Anästhesist 57/2008, 447–463

Rahner, K. (1963): Zur Theologie des Todes. 4. Aufl. Freiburg

Robert Koch-Institut (Hg.) (2002): Inanspruchnahme alternativer Methoden in der Medizin. Gesundheitsberichterstattung des Bundes H. 9. Berlin

Rosmarin, D. H. et al. (2013): A test of faith in God and treatment: the relationship of belief in God to psychiatric treatment outcomes. In: Journal of Affective Disorders, 146/2013, 441–446

Rössler, D. (2011): Akzeptierte Abhängigkeit. Gesammelte Aufsätze zur Ethik, hg. v. F. Voigt. Tübingen

Sass, H.-M. (2006): Differentialethik. Anwendungen in Medizin, Wirtschaft und Politik. Berlin

Schweninger, E. (1906): Der Arzt. Frankfurt a. M.

Seale, C. (2010): The role of doctors' religious faith and ethnicity in taking ethically

controversial decisions during end-of-life care. In: Journal of Medical Ethics 36/2010, 677–682
Theunissen, M. (1977): Der Andere. 2. Aufl. Berlin
van den Daele, W. (2012): Die medizinische Profession unter dem Druck gesellschaftlicher Erwartungen. Zur Zukunft der ärztlichen Beihilfe zur Selbsttötung. In: G. D. Borasio et al., Patientenverfügung. Stuttgart, 73–84
von Weizsäcker, V. (1926): Die Schmerzen. In: Die Kreatur 1/1926, 315–335
Wellens-Mücher, D. (2011): Akupressur bei Sterbenden. In: Pflegezeitschrift 64/2011, 532–535
Weymayr, Chr. (2013): Scientabilität – ein Konzept zum Umgang der EbM mit homöopathischen Arzneimitteln. In: Zeitschrift für Evidenz, Fortbildung und Qualität im Gesundheitswesen 107/2013, 606–610

Glaubensfreiheit und Toleranz

Die Anerkennung des Anderen als Kriterium für Ausnahmeregelungen im Geist der Toleranz

Traugott Jähnichen

Einleitung

Das Recht auf Gewissensfreiheit in Verbindung mit den darauf basierenden Rechten auf Glaubens- und Religionsfreiheit sowie auf Meinungsfreiheit gehört zu den grundlegenden bürgerlichen Rechten. Diese können als die „fundamentalen Freiheitsrechte" (Hübner 2012, 203) interpretiert werden, da sie untrennbar mit der personalen Identität verknüpft sind und gleichzeitig durch den öffentlichen Bezug der Religionsgemeinschaften ein Ausdruck institutioneller Rechte sind (vgl. Honecker 1978, 85, 91). Die Gewissensfreiheit bezeichnet in systematischer Hinsicht den Ausgangspunkt der bürgerlichen Rechte, d. h. der Abwehrrechte gegenüber allen Formen übergriffiger Staatsmacht, da sie das jeweilige Selbst- und Weltverständnis sowie die Handlungsmaximen und damit die Integrität eines Menschen grundlegend bestimmt. Auch in historischer Perspektive kommt ihr – speziell in der Zuspitzung als Glaubensfreiheit – eine gewisse Vorreiterrolle zu (vgl. Jellinek 1895). Sie wurzelt in dem Respekt vor der Würde der menschlichen Person sowie der „Anerkennung seiner Selbstbestimmung" (Honecker 1995, 695) und ist, sofern sie nicht mit den Freiheitsrechten anderer kollidiert, uneingeschränkt anzuerkennen (vgl. Ebeling 1981, 445f.).
Aus der Gewissensfreiheit folgt unmittelbar die Religionsfreiheit, die im Sinn der positiven Religionsfreiheit die ungehinderte Ausübung der eigenen Glaubensüberzeugung garantiert. Sie umfasst „die Freiheit, eine Religion oder eine Weltanschauung eigener Wahl zu haben oder anzunehmen, und die Freiheit […] (diese) allein oder in Gemeinschaft […] öffentlich oder privat durch Gottesdienst, Beachtung religiöser Gebräuche, Ausübung und Unterricht zu bekunden" (Fritzsche 2004, 230). Sie schließt nach Artikel 18 der Allgemeinen Erklärung der Menschenrechte von 1948 explizit auch die Freiheit ein, „seine Religion oder seine Weltanschauung zu wechseln" (Fritzsche 2004, 210)[1], und bietet im Sinn der negativen Religionsfreiheit den Schutz vor religiösem Zwang.

[1] Im Unterschied zur Allgemeinen Erklärung der Menschenrechte werden das Recht, die Religion zu wechseln, wie auch die negative Religionsfreiheit im Internationalen Pakt von 1966 nicht explizit genannt, was durch die Intervention islamischer Staaten erfolgte (vgl. Hübner 2012, 228).

Umstritten und unterschiedlich gelöst ist die Frage nach den Schranken der Religionsfreiheit, insbesondere im Blick auf Beschränkungen, die religiösen Minderheiten auferlegt werden. Eng verknüpft hiermit ist die aus der Gewissens- sowie der Religionsfreiheit abgeleitete Forderung nach Toleranz. Toleranz meint zum einen eine menschliche Haltung bzw. Tugend und wird zum anderen „von einer gewährenden Instanz her gedacht" (Ebeling 1981, 444). Sie ist zwar historisch älter als das neuzeitliche Menschenrecht der Religionsfreiheit (vgl. Honecker 1995, 695), diesem aber systematisch nachgeordnet. Insofern wirft Toleranz die Frage nach den ggf. abgestuften Möglichkeiten wie auch Grenzen der Zulassung von religiös oder weltanschaulich begründeten Verhaltensweisen, die Ausdruck der Religionsfreiheit sind, auf.[2] Diese Fragestellung wird speziell in religiös pluralen Gesellschaften virulent und anhand der Zulassung oder Verweigerung von Ausnahmeregelungen (vgl. Maclure / Taylor 2011, 85ff.) konkret. Die alltägliche Sicherung der Gewissens- und der Religionsfreiheit im Sinn der Toleranz der Mehrheitsgesellschaft gegenüber Minderheiten wird beispielhaft anhand von Konfliktfällen deutlich – etwa dem Umgang mit religiös begründeten Feiertagen, dem Tragen von religiösen Symbolen, dem Schächten von Tieren u. a. –, und es stellt sich die Frage, ob und in welcher Weise religiös oder weltanschaulich begründete Ausnahmeregelungen legitimiert werden können.

In theologischer Perspektive ist zu fragen, wie Religionsfreiheit als Rechtsregel theologisch zu würdigen ist, um von den eigenen Voraussetzungen her einen genuinen Beitrag zur Sicherung dieses fundamentalen Prinzips in modernen Gesellschaften zu leisten. Darüber hinaus ist zu diskutieren, inwieweit die im Geist der Toleranz zu gewährenden Ausnahmeregelungen nicht lediglich einem kulturellen oder moralischen Relativismus geschuldet sind, sondern aufgrund einer theologischen Argumentation begründet werden können. In gleicher Weise ist zu erörtern, ob und inwiefern Grenzen des Tolerierbaren gesetzt werden müssen, um nicht einem ethischen Indifferentismus ohne Maßstäbe zu erliegen. In dem folgenden Beitrag werden, ausgehend von entsprechenden Ansätzen in der Reformationszeit, theologische Überlegungen für ein protestantisches Verständnis von Glaubensfreiheit und Toleranz erörtert.

[2] Im Englischen wird von „freedom of religion and belief" gesprochen, wobei „belief" auch nichtreligiöse Weltanschauungen einschließt. Die deutsche Übersetzung „Religions- und Glaubensfreiheit" ist daher unpräzise, es geht jeweils um religiöse und weltanschauliche Überzeugungen.

I. Einblicke in die Traditionsgeschichte von Glaubensfreiheit und Toleranz in protestantischer Perspektive

I.1 Problemstellungen und Annäherungen an das Verständnis von Toleranz

Toleranz meint – ausgehend von der lateinischen Wortbedeutung – „Duldung" und ist nach dem ursprünglichen Sprachgebrauch als Duldung eines Übels zu verstehen. Dabei bedeutete „tolerantia" vornehmlich das Ertragen von Übeln und Unrecht in dem stoischen Sinn, dass das Leiden nicht schicksalhaft ertragen, sondern kraft einer Tugend innerlich bewältigt und auf diese Weise überwunden werden kann (vgl. Ebeling 1981, 444). Im Mittelalter wird das Wortfeld „tolerantia" erweitert, indem nicht allein das individuelle Ertragen von Übeln im Sinne einer geduldigen Haltung, sondern zunehmend die Duldung von religiös fremden Lehren oder Riten diskutiert wurde (vgl. Aquin, 2 q. 10 a.11; Honecker 1995, 699). Thomas von Aquin erörterte die Frage, inwieweit religiöse Riten von Nichtchristen zu tolerieren sind, wobei er versuchte darzustellen, dass unter bestimmten Umständen auch Nichtgläubige ertragen werden sollen, um größeres Unheil zu verhindern. Er sah im Glaubensabfall und in der Häresie jedoch einen Treuebruch, der durch das „Ketzerrecht" zu ahnden war (vgl. Honecker 1978, 86). Vor diesem Hintergrund ist das Toleranzproblem in der europäischen Geschichte immer wieder als Problem einer Verhältnisbestimmung von staatlicher Gewalt und religiösen Überzeugungen und Gemeinschaften, speziell hinsichtlich religiöser Minderheiten, diskutiert worden. Seit der Reformationszeit und der allmählichen Etablierung von drei größeren christlichen Konfessionen sowie kleineren aus der Reformation hervorgegangenen religiösen Gemeinschaften in Europa, insbesondere in Deutschland, hat sich die Frage der Gewährung von Glaubensfreiheit in neuer Weise gestellt.

Der liberale Protestantismus hat am Ende des 19. Jahrhunderts die nach und nach erfolgte Durchsetzung von Toleranz und die Herausbildung eines religiös neutralen Staates als Bestätigung des eigenen Selbstverständnisses im Gegensatz zum Katholizismus verstanden. So hat Rudolf Sohm im Sinn der von ihm betonten Gegenüberstellung von Rechtsordnung und christlicher Liebesgemeinschaft die neuzeitliche Entwicklung als Sieg der protestantischen Idee (vgl. Sohm 1923, 121f.) interpretiert, da allein der Staat souverän im weltlichen Bereich Recht setzt, während „die Kirche Christi […] keinen äußeren Zwang" (Sohm 1923, 122) benötigt und somit der religiöse und weltanschauliche Bereich von staatlicher Zwangsgewalt frei geworden ist. Diese im Übergang vom 19. zum 20. Jahrhundert weit verbreitete Auffassung ist allerdings in vielerlei Hinsicht zu präzisieren. So ist die bei Sohm anklingende Vorstellung der römisch-katholischen Kirche als einer durch das Recht mit Zwangsmaßnahmen geordneten Instanz, die sich der weltlichen Obrigkeit zur Durchsetzung der eigenen Ziele

bedient, problematisch. Zumindest müsste man die dem katholischen Kirchenverständnis zugrunde liegende Vorstellung der Kirche als einer societas perfecta genauer erörtern, aus der sich entsprechende kirchen- und staatskirchenrechtliche Konsequenzen ableiten lassen (vgl. Wolf 1965, 287, 298).
Vor allem aber ist die Behauptung der Durchsetzung der Toleranzidee und der rechtlichen Sicherung von Gewissens- und Religionsfreiheit durch den Protestantismus eine starke Vereinfachung, die durch genauere historische Studien sowohl im Blick auf das Verhältnis des Protestantismus zur Toleranzidee wie auch hinsichtlich der historischen Durchsetzung der Gewissens- und Religionsfreiheit zu präzisieren ist. Dabei sind vor allem die in der Aufklärung wurzelnden Motive zur Durchsetzung der Toleranz zu würdigen. Zudem ist die These Sohms, dass der Sieg der Toleranzidee als Konsequenz des Protestantismus zu interpretieren ist, problematisch, weil Glaubensfreiheit und Toleranz nur bedingt in der Reformationszeit angelegt und erst in Verbindung mit anderen Gedanken und unter anderen historischen Bedingungen wirksam geworden sind (vgl. Wolf 1965, 286). Zwar hat Luther von Beginn an in seinen Konflikten mit den Altgläubigen das Wort als Medium der Auseinandersetzung verstehen wollen und betont herausgestellt, dass das geistliche Regiment nicht mit Zwangsgewalt auszuüben ist. In diesem Sinn hat er seinen von der römischen Bannbulle verurteilten Satz immer wieder bekräftigt, dass Ketzer zu verbrennen gegen den Willen Gottes ist (vgl. WA 6, 455; WA 7, 139f.; WA 11, 268). Allerdings ist dieser Gedanke dezidiert nicht im Sinn der modernen Glaubens- und Religionsfreiheit zu verstehen, wie es in Luthers Haltung gegenüber Täufern oder anderen Außenseitern der Reformationszeit deutlich wird.

I.2 Ansätze von Glaubensfreiheit und Toleranz in den Schriften Martin Luthers

Systematisch entfaltet finden sich Ansätze der Glaubens- und Gewissensfreiheit in Luthers Obrigkeitsschrift „Von weltlicher Obrigkeit und wie weit man ihr Gehorsam schuldig sei", wo er nicht zuletzt die Grenzen obrigkeitlichen Handelns zu bestimmen versucht hat. Angesichts der konkreten Situation, dass einzelne Fürsten geboten, „Bücher abzuliefern sowie zu glauben und zu halten nur das, was sie vorschreiben" (WA 11, 246), betonte Luther, dass die Grenze obrigkeitlichen Handelns dort liege, wo es um die Glaubensfreiheit und die religiösen Überzeugungen des Menschen geht. Das Handeln der Obrigkeit erstreckt sich nach Luther nur auf äußere Dinge, auf „Leib und Gut"(WA 11, 262), nicht jedoch auf das Gewissen der Menschen. Hier hat die Obrigkeit nach Luther keine Befugnis.
Dementsprechend finden sich bei Luther durchaus Ansätze von Glaubensfreiheit, indem er die Übergriffe der Obrigkeit auf das „geistliche Regiment" scharf

kritisiert hat. Angesichts solcher Übergriffe hielt Luther Formen von Ungehorsam für geboten und empfahl den Gläubigen, im Blick auf die Auslieferung der Bücher und anderer Gebote, die den Glauben betreffen, der Obrigkeit den Gehorsam zu verweigern (vgl. WA 11, 263ff.). Über diese passive Verweigerung hinaus sah er grundsätzlich keine Handlungsmöglichkeit der Gläubigen gegenüber der Obrigkeit, vielmehr sollten die Gläubigen, wo es möglich war, in ein anderes Territorium auswandern, um dort ihrer Überzeugung gemäß leben zu können. Wo dies nicht möglich war, blieb das Ertragen und Dulden einer bedrängenden Situation.

Von dieser Grundkonzeption der Unterscheidung von weltlichen und geistlichen Angelegenheiten her hätte Luther nach heutigen Maßstäben konsequenter für die Glaubensfreiheit eintreten können, was jedoch im Blick auf die Duldung Anderer, speziell der Täufer, nicht der Fall gewesen ist (vgl. Kühn 1923, 121–123). Der systematische Grund hierfür ist darin zu sehen, dass Luther nie die Vorstellung aufgegeben hat, dass die Religion zum „Stadtrecht" gehöre (vgl. WA 31 I, 208). Daher blieb er mit der großen Mehrheit seiner Zeitgenossen dem „Vorurteil von der politischen Gefährlichkeit gegensätzlicher Lehre und Glaubensüberzeugung in einem Staat verhaftet" (Honecker 1995, 700). Zwar ist die Wirkung der Predigt des Evangeliums unverfügbar (vgl. CA V) und der Glaube kann nicht erzwungen werden, doch betrifft demgegenüber die Gesetzespredigt die bürgerliche Ordnung und erfordert, dass alle Menschen im Rahmen des Stadtrechtes zur Kirche genötigt werden sollten, wie es die Vorrede zum Kleinen Katechismus verdeutlicht (vgl. Luther 1952, 504)[3]. Dementsprechend verlangte Luther von Andersglaubenden, sich still zu verhalten oder auszuwandern, wobei er jedoch im Fall hartnäckigen Widerstands „die Todesstrafe zulässt", allerdings – der Logik der Zwei-Reiche-Lehre gemäß – „unter dem Titel des Aufruhrs, nicht der Ketzerei" (Wolf 1965, 287; Honecker 1978, 87f.).

Ein überraschender, gegenüber den Überlegungen der Obrigkeitsschrift weiterführender Ansatz findet sich in der Verwendung des Begriffs „tolerantia" durch Luther. „Tolerantia" wird bei Luther nämlich als Eigenschaft Gottes bezeichnet, die dem sündigen Menschen gilt. Gott erträgt das Böse des Menschen so, wie man eine Krankheit hinnimmt mit dem Ziel, dem Menschen Raum und Zeit zu geben, sich erneut Gott zuzuwenden und auf seine Gnade zu hoffen (vgl. WA 39, 82). Diese Toleranz übt Gott gegenüber allen Menschen, da allen, auch den Gerechtfertigten, die Sünde anhaftet und sie allein aus Gnaden gerechtfertigt werden. Toleranz bezeichnet als göttliche Eigenschaft somit das Verhalten Gottes gegenüber dem Sünder mit dem motivierenden Ziel der Erfüllung seines Heilsplans (vgl. Ebeling 1981, 453f.). Die „bewirkende Art dieser Toleranz" ist dabei

---

[3] „Denn wiewohl man niemand zwingen kann noch soll zum Glauben, so soll man doch den Haufen dahin halten und treiben, dass sie wissen, was Recht und Unrecht ist. [...] Denn wer in einer Stadt wohnen will, der soll das Stadtrecht wissen und halten, das er genießen will, Gott gebe, er gläube oder sei im Herzen für sich ein Schalk oder Bube."

keineswegs als „großzügige Vergleichgültigung“ zu verstehen, sondern als „die Bereitschaft, in einem Maß Widerspruch zu ertragen, wie dies sonst nirgends anzutreffen ist, kraft einer hingebungsvollen Güte, der nichts gleichgültig ist“ (Ebeling 1981, 454). Letztlich ist damit das Leiden Gottes an und mit den Menschen angesprochen, so dass Ebeling die tolerantia Dei „letztlich (als) tolerantia crucis“ (ebd.) bezeichnen kann.

Dieses genuin theologische Verständnis ist für Luther grundlegend auch im Blick auf die menschliche Haltung, die wir heute als Toleranz bezeichnen, etwa indem er den Grundsatz aufstellt, ggf. Übel zu erdulden oder nicht konsequent zu strafen, um noch schlimmere Konsequenzen zu verhüten (vgl. WA 11, 272). Insofern ist in theologischer Perspektive die menschliche Toleranz „in den Raum der Heiligung“ (Wolf 1965, 297) gestellt, wobei Luther hier insbesondere das Verhalten des einzelnen Christen im Sinn der Liebe, die nach 1 Kor 13 alles duldet und erträgt, in den Blick nimmt. Diese Form der Toleranz als „geistliche Kraft zum Tragen“ (Ebeling 1981, 455) erwächst aus dem Glauben und beschreibt den besonderen christlichen Beitrag zur Grundhaltung der Toleranz.

I.3 Aspekte der Wirkungsgeschichte reformatorischer Gewissensfreiheit und die Begründung der Toleranz in der Aufklärung

Ausgehend von einer immerhin in ersten Ansätzen erkennbaren Vorstellung von Glaubensfreiheit und Toleranz in den Schriften Luthers ist auch die allmähliche Durchsetzung der Toleranz durchaus mit reformatorischen Impulsen verknüpft. Dies gilt insofern, als man in der Wirkungsgeschichte Luther zum „Befreier aus unerträglichen Bindungen“ (Wolf 1965, 287) in einem anti-römischen Sinn stilisierte. Realgeschichtlich wurde durch den Augsburger Religionsfrieden von 1555 im Gebiet des Heiligen Römischen Reiches deutscher Nation zunächst ein Dual christlicher Konfessionen festgeschrieben, wobei das Prinzip „cuius regio, eius religio“ von dem Gedanken der „Unregierbarkeit religiös nicht einheitlicher politischer Gebilde“ (Ebeling 1981, 457) ausging, d. h. keine Toleranz im Sinn einer Duldung Andersgläubiger, sondern das Nebeneinander religiös ggf. unterschiedlicher, regional abgegrenzter Territorien festschrieb, allerdings im Sinn des „reservatum ecclesiasticum“ mit einer Bevorzugung des Katholizismus. Allein in den freien Reichsstädten gab es begrenzte Ausnahmen, welche das Zusammenleben verschiedener Konfessionen und damit eine echte Pluralität der Konfessionen ermöglichen sollten. Letztlich konnte man sich in der Zeit der zweiten Hälfte des 16. und der ersten Hälfte des 17. Jahrhunderts in der Regel nur religionshomogene Territorien vorstellen, sodass die moderne Vorstellung der Toleranz sich unter diesen Bedingungen kaum entwickeln konnte.

Anders verlief die Entwicklung in Frankreich, wo durch das Toleranzedikt von Nantes im Jahr 1598 die Duldung der protestantischen Minderheitenreligion

zugestanden war, es jedoch aufgrund der Verschiebung der politischen Kräfteverhältnisse schließlich im Jahr 1685 zur Widerrufung des Toleranzediktes kam, was zur Verfolgung der Protestanten in Frankreich und massenhafter Auswanderung führte.
In Deutschland hatte schließlich der Westfälische Frieden von 1648 auch den Untertanen eine gewisse Freistellung der Religion und den Minderheiten das Recht privater Andachten gewährt (vgl. Honecker 1978, 88), wobei hier vor dem Hintergrund der Konfessionskriege eine kaum zu unterschätzende Delegitimierung des Religiösen in öffentlichen Angelegenheiten zu verzeichnen ist und die Vorstellung, die gesellschaftliche Ordnung auf der Grundlage der Religion zu gründen, immer mehr an Plausibilität einbüßte (vgl. Pannenberg 1988, 23f.). Hinzu kam bereits in dieser Zeit „die wachsende Kräftigkeit der aufkommenden Proklamierung individueller Religiosität und ihres Rechtes" (Wolf 1965, 288). Immer mehr ist seitdem die Religion aus ihren öffentlichen Bezügen als Grundlage der gemeinsamen Sittlichkeit in den Hintergrund gedrängt und stattdessen Religion im Sinn persönlicher Glaubens- und Gewissensüberzeugungen verstanden worden, sodass die Gewissensfreiheit als etwas zum individuellen „Menschsein des Menschen Gehöriges angesehen" (Wolf 1965, 289) und als Grundlage wie als Ausdruck bürgerlicher Freiheit verstanden wurde. Ferner führten pragmatische, vor allem wirtschaftliche Überlegungen „zur Preisgabe der konfessionellen Geschlossenheit eines Landes" (Honecker 1978, 701).
Gewissensfreiheit wurde seither immer mehr als individuelles Recht der Individuen verstanden. In diesem Sinn hat John Locke das Recht jedes Menschen auf seine individuelle Wahl der Religion als selbstverständlich angesehen, wenngleich Locke zwar eine Religionspluralität im Sinn der Toleranz befürwortete, jedoch den Atheismus von seinem Toleranzgedanken ausschloss: „Those are not at all to be tolerated who deny the being of God. Promises, convenants, and oaths [...] can have no hold upon an atheist. The taking away of God, though but even in thought, dissolves all." (Locke 1966, 94)
Schließlich ist als weiterer Aspekt der Wirkungsgeschichte der Reformation hinsichtlich des Toleranzgedankens auf die Entwicklung in einigen Kolonien der späteren USA, die wesentlich durch religiöse Dissidenten geprägt waren, hinzuweisen. Viele der Siedler fühlten sich in Großbritannien oder in anderen Teilen Europas aus religiösen Gründen ausgegrenzt oder wurden verfolgt und haben in den amerikanischen Kolonien vorrangig die Freiheit der eigenen Religionsausübung gesucht (vgl. Troeltsch 1912, 758–761)[4]. Dies führte zum Teil zu einer recht rigiden Durchsetzung der jeweils eigenen Überzeugung und der Verdrängung anderer, wie es vielfach die Puritaner praktiziert haben, in anderen Fällen aber auch dazu, zuerst in Maryland und Rhode Island, allen Glaubensgemein-

4 Troeltsch hat die Toleranz als Konsequenz des Kongregationalismus und des Freikirchentums interpretiert.

schaften Toleranz zu gewähren. Wegweisend ist dies durch den Quäker William Penn in dem nach ihm benannten Bundesstaat Pennsylvania verwirklicht worden, später prominent in der Virginia Bill of Rights festgeschrieben. Diese Grundsätze der religiösen Toleranz gehören zu den Grundprinzipien des späteren amerikanischen Verfassungsrechts (der vollständigen Trennung von Staat und Religion sowie der Gewährung religiöser Freiheiten) und spielten nicht zuletzt bei der Entwicklung der Menschenrechte eine nicht zu unterschätzende Rolle (vgl. Joas 2011a, 291).

Resümierend lässt sich festhalten, dass sich insbesondere „in einer fortschreitenden Rationalisierung und Säkularisierung des Erbes aus dem 16. Jahrhundert in Richtung auf den autonomen, auch religiös autonomen Menschen“ die reformatorischen, hier exemplarisch bei Luther aufgezeigten Ansätze „zu geschichtlich höchst wirksamen Faktoren für den Aufbau des Gedankens religiöser und dann auch bürgerlicher Toleranz“ (Wolf 1965, 291) entfaltet haben. Insofern ist die These Sohms, diesbezüglich von einem Sieg des Protestantismus zu sprechen, einseitig und stark pauschalisierend, behält allerdings ihr gewisses Recht, nicht zuletzt deshalb, weil sich die Diskussionslage seit dem 19. Jahrhundert in Europa nahezu in ihr Gegenteil verkehrt hat.

Die bei John Locke formulierte Beschränkung des Toleranzgedankens auf Anhänger des Gottesglaubens wurde nämlich in der weiteren Entwicklung des Toleranzgedankens vor allem seit dem 19. Jahrhundert grundsätzlich in Frage gestellt und letztlich umgekehrt, da sich nunmehr gerade Anhänger eines monotheistischen Gottesglaubens zunehmend dem Vorwurf der Intoleranz ausgesetzt sahen. Schopenhauer vertrat entschieden die Meinung, dass gerade die dogmatische Struktur des Christentums – ähnlich die der anderen monotheistischen Religionen – die Entwicklung von Toleranz verhinderte. Nach Schopenhauer würden „fanatische Gräuel nur von den Anhängern der monotheistischen Religionen“ (Schopenhauer 1972, 379) begangen, was er auf die Grundstruktur des Monotheismus zurückführte, da „ein alleiniger Gott [...], seiner Natur nach, ein eifersüchtiger Gott (ist), der keinem anderen das Leben gönnt“ (Schopenhauer 1972, 380). Demgegenüber hielt Schopenhauer polytheistische Religionen für toleranter und entwickelte darüber hinaus den Standpunkt, eine Pluralität von Glaubensformen zu fördern, weil „die dadurch erreichte Mannigfalt der Ansichten Toleranz begründen“ (Schopenhauer 1972, 364) könnte. Diese Argumentationsstruktur, die sich im Blick auf die Unterscheidung von mono- und polytheistischen Religionen historisch nicht belegen lässt, hat dessen ungeachtet im 19. und 20. Jahrhundert eine weite Verbreitung erfahren und prägt bis in die Gegenwart manche Debatten, etwa die durch Jan Assmann angestoßenen, historisch deutlich differenzierter als Schopenhauer argumentierenden Diskurse über die dem Monotheismus inhärente Gewaltkultur (vgl. exemplarisch Assmann 2007). Anders als in der Wirkungsgeschichte der Reformation und in breiten Strömungen der Aufklärung wird im Zeichen der Religionskritik, beginnend bereits in der französischen Aufklärung, die Haltung der Toleranz zunehmend in einen Gegensatz zu religiösen Auffassungen und insbesondere das Christentum sowie die beiden anderen monotheistischen Religionen unter den Generalverdacht der Intoleranz gestellt.

II. Theologisch-sozialethische Überlegungen zu Glaubensfreiheit und Toleranz

II.1 Die Unterscheidung der rechtlichen, der ethischen und der theologischen Ebene

Die beiden seit dem 19. Jahrhundert dominierenden Argumentationslinien einer neuzeitlichen Antithese von Toleranz und christlichem Glauben einerseits sowie der Religionsfreiheit und Toleranz als Wirkungsgeschichte der Reformation andererseits sollen im Folgenden durch eine systematische Zuordnung der unterschiedlichen Ebenen erörtert und präzisiert werden. Dabei sind theologische, politisch-juristische und ethische Aspekte zu differenzieren. In diesem Zusammenhang ist jeweils zu klären, in welcher Weise Religionsfreiheit begründet sowie Toleranz ermöglicht oder begrenzt werden.

Grundsätzlich ist eine historisch begründete Differenz zwischen angelsächsischen und deutschen Interpretationen, speziell im protestantischen Kontext, festzustellen. Anders als in Deutschland sind im angelsächsischen Bereich seit dem Ersten Weltkrieg, vor allem aber während der NS-Zeit, in verschiedenen Kommissionen wichtige Vorarbeiten zur Kodifizierung der Glaubens- und Religionsfreiheit geleistet worden (vgl. Hübner 2012, 224f.). In diesem Zusammenhang ist als Konsequenz der Menschenwürde die Forderung aufgestellt worden, „der vollen Glaubensfreiheit höchste Bedeutung“[5] beizulegen. Dementsprechend soll „der religiöse Glaube ohne jede äußere Beschränkung ausgeübt werden [...] und ihm jede Gelegenheit für ein ungehindertes Wachstum geboten“ (Bates 1947, 462) werden. Die Berechtigung dieser Position, die sich in den einschlägigen Kodifizierungen der Religionsfreiheit durchgesetzt hat, ist vor dem Hintergrund vielfacher Einschränkungen von Glaubens- und Religionsfreiheit nicht hoch genug zu schätzen. Ungeklärt bleibt bei dieser emphatischen Betonung der Glaubensfreiheit allerdings die Frage, wie religiöse Verhaltensweisen von Minderheiten, die in einer Spannung zu allgemein verbindlichen Regeln stehen, zu bewerten sind. So ist diesbezüglich zu klären, ob es für bestimmte religiöse Prak-

---

[5] So eine Erklärung der „Britischen Kirchenkommission für Internationale Freundschaft und Soziale Verantwortlichkeit“ ebenfalls aus dem Jahr 1942 unter dem Vorsitz des Erzbischofs von Canterbury, zitiert nach: Bates 1947, 462.

tiken begründete Ausnahmeregelungen geben kann oder ob hier die Schranken der Religionsfreiheit greifen.

Bevor auf diese Frage näher einzugehen ist, sollen zunächst die Ebenen der Toleranzforderung unterschieden und ihre jeweilige Bedeutung für rechtliche, ethische und theologische Problemzusammenhänge erörtert werden. So liegt in theologischer Perspektive eine Schwierigkeit darin begründet, dass die prinzipielle Betonung der Toleranz in einer Spannung zum Wahrheitsanspruch des christlichen Offenbarungsverständnisses – und auch zum Wahrheitsanspruch anderer Religionen – steht. Erinnert man an die historischen Bedingungen der Durchsetzung von Toleranz, so ist offensichtlich, dass die in demokratischen Gesellschaften nunmehr dominierende „Toleranzidee der Neuzeit [...] offensichtlich auf der politisch notwendig gewordenen Suspendierung der Wahrheitsfrage" (Ebeling 1981, 462) beruht. Die Wahrheitsfragen etwa hinsichtlich der jeweiligen individuellen Selbst- und Weltdeutungen oder auch im Blick auf die wissenschaftliche Erforschung der Wahrheit sind nicht rechtlich zu entscheiden oder durch die Exekutive in bestimmte Bahnen zu lenken, sondern dem freien Entwicklungsprozess der individuellen Gewissensbildung bzw. der Logik wissenschaftlicher Forschung zu überlassen. Andernfalls würde ein totalitäres Regime herrschen. Dementsprechend ist deutlich zwischen Toleranz als Problem der Rechtsordnung, als ethischer Grundhaltung oder als theologisch bzw. philosophisch reflektierter Umgang mit der Vielfalt von Weltdeutungen zu unterscheiden. Eine unterschiedslos betonte Toleranzforderung würde allerdings speziell den religiös-weltanschaulichen Wahrheitsanspruch „völlig subjektivier(t)en" und zu einer „Vergleichgültigung des Religiösen" (Honecker 1995, 705) führen. Vor allem aber kann die ethische Haltung der Toleranz gegenüber Andersdenkenden und -glaubenden oder eine auf Toleranz begründete Logik politisch-rechtlicher Regelungen durchaus mit einer starken Überzeugung des exklusiven Wahrheitsanspruchs des eigenen Denkens oder Glaubens einhergehen.

Im Sinn dieser Unterscheidungen ist einzuräumen, dass die „Wahrheit, welche Offenbarung zu sein beansprucht, [...] notwendig intolerant" (Honecker 1978, 91) ist. Zugespitzt kann in diesem Sinn von einer „Intoleranz der Offenbarung" (Bultmann 1941, 288; vgl. auch Brunner 1946, 185f.)[6] gesprochen werden, da es „für die Frage nach dem Heil nicht verschiedene Möglichkeiten, sondern nur die eine" (Bultmann 1941, 288) gibt. Dabei ist gleichzeitig mit Nachdruck zu betonen, dass diese theologische Fassung des Wahrheitsanspruches der christlichen Offenbarung, für die es ungeachtet der Diskussion um einen Religionspluralismus theologisch gute Gründe gibt,[7] keinesfalls zu einer ethischen Haltung der Intoleranz gegenüber Andersgläubigen oder -denkenden führen muss (vgl. Ho-

---

6 Hier lässt sich ein Exkurs mit der Überschrift „Die Intoleranz Gottes" finden.

7 So ist gegenüber Vertretern des Religionspluralismus kritisch zu fragen, ob diese Konzeption letztlich nicht „das Anderssein des Anderen in Frage stellt, und zwar dergestalt, dass es relativiert wird". Körtner, 1998, Sp. 13.

necker 1978, 91f.). Vielmehr ist es konsequent, dass die theologische „Intoleranz der Offenbarung“ die Gläubigen primär zur Selbstkritik gegenüber der eigenen Religiosität bzw. Kirchlichkeit anleitet und eine Offenheit gegenüber Andersgläubigen impliziert: „Freilich ist es die Offenbarung, die intolerant ist, Menschen können gegeneinander nur tolerant sein; und sofern Menschen den intoleranten Anspruch der Offenbarung zu vertreten haben, richtet sich dieser in erster Linie gegen sie selbst.“ (Wolf 1965, 296) In diesem Sinn ist theologisch im Blick auf die Frage der Toleranz zwischen der im Offenbarungsgeschehen verankerten Rechtfertigung des Menschen und der Bewährung dieser Haltung im ethischen Umgang zu unterscheiden. Darüber hinaus lässt sich sogar zeigen, dass „gerade von der Intoleranz der Offenbarung her Toleranz gefordert ist, Anerkennung des Mitmenschen und seiner Freiheit als eines von Gott Geschaffenen, für den Christus gekreuzigt wurde“ (ebd.). Das christliche Offenbarungsverständnis betont somit die Anerkennung des Anderen und versteht die eigene „Wahrheit als Verheißung, nicht als menschliche[n] Besitz“, sodass „weltanschauliche Absolutheitsansprüche“ (Honecker 1995, 705) auszuschließen sind.

II.2 Die Anerkennung des Anderen und die Achtung seiner Überzeugungen im Sinn der lutherischen Unterscheidung von Person und Werk

Die Perspektive der Anerkennung des Anderen, theologisch in der Gottebenbildlichkeit und im Heilsgeschehen begründet, bedeutet im gesellschaftlichen Kontext, den Anderen als einen ebenso Freien und Gleichen wie sich selbst zu erkennen. Dies impliziert eine Haltung des gegenseitigen Respekts und nicht zuletzt einer Achtung vor dem Wahrheitsverständnis des Anderen. Diese Grundhaltung der Anerkennung des Anderen und der Achtung seiner Überzeugungen übersteigt die Haltung des traditionellen Verständnisses von Toleranz, da der Andere nicht lediglich geduldet oder ertragen, sondern gerade in seinem Anders- oder sogar Fremdsein akzeptiert wird. Diese ethische Haltung liegt in der Konsequenz des Gebots der Nächstenliebe: „Du sollst deinen Nächsten lieben wie dich selbst“ (Lev 19,18) bzw. mit Martin Buber übersetzt: „Du sollst deinen Nächsten lieben, denn er ist wie du.“ (Buber 1962, 701)[8] Dieses Gebot impliziert, insbesondere in der jesuanischen Universalisierung angesichts der Frage nach dem konkreten Nächsten in der Gleichniserzählung vom „barmherzigen Samariter“ (vgl. Lk 10,29ff.), eine grundsätzliche Gleichheit aller Menschen; letztlich ist jeder Mensch in gleicher Weise als Nächster und Mitmensch anzuerkennen.

---

[8] Martin Buber führt Ex 23,9 als Hintergrund für seine Deutung an. Die mit dieser Übersetzungsmöglichkeit eröffnete Perspektive, dass der Andere „auch ich sein könnte“, kann mit Jürgen Ebach als „Grund der Mitmenschlichkeit“ interpretiert werden. Vgl. Ebach 1979, 55.

In theologischer Perspektive ist darüber hinaus an eine weitere reformatorische Unterscheidung zu erinnern, welche die Haltung der Anerkennung des Anderen und die Konsequenzen dieses wechselseitigen Anerkennungsprinzips prägnant herauszustellen vermag (vgl. Ricœur 2006, 196ff.). Es handelt sich um die Unterscheidung von Person und Werk des Menschen (vgl. Honecker 2010, 144ff.), d. h. in diesem Zusammenhang die Unterscheidung der Anerkennung der Person des Anderen in seiner unverlierbaren Würde einerseits und der Achtung seiner Haltung und Überzeugungen andererseits. Indem der Andere als Person, d. h. als Gleicher und Freier anerkannt wird, schließt dies nicht notwendig ein, mit seinen Überzeugungen inhaltlich übereinzustimmen, vielleicht ist diesen sogar mit Entschiedenheit zu widersprechen. Dennoch kann eine Achtung vor dem Wahrheitsverständnis des Anderen zum Ausdruck gebracht werden. In dem Wahrheitsverständnis und ggf. der Glaubenspraxis des Anderen kann eine kulturell fremde oder eine subjektiv nicht zugängliche Form von religiöser oder weltanschaulicher Erkenntnis geachtet werden, die anders als die je eigene Überzeugung ist oder dieser sogar widerspricht. Das Eintreten für das eigene Glaubensverständnis und seinen Wahrheitsanspruch kann mit der Achtung vor einem fremden Wahrheitsverständnis durchaus verbunden sein.
Eine Grenze findet die Haltung der Achtung der Überzeugung des Anderen allerdings dort, wo dieser in seinen Überzeugungen die Anerkennung Anderer prinzipiell ausschließt. Wer die Anerkennung Anderer als freier und gleicher Personen negiert, wie es etwa in rassistischen Konzeptionen oder in Formen destruktiver Religiosität der Fall ist, schließt sich mit seinen Überzeugungen selbst aus der Gemeinschaft wechselseitiger Achtung von Überzeugungen aus. Menschen mit solchen Überzeugungen ist als Personen selbstverständlich die Personwürde uneingeschränkt anzuerkennen, allerdings sind ihre Überzeugungen nicht achtungsfähig. Hier ist somit eine kritische Grenze der Achtung anderer Überzeugungen formuliert. Auf der anderen Seite ist denjenigen religiösen oder weltanschaulichen Überzeugungen, denen eine wechselseitige Anerkennung des Anderen zugrunde liegt, im Sinn der Haltung der Achtung ihrer Religionspraxis oder Weltanschauung zu begegnen.
Im Hintergrund dieser Unterscheidung der Anerkennung der Person und einer Achtung der Überzeugung steht die Auffassung, das je eigene Bekenntnis nicht mit dem Standpunkt Gottes zu verwechseln oder gar zu identifizieren. Daraus folgt nicht, einen scheinbar neutralen Standpunkt jenseits der oder über den Religionen einzunehmen, wie es Vertretern des Religionspluralismus kritisch entgegenzuhalten ist, sondern jeweils das eigene Bekennen der Wahrheit, sei sie religiös oder nicht-religiös, in Offenheit gegenüber anderen Überzeugungen und anderen Menschen zu kommunizieren. Diese Grundhaltung einer Achtung vor dem Wahrheitsverständnis des Anderen, sofern dieser nicht die Anerkennung des Anderen als eines Gleichen und Freien verweigert, schließt somit einen theologisch oder weltanschaulich ernsthaften Dialog um die Wahrheit nicht aus,

sondern ermöglicht ihn geradezu. Wenn sich Vertreter unterschiedlicher Religionen oder Weltanschauungen wechselseitig als Personen anerkennen und ihre Überzeugungen jeweils achten, kann eindrücklich das eigene Wahrheitsverständnis oder auch das eigene Bekenntnis, gerade in der Differenz zum Anderen, zum Ausdruck gebracht werden. Dies geschieht als Folge der Anerkennung des Anderen in einer offenen und dialogischen Haltung, die bereit ist, auf den Anderen zu hören und nicht zuletzt von ihm lernen zu können.

Im Sinn dieser ethischen Haltung der Toleranz ist eine kulturelle Sensibilisierung zu fördern, da die sich aus der Anerkennung des Anderen und der Achtung seiner Überzeugungen ergebenden Verständigungsbemühungen in alltäglichen Konflikten ein hohes Maß an Empathie für den Anderen und letztlich ein Aushalten von ggf. scharfen Differenzen erfordern. Daher ist die ethische Bewährung der Toleranz „angewiesen auf den Geist der Toleranz, der jeden Einzelnen durchdringen muss“ (Ebeling 1981, 461). In der Pflege und Stärkung einer solchen Haltung liegt eine wesentliche Aufgabe des christlichen Glaubens.

Schließlich sind auch im Blick auf die rechtliche Ausgestaltung der Toleranz und der konkreten Regelungen der Religionsfreiheit Impulse aus dem skizzierten theologisch-ethischen Verständnis zu gewinnen. So sind die Aspekte der Nichterzwingbarkeit des Glaubens, der sich allein der Gnade verdankt, und der wechselseitigen Anerkennungsverhältnisse wesentliche Gründe für eine verfassungsrechtliche Gleichbehandlung der Wahrheitsansprüche von Religionen und Weltanschauungen. Auf der anderen Seite sind aber auch die Grenzen der Toleranz und die Schranken der Religionsfreiheit in rechtlicher Hinsicht zu klären. Die oben entwickelte Antwortperspektive lautet, dass Toleranz offensichtlich dort zu begrenzen ist, wo ihre Voraussetzungen unterminiert und zerstört werden. Wer also Toleranz für sich in Anspruch nimmt, um ihre Voraussetzungen, d. h. die Anerkennung des Anderen und dessen Freiheitsrechte und Wahrheitsansprüche, zu verneinen und letztlich zu zerstören, der kann seinerseits im Blick auf seine Überzeugungen und eine entsprechende Praxis nicht toleriert werden (vgl. Ebeling 1981, 462f.).

II.3 Die Schranken der Religionsfreiheit und die Begründung von Ausnahmeregelungen

Die formal-rechtliche Gleichbehandlung von Religionen oder Weltanschauungen im Geist der Toleranz kommt faktisch dort an ihre Grenze, wo eine religiös oder weltanschaulich begründete Mehrheitskultur die Standards des Zusammenlebens weithin bestimmt und sich dadurch manifeste Nachteile für Angehörige anderer Religionen oder Weltanschauungen ergeben, weshalb die Möglichkeit und Zulässigkeit von Ausnahmeregelungen zu erörtern sind. Aus einer die Überlegenheit der Mehrheitskultur verteidigenden Haltung heraus einerseits sowie in einer egalitaristischen oder traditionell-laizistischen Perspektive andererseits sind Ausnahmeregelungen für Angehörige einer minoritären Religion oder Weltanschauungsgemeinschaft nur schwer oder gar nicht begründbar, da andernfalls das Gleichheitsprinzip verletzt würde. Dem ist allerdings entgegenzuhalten, dass die Konzeption begründeter Ausnahmeregelungen ursprünglich entwickelt worden ist, „um indirekte Diskriminierungen" von Minderheiten „zu korrigieren" (Maclure / Taylor 2011, 97). Im Hintergrund steht die Beobachtung, dass eine oberflächlich betrachtet neutrale Norm in konkreten Fällen zur Benachteiligung von Mitgliedern bestimmter Gruppen führen kann, etwa wenn ein mehrheitlich christlich oder muslimisch bestimmter Kalender religiöse Feiern für Angehörige anderer Glaubensgemeinschaften einschränkt oder wenn Vertretern von Religionen das Tragen von Kopfbedeckungen, Bärten oder religiösen Symbolen in bestimmten Berufen oder in öffentlichen Einrichtungen verboten ist. Ausnahmeregelungen können angesichts dieser Situation insofern legitimiert sein, wenn „grundlegende Glaubensüberzeugungen", die „eine zentrale Rolle für die moralische Identität von Individuen spielen" (Maclure / Taylor 2011, 100), durch solche Vorschriften tangiert werden. Aus laizistischer Perspektive dürfen Ausnahmeregelungen keine Bevorzugung religiös begründeter Lebensführungsentscheidungen bedeuten, da dies eine nicht zu legitimierende Ungleichbehandlung wäre, weshalb alle fundamentalen Lebensüberzeugungen, seien sie religiöser oder säkularer Art, in gleichem Sinn geachtet werden müssen und prinzipiell als Gründe für Ausnahmeregelungen gelten können. Daraus ergibt sich die Problematik einer möglichen Ausuferung von Ausnahmeregelungen, weshalb streng zwischen grundlegenden Verpflichtungen, welche die Sinngebung der Lebensführung und damit die moralische Integrität betreffen, und bloß individuellen, alltäglichen Präferenzen unterschieden werden sollte.[9] Um angesichts der Schwierigkeit einer solchen Unterscheidung einen möglichen Missbrauch zu verhindern, sollte insbesondere ein Verhalten, das sich von anerkannten religiösen Standards entfernt, als Ausdruck unbedingter religiöser Verpflichtung von den Betreffenden plausibel gemacht werden können. Dabei sind die für Ausnahmeregelungen tragfähigen Glaubens- bzw. Grundüberzeugungen im Sinn von „letzte Fragen" (Maclure / Taylor 2011, 126ff.) zu interpretieren, wobei insbesondere die „Intensität des Engagements einer Person im Verhältnis zu ihrer entsprechenden Überzeugung" (Maclure / Taylor 2011, 129) geprüft werden muss. Daher ist die Übereinstimmung der jeweiligen Überzeugung mit der Lebensfüh-

[9] Der in einer Rede der damaligen Bundesjustizministerin Brigitte Zypries ausgesprochene Vorwurf, durch die Religionsfreiheit könnte „jedes beliebige Verhalten unter den besonderen Schutz dieses wichtigen Grundrechts" (Brigitte Zypries, Rede zur Religionspolitik in der Humboldt-Universität Berlin am 12.12.2006, zitiert nach Hübner 2012, 223) gestellt werden, ist somit unzutreffend.

rungspraxis und somit die Glaubwürdigkeitsfrage das entscheidende Kriterium zur Prüfung der religiös begründeten Ausnahmeansprüche einer Person.

Schließlich ist im Blick auf die hier diskutierten Ausnahmeregelungen die Frage nach der Einschränkung von Ausnahmen als Grenzen des Tolerierbaren zu stellen. Solche Grenzen gelten überall dort, wo durch Ausnahmeregelungen die wechselseitigen Anerkennungsverhältnisse außer Kraft gesetzt, d. h. die Rechte Anderer verletzt oder auch die öffentliche Sicherheit und Ordnung bedroht werden. Als ein Beispiel für eine solche Einschränkung von Ausnahmeregelungen kann die Anordnung von Bluttransfusionen für Kinder von Zeugen Jehovas, die solche medizinischen Maßnahmen ablehnen, herangezogen werden, da hier das Überlebensinteresse einer Person auf dem Spiel steht, was im Zentrum der öffentlichen Sorge steht. Ferner sind Grenzsetzungen berechtigt, die ein übergeordnetes öffentliches Interesse symbolisieren. Dieser Fall tritt ein, wenn durch Ausnahmeregelungen die Verwirklichung des Zieles einer öffentlichen Institution in Frage gestellt ist, etwa bei der Erziehung in Schulen durch das Tragen einer Burka von Lehrerinnen oder Jugendlichen, was die Kommunikation als Basis von Erziehungsprozessen drastisch einschränkt.

Regelungen einer angemessenen Balance zwischen öffentlichen Interessen und den Anliegen besonderer Glaubensüberzeugungen stellen gegenwärtig eine große Herausforderung hinsichtlich des Tolerierbaren dar, da die Pluralität der religiösen und weltanschaulichen Lebensdeutungen offenkundig zunimmt. Dennoch müssen Menschen mit unterschiedlichen, ggf. auch unvereinbaren Weltdeutungen und Wertesystemen in modernen Gesellschaften miteinander kooperieren und Konflikte friedlich und zivilisiert beilegen. Dabei können im Sinne der Toleranz religiös oder weltanschaulich begründete Ausnahmeregelungen, sofern sie für die Identität der Betroffenen im Sinn aufrichtiger religiös-moralischer Überzeugungen wesentlich sind, zugelassen werden, unter Beachtung der angesprochenen Einschränkungen. Solche Zulassungen von Ausnahmeregelungen müssen, da sie auf allgemeine Zustimmung angewiesen sind, von den Bürgern mehrheitlich akzeptiert oder eben toleriert werden. Insofern ist „eine Vertiefung des Ideals der Toleranz“ (Maclure / Taylor 2011, 142) anzustreben, welche eine friedliche Kooperation in religiös und weltanschaulich pluralen Gesellschaften ermöglicht. Gefordert ist eine Haltung der anerkennenden Toleranz, die sich im Sinn der Achtung der Weltdeutungen Anderer einer Ethik des Dialoges verpflichtet weiß. Ausgangspunkte dieser Ethik sind Empathie und eine Sensibilität für grundlegende Überzeugungen Anderer, da diese Überzeugungen „wesentliche Bestandteile der moralischen Identität“ (ebd.) von Mitbürgern sind. Dabei bedeuten Achtung und Respekt vor den Grundüberzeugungen Anderer nicht, kritische Anfragen oder auch ablehnende Voten zu unterbinden, was eine Einschränkung der Meinungsfreiheit bedeuten würde. Die Grenzen der Meinungsfreiheit sind – neben den ohnehin durch die Meinungsfreiheit nicht gedeckten Aufrufen zu Hass oder Gewalt – allerdings in Fällen extremer Diffamierung zu prüfen, weshalb der immer noch gültige Straftatbestand der „Religionsbeschimpfung" durchaus seine Berechtigung hat.[10] Eine eindeutige Trennungslinie in der Abwägung von Religions-, Glaubens- und Meinungsfreiheit mit ihren ggf. divergierenden Ansprüchen kann kaum gezogen werden, sondern ist im Sinn einer Güterabwägung stets neu zu vollziehen. Auch hierfür ist die Grundhaltung der Toleranz der Beteiligten unabdingbar.

In Abweisung traditionell laizistischer oder säkularer Haltungen ist schließlich an eine wesentliche Erkenntnis der religionstheoretischen Diskussionen der letzten Jahre zu erinnern, dass Religionen einen besonderen, nicht substituierbaren Zugang zu Dimensionen der Wirklichkeit eröffnen, der gleichzeitig zentrale ethische Grundlagen für das Gemeinwesen und entsprechende Orientierungsleistungen vermittelt. In diesem Sinn ist der „Beitrag der Religionen für den Aufbau einer Gemeinschaftskultur" (Hübner 2012, 223) zu würdigen, weshalb sie gerade nicht auf die Privatsphäre zu beschränken sind. In derselben Weise haben religiöse Menschen die fundamentalen Überzeugungen von säkularen Weltdeutungen als für viele Menschen analoge Grundüberzeugungen zu respektieren, was ebenfalls in der Form eines von Achtung und Empathie getragenen Dialoges geschehen kann, um durch die wechselseitige Anerkennung der Vielfalt religiöser und weltanschaulicher Überzeugungen die demokratische Kultur im Geist der Toleranz zu vertiefen (vgl. Maclure / Taylor 2011, 145f.; Joas 2011b, 6f.). Somit können gerade die Debatten um die Glaubens- und Religionsfreiheit ein gutes „Modell für die Austragung ideologischer Gegensätze unter Achtung der Würde der menschlichen Person abgeben" (Honecker 1978, 95).

Ausblick

Aus theologisch-sozialethischer Sicht ist Toleranz angesichts der Vielschichtigkeit der diskutierten Aspekte differenziert zu beurteilen. Eine weltanschauliche Haltung des Indifferentismus, die vergleichgültigend jede Deutung der Wirklichkeit akzeptiert, steht in einer deutlichen Spannung zum Wahrheitsanspruch der biblisch bezeugten Offenbarung. Diesem Wahrheitsanspruch haben sich Christen und die Kirchen allerdings in erster Linie selbstkritisch zu stellen und ihn nicht im Sinne eines verfügbaren Besitzes in einer intoleranten Haltung gegenüber anderen Wahrheitsansprüchen zu vertreten. Vielmehr folgt aus dem christlichen Wahrheitsverständnis die Anerkennung des Anderen als Person sowie die Achtung seiner Überzeugungen, was dem eigenen Wahrheitsanspruch durchaus widersprechen kann. Eine Grenze der Achtung und auch des Tolerierens anderer

[10] Im Kontext des Juristentages 2014 haben u. a. die Politikerin Ingrid Matthäus-Meier und die Berliner Strafrechtlerin Tatjana Hörnle die Abschaffung dieses Straftatbestands gefordert, was allerdings hinsichtlich der Aufgabe der Bewahrung des öffentlichen Friedens problematisch wäre. Vgl. FAZ v. 18.9.2014.

Wahrheitsansprüche besteht dort, wo die Anerkennung Anderer negiert wird und deren Wahrheitsverständnis und Freiheit letztlich zerstört werden.
Von dieser Überlegung ausgehend ist die Religions- bzw. Weltanschauungsfreiheit als grundlegendes Menschenrecht zu sichern, was die Zulassung begründeter Ausnahmeregelungen einschließt, aber auch Schranken der Religionsfreiheit als Grenzen des Tolerierbaren im oben genannten Sinn festlegt. Daraus folgt nicht zuletzt eine ethische Verantwortung von Kirchen, Religions- und Weltanschauungsgemeinschaften für die Stärkung eines Geistes der Toleranz im Sinn der Anerkennung der jeweils Anderen und der Achtung seiner Überzeugungen. Auf diese Weise können sie eine Kultur des Dialoges in dem besonders sensiblen und bisweilen auch konfliktträchtigen Bereich religiöser Überzeugungen vorleben, um gegenüber zunehmenden irrationalen Ängsten gegenüber fremden Religionen eine von Respekt und Toleranz geprägte Haltung zu fördern (vgl. Nussbaum 2014). Dies dürfte ein wichtiger und in dieser Weise nur von den Kirchen und Religions- bzw. Weltanschauungsgemeinschaften zu leistender Beitrag für das friedliche Zusammenleben in einer zunehmend religiös und weltanschaulich pluralen Gesellschaft sein. Darüber hinaus bezeichnet die wechselseitige Anerkennung und die Achtung der Überzeugungen des Anderen eine stabile Basis, um gemeinsam Verantwortung für eine menschengerechte Entwicklung des Gemeinwesens wahrnehmen zu können.

Literatur

Aquin, Thomas von: Summa Theologiae II/2

Assmann, Jan (2007): Monotheismus und die Sprache der Gewalt. Wiener Vorlesungen im Rathaus, Bd. 116. 3. Aufl. Wien

Bates, M. Searle (1947): Glaubensfreiheit. Eine Untersuchung. New York

Brunner, Emil (1946): Dogmatik I: Die christliche Lehre von Gott. Zürich

Buber, Martin (1962): Zwei Glaubensweisen, in: ders., Werke I. Schriften zur Philosophie. Heidelberg

Bultmann, Rudolf (1941): Das Evangelium des Johannes. Göttingen

Ebach, Jürgen (1979): Das Erbe der Gewalt. Eine biblische Realität und ihre Wirkungsgeschichte. Gütersloh

Ebeling, Gerhard (1981): Die Toleranz Gottes und die Toleranz der Vernunft. In: Zeitschrift für Theologie und Kirche, 78. Jg., 442–464

FAZ v. 18.9.2014

Fritzsche, Karl Peter (2004): Menschenrechte. Eine Einführung mit Dokumenten. Paderborn u. a.

Honecker, Martin (1978): Das Recht des Menschen. Einführung in die evangelische Sozialethik. Gütersloh

Ders. (1995): Grundriß der Sozialethik. Berlin / New York

Ders. (2010): Evangelische Ethik als Ethik der Unterscheidung. Münster

Hübner, Jörg: Ethik der Freiheit (2012): Grundlegung und Handlungsfelder einer globalen Ethik in christlicher Perspektive. Stuttgart

Jellinek, Georg (1895): Die Erklärung der Menschen- und Bürgerrechte. Ein Beitrag zur modernen Verfassungsgeschichte. Leipzig

Joas, Hans (2011a): Die Sakralität der Person. Eine neue Genealogie der Menschenrechte. Berlin

Joas, Hans (2011b): Säkularisierung und intellektuelle Redlichkeit. In: Neue Gesellschaft. Frankfurter Hefte H. 4, 4–7

Körtner, Ulrich H. J. (1998): Christus allein? Christusbekenntnis und religiöser Pluralismus aus evangelischer Sicht. In: Theologische Literaturzeitung 123. Jg., Nr. 1, Sp. 3–20

Kühn, Johannes (1923): Toleranz und Offenbarung. Eine Untersuchung der Motive und Motivform der Toleranz im offenbarungsgläubigen Protestantismus. Zugleich ein Versuch zur neueren Religion- und Geistesgeschichte (o. O.)

Locke, John (1966): Ein Brief über Toleranz. Übersetzt, eingeleitet und in Anmerkungen erläutert von J. Ebinghaus (engl./dt.). 2. Aufl. Hamburg

Luther, Martin (1952): Vorrede zum Kleinen Katechismus, in: Die Bekenntnisschriften der evangelisch-lutherischen Kirche. 2. verbesserte Aufl. Göttingen

Ders.: WA 6; WA 7; WA 11; WA 31 I; WA 39

Maclure, Jocelyn / Taylor, Charles (2011): Laizität und Gewissenfreiheit. Frankfurt a. M.

Nussbaum, Martha (2014): Die neue religiöse Intoleranz. Ein Ausweg aus der Politik der Angst. Darmstadt

Pannenberg, Wolfhart (1988): Christentum in einer säkularisierten Welt. Freiburg i. Br.

Ricœur, Paul (2006): Wege der Anerkennung. Frankfurt a. M.

Schopenhauer, Arthur (1972): Über Religion, in: ders., Sämtliche Werke, hg. von A. Hübscher, Bd. 6. Mannheim

Sohm, Rudolf (1923): Kirchenrecht II. München

Troeltsch, Ernst (1912): Die Soziallehren der christlichen Kirchen und Gruppen. Tübingen

Wolf, Ernst (1965): Toleranz nach evangelischem Verständnis. In: ders., Peregrinatio Bd. II. Studien zur reformatorischen Theologie, zum Kirchenrecht und zur Sozialethik. München, 284–299

Generationenverbundenheit – Denkmöglichkeiten und fundamentale Motivationsstrukturen

Jörg Hübner

I. Einleitung: Drei Modelle der Generationenverbundenheit in Konkurrenz zueinander

Er ist in aller Munde – dieser Begriff. Mittlerweile ist er gerade zum Schreckgespenst künftiger gesellschaftlicher Herausforderungen geworden. Spätestens bei der zukünftigen Haushaltsplanung fällt wieder dieses Stichwort: „demografischer Wandel".

„Demografischer Wandel" – das heißt: Unsere Gesellschaft hierzulande wird immer älter. Immer mehr alte Menschen müssen zukünftig von immer weniger jüngeren Menschen finanziert werden. Und damit verbindet sich die immer wieder viel beschworene Last, dass der sogenannte Generationenvertrag nicht mehr erfüllt werden könne.

Im gleichen Atemzug stellt sich dann die Frage, wie gerecht dann noch die damit verbundene Umlagefinanzierung ist. Dies ist die Frage der Generationengerechtigkeit – auch dies ein Schlagwort, das seit mehreren Jahren die Runde macht.

Und dann ist da schließlich das oft nicht ganz klar definierte Bewusstsein davon, dass es da so etwas wie eine gelebte Solidarität zwischen den Generationen gibt oder geben sollte. In diesem Zusammenhang machen verschiedene Modelle generationenübergreifenden Wohnens, des wieder erlebbaren Zusammenhangs von Jung und Alt, die Runde.

Drei sehr unterschiedliche Leitbilder mit einem hohen ethischen Gehalt verbinden sich also mit der aktuellen Diskussion um den demografischen Wandel: das Leitbild des Generationenvertrages, der Generationengerechtigkeit und der Generationensolidarität. Diese drei Leitbilder werden teilweise gegeneinander ausgespielt, miteinander vermischt oder prägen intuitiv die Argumentation, wenn es um die Herausforderungen des demografischen Wandels geht.

Deswegen möchte ich mich der Frage zuwenden: Was verbirgt sich hinter den drei sehr unterschiedlichen Leitbildern? Wovon lassen wir uns leiten? Aus welcher Motivation heraus wissen wir uns mit den anderen Generationen verbunden? Warum ist diese Frage der Verbundenheit zu anderen Generationen so gewichtig? Welche unserer Argumentationen und Motivationen ist in sich konsistent? Welche nicht?

II. Die Motivationsstruktur des Generationenvertrages

Damit bin ich beim ersten Leitbild, das eine Vielzahl von Diskussionen durchzieht, dem Leitbild „Generationenvertrag" (Kaufmann 1997, 69ff.). Was steht als Idee hinter diesem Leitbild?

Die beiden konfessionellen Großkirchen haben im Jahr 2000 eine gemeinsame Erklärung zur Alterssicherung veröffentlicht, in der der Generationenvertrag eine nach wie vor tragende Rolle einnimmt. „Verantwortung und Weitsicht" heißt diese Erklärung (EKD/DBK 2000). Schon damals hieß es in der Erklärung, dass bereits heute „dringlicher Handlungsbedarf im Hinblick auf eine langfristig angelegte Reform des derzeitigen Systems der Altersvorsorge" (EKD/DBK 2000, 7) bestehe. Dass seitdem viel geschehen sei, kann ja durchaus bezweifelt werden.

Die Erklärung „Verantwortung und Weitsicht" basiert in ihrer Grundaussage auf dem System des Generationenvertrages. Dazu heißt es in den Ausführungen:

„Leitgedanke des Generationenvertrages ist, dass jede Generation in zweifacher Hinsicht zu den Gebenden wie den Nehmenden zählt: Auf der aktiven Generation lastet sowohl die Sorge um die nachwachsende Generation als auch die Verpflichtung, die erworbenen Rentenansprüche der aus dem Erwerbsleben Ausgeschiedenen einzulösen. Die jüngere Generation kann sich auf entsprechende Leistungen der aktiven Elterngeneration stützen. Die ältere Generation kann wiederum darauf bauen, von der erwerbstätigen Generation mitgetragen zu werden" (EKD/DBK 2000, 7).

Es ist schon hier erkennbar, dass das Leitbild des Generationenvertrages eigentlich das Leitbild eines Generationenverbundes darstellt: Die unterschiedlichen Generationen sind quasi durch natürliche Gegebenheiten mittels eines gegenseitigen Gebens und Nehmens voneinander abhängig. Das Verhältnis der mittleren Generation zur jüngeren Generation wird als „Sorge" verstanden, aus der sich die „Verpflichtung" gegenüber der älteren Generation ergibt. Hat der jüngere Mensch die Zuwendung der mittleren Generation erfahren, so wird er diese im Modus der Verpflichtung den älteren Menschen zurückgeben.

So heißt es in der Erklärung auch weiter:

„In der natürlichen Abfolge der Generationen und den damit typischerweise verbundenen Lebenszyklen ist so die Solidarität zwischen den Generationen im Sinne eines übergreifenden Generationenverbundes angelegt" (EKD/DBK 2000, 7).

Das Stichwort „Solidarität zwischen den Generationen" lässt sich nur in dem Sinne deuten, dass es dem Leitbild des Generationenvertrages um eine synchrone Gerechtigkeit zwischen den unterschiedlichen Altersgruppen geht. Sie zielt auf eine näherungsweise Angleichung der Lebenslagen von Menschen verschiedenen Alters in der Gegenwart ab. In diesem Sinne werden in der rechtlichen Ausgestaltung des Leitbildes Generationenvertrag Renten- und Lohnentwicklung miteinander verkoppelt, um ein annähernd gleiches Niveau zwischen den Altersgruppen zu garantieren. Dies ist also das Ziel des Generationenvertrages: Den Rentnern wird ein realer Anteil am Sozialprodukt, die Teilhabe am Produktivitätsfortschritt und an der Steigerung des durchschnittlichen Pro-Kopf-Einkommens eingeräumt. Zwischen dem Lebensstil, den ein Zeitgenosse in seinem Berufsleben erfahren hat, und dem Lebensstil, den er als Rentner in einer vorfindlichen Gesellschaft besitzt, soll kein absoluter Bruch bestehen.

Dies ist also noch einmal zu unterstreichen: Ziel des Leitbildes Generationenvertrag ist es nicht, dass die eingezahlten Finanztitel nachher im Rentenalter zu einer gerechten Auszahlung in der Form einer angemessenen Rente kommen. Vielmehr ist dies das Anliegen des Generationenvertrages: Alle Generationen sollen einen angemessenen Anteil am Produktivitätsfortschritt der Gesellschaft erhalten, was eben auch monetäre Leistungen einschließt.

In diesem Sinne heißt es in der Erklärung „Verantwortung und Weitsicht“:

„Das macht zugleich deutlich, dass die Sorge für den Nachwuchs als nicht-monetärer generativer Beitrag ebenso bedeutsam ist wie die monetären Beiträge, die jeweils von der aktiven Generation aufgebracht und im Wege der Umlage an die Rentenbezieher weitergereicht werden“ (EKD/DBK 2000, 7).

Das Instrument des Generationenvertrages ist also die angesprochene „Umlage“; die Motivation, solch einer Umlage zuzustimmen, ist der intergenerative Zusammenhalt und die sich daraus gleichsam natürlich ergebende Solidarität.

Deswegen heißt es im zitierten Abschnitt der Erklärung abschließend:

„Beide Formen von Beiträgen – monetäre wie nichtmonetäre – sind, auf die jeweilige Generation in ihrer Gesamtheit bezogen, ‚Bringschulden‘“ (EKD/DBK 2000, 7f.).

„Umlage“, „Generationenverbund“, „Solidarität“ und daraus sich ergebende „Bringschulden“ – das sind die entscheidenden Stichworte, die sich hinter dem Leitbild „Generationenvertrag“ verbergen. Insbesondere ist hier auffällig, dass die Solidarität gleichsam als naturgegebene verstanden wird.

Jedoch: Trägt eine solche Motivation heute noch? Trägt sie überhaupt, oder hat sie damals in den späten 1950er Jahren, als der Generationenvertrag geschaffen wurde, nur deswegen getragen, weil die ökonomische Situation insgesamt auf Wachstum gestellt war und in Kombination damit eine Vielzahl von Menschen nach den furchtbaren Erfahrungen des Zweiten Weltkrieges in den Familien einen tragenden Verbund erleben wollten? Wurde der Generationenvertrag möglicherweise damals also von einer ökonomischen wie sozialpsychologischen Sekundärmotivation getragen, die nur temporär Bestand hatte? Wurde mit dieser Sekundärmotivation nicht ein Strukturfehler des Generationenvertrages verdeckt, der sich heute massiv bemerkbar macht?

III. Historische Notizen zum Entstehen des Generationenvertrages

Es fällt sofort auf, dass es in der Erklärung der beiden Großkirchen lediglich um eine Umlage zur Angleichung der Lebensverhältnisse zwischen der mittleren und der älteren Generation geht, obwohl von der Systematik her auch eine Teilhabe der jüngeren Generation an den Erfolgen der mittleren Generation notwendig wäre. Genau darauf zielte auch die Vorlage ab, die historisch gesehen am Anfang aller Überlegungen stand, auf die nun zu verweisen ist.

Historisch gesehen geht der terminus technicus „Generationenvertrag" auf die große Rentenreform 1957 zurück (Hueck 2007, 255f.). Mit ihr wurde in Deutschland die bruttobezogene dynamische Rente im Umlageverfahren eingeführt. Die lohnbezogene, dynamische Teilhaberente errechnet sich damit aus zwei Faktoren: erstens aus dem Lohn, der während der Erwerbsphase erzielt wurde, sowie zweitens aus der Einkommensentwicklung der Generation, die aktuell im Erwerbsleben steht. Als deren geistige Väter gelten auf der einen Seite der Ökonom Wilfried Schreiber, Vertreter des Bundes Katholischer Unternehmer (Schreiber 1955), auf der anderen Seite der katholische Sozialethiker Oswald von Nell-Breuning (Nell-Breuning/Fetsch 1981).

Der ursprüngliche Plan Schreibers enthielt nun interessanterweise neben dem später verwirklichten Gedanken einer umlagefinanzierten Rente aus den Beiträgen der Erwerbstätigen für die nicht mehr im Erwerbsleben Stehenden als zweites Element eine Kindheits- und Jugendrente. Diese sollte der Finanzierung der Aufwendungen dienen, die in der Ausbildung entstehen. In diesem Zusammenhang sprach Wilfried Schreiber von einem „Solidar-Vertrag zwischen jeweils zwei Generationen" (Schreiber 2004, 28). Neben der Gesetzlichen Rentenversicherung sollte eine Kindheits- und Jugendrente in der Form eines Ausbildungsdarlehens die Erwerbstätigen zu Leistungen für die nachwachsende Generation verpflichten (Schreiber 2004, 9). Das Ausbildungsdarlehen sollte von der Gesamtheit der aktiven Generation aufgebracht und den Eltern als Treuhänder ihrer Kinder ausgezahlt werden. Mit dem 35. Lebensjahr war dann die Rückzahlung geplant, wobei Unverheiratete doppelt, Familien mit zwei Kindern einfach und Familien mit sechs Kindern gar nichts zurückzahlen sollten (Schreiber 2004, 35).

Der Status „Solidar-Vertrag" signalisierte gemäß diesen Vorstellungen Schreibers ein Dreifaches: Erstens gleichen zwei Generationen ihr wohlverstandenes Eigeninteresse zum gegenseitigen Gewinn in einem fiktiven Vertrag ab; zweitens soll diese Leistung nicht vom Gutdünken der Einzelnen abhängig gemacht werden, sondern vielmehr – eben wegen ihrer Verankerung im gleichen gegenseitigen Interesse – staatlicherseits eingefordert werden dürfen. Schließlich muss der Solidarvertrag dem Umstand Rechnung tragen, dass er an Bedingungen geknüpft ist, die er selber nicht garantieren kann, die aber für sein Fortbestehen essentiell sind – nämlich die Förderung des Nachwuchses an gebildeten Kindern. Schreibers Plan ist bekanntermaßen nicht verwirklicht worden, weil Konrad Adenauer angeblich gesagt haben soll: „Kinder haben die Leute sowieso" (Hueck 2007, 256). Diese Einschätzung hat sich als falsch herausgestellt.

IV. Die temporäre Bedingtheit des Generationenvertrages und seine Webfehler

Diese historischen Notizen machen noch einmal deutlich, worin der grundsätzliche und aktuelle Strukturfehler des Modells „Generationenvertrag" begründet liegt:
Erstens ist ein Generationenvertrag als Umlageverfahren nur dann funktionsfähig und in sich stimmig, wenn er drei Generationen umschließt. Nur so kann garantiert werden, dass die Verbundenheit zwischen den Generationen ökonomisch und systemisch erhalten bleibt. Ansonsten entsteht das Leitbild einseitiger Transferleistungen; zugleich wird die Motivation zur Bereitstellung einer Umlage systematisch untergraben. Genau dies scheint m. E. durch die Begrenzung auf zwei Generationen geschehen zu sein.
Zweitens geht damit das andere Problem einher: Der scheinbar „natürliche" Aufbau eines Generationenverbundes besteht in einer arbeitsteiligen Gesellschaft, wie sie insbesondere in einer Zeit fortschreitender Globalisierungsprozesse entstanden ist, lange nicht mehr. Die gestiegene örtliche und berufliche Mobilität bringt es mit sich, dass sich Generationen räumlich fremd geworden sind. Dies mag in den 1950er Jahren noch anders gewesen sein. Alleine aus ökonomischen Gründen bestand zwischen den Generationen damals ein tiefes Solidaritätsbewusstsein. Die Großeltern haben ihre Enkelkinder erzogen, so dass die mittlere Generation der Erwerbstätigkeit nachgehen konnte. Jedoch: Diese Solidarität und Verbundenheit zwischen den Generationen war durchaus nicht naturgegeben, sondern letztlich ökonomisch und kulturell motiviert: Es sollte ja allen, vor allem aber den Kindern und Enkelkindern besser gehen als ihren Eltern, die den Krieg erlitten hatten.
Drittens kommt etwas Gewichtiges hinzu: Die gestiegene Lebenserwartung bringt es mit sich, dass älter werdende Menschen in vielen Fällen eine dritte Phase des Lebens durchleben, in der sie noch sehr selbstständig wirken können und dies auch wollen. In dieser Lebensphase wird gegenüber der Vergangenheit – und dies belegen die Zahlen sehr deutlich – angespartes Kapital verbraucht. Älter werdende Menschen können und wollen sich nicht mehr auf die Care-Arbeit beschränken lassen, sondern selbständig ihr Leben in die Hand nehmen. So gibt es zunehmend mehr urbane Räume, in denen vorwiegend ältere Menschen leben und die bewusst als enkelfreie Zonen ausgerufen werden. Insbesondere in den US-amerikanischen Staaten macht sich solch eine Bewegung breit, und sie wird gewiss in irgendeiner Form auch hierzulande kopiert werden, denn

sie entspricht den gestiegenen Bedürfnissen älter werdender Menschen. Es fällt also auch von Seiten der nicht mehr Erwerbstätigen die Motivation zur Solidarität mit den Jüngeren aus – und das nicht deswegen, weil die Menschen heute egoistischer geworden seien, sondern deswegen, weil sich die Leistungsfähigkeit der älteren Menschen erheblich gesteigert hat.

Schließlich viertens: Die Generation der 1950er und 1960er Jahre vertrat berechtigt die Auffassung einer kontinuierlichen Fortentwicklung; den Kindern soll es einmal besser gehen als uns. Dieses „Besser-Gehen" hatte eine ökonomische Wurzel, nämlich eine Wachstumswelle, die die ganze Gesellschaft erfasste. Davon kann seit dem ersten Ölpreisschock und insbesondere seit den verschiedenen sich verstärkenden Krisen der 1990er und 2000er Jahre nicht mehr die Rede sein. Es ist nicht mehr einsichtig zu machen, dass wir noch sinnvoll von einem Wachstum der Wirtschaft reden können – oder angesichts des einsetzenden Klimawandels überhaupt noch sinnvoll dürfen wollen. Letztlich wurde die Generationenverbundenheit also durch ein Wachstumsdenken zusammengeschmiedet; schwindet diese ökonomische Basis einer Umverteilung des Mehr, so verliert auch die Generationenverbundenheit an Plausibilität.

Es bleibt also festzuhalten, dass die im Generationenvertrag vorausgesetzte Generationensolidarität eine temporär bedingte Ausnahmeerscheinung war. Nicht die naturgegebene Verbundenheit mit den anderen Generationen war die Motivationsbasis für den Generationenvertrag, sondern die Sekundärmotivation einer wachsenden Wirtschaftsgesellschaft und der kollektive Kompensationswille nach den Katastrophenerfahrungen der Weltkriegszeit. Dass solch eine Motivationskraft wiederkehren wird, kann und darf nicht zu hoffen sein.

Genau aus diesem Grund wird das Leitbild „Generationenvertrag" in weiten Teilen der Gesellschaft sublim durch das Leitbild „Generationengerechtigkeit" ersetzt – mit fatalen gesellschaftlichen Entsolidarisierungstendenzen.

V. Grenzen des Leitbildes „Generationengerechtigkeit"

Seit einigen Jahren wird das Leitbild „Generationengerechtigkeit" dem Leitbild „Generationenvertrag" entgegengesetzt. Ursprünglich ist das Postulat der „Generationengerechtigkeit" der Ökologischen Ethik entnommen und bedeutet nun: Niemand soll in der Entfaltung seiner Lebens-Chancen benachteiligt sein, weil er durch die Zugehörigkeit zu einem gewissen Geburtsjahrgang im Vergleich mit anderen Alterskohorten eine schlechtere Ausgangsbasis besitzt. Hinter dem Leitbild „Generationengerechtigkeit" verbirgt sich also die Forderung: Jeder Geburtsjahrgang soll das Recht haben, seine langfristige kollektive Lebensbilanz auszugleichen (Reuter 2005). Dies betrifft besonders die Geburtenjahrgänge, die berufstätig sind und durch zu hohe Umlagen zugunsten einer Versorgung der nicht mehr Erwerbstätigen in der Entfaltung ihrer Lebenschancen behindert werden (Handbuch Generationengerechtigkeit 2003).

Letztlich läuft dieses Leitbild „Generationengerechtigkeit“ damit auf eine entschiedene Korrektur des Leitbildes „Generationenvertrag“ hinaus.
Es favorisiert rein praktisch nur noch eine minimale staatliche Existenzversicherung zur Vermeidung der absoluten Armut im Alter und den radikalen Übergang zu einer kapitalgedeckten Alterssicherung. Dieses Modell geht mit der Vision einher, dass alleine eine kapitalgedeckte Alterssicherung genügend Rendite abwirft, um die zukünftigen Alten ausreichend an den Errungenschaften der Gesellschaft teilhaben zu lassen. Von der Teilhabe unterschiedlicher Generationen an den Fortschritten der wirtschaftlichen, technischen und gesellschaftlichen Weiterentwicklungen bleibt in diesem Modell nichts mehr übrig. Das Paradigma einer kapitalgedeckten Alterssicherung bei einer sozialstaatlich geregelten Minimalrente knapp oberhalb der Armutsgrenze bedeutet den Abschied von den Grundlagen des Generationenvertrages und führt letztlich zu zukünftig radikal steigender Altersarmut.
Es stellt sich dann allerdings die Frage: Kann ich dies denken wollen? Kann ich so radikal der Verbundenheit mit anderen Generationen den Abschied geben, wie dies im Leitbild „Generationengerechtigkeit“ geschieht?
Zunächst einmal setzt das Leitbild „Generationengerechtigkeit“ voraus, dass sich eine saubere Bilanz dafür erstellen lässt, welche Vor- oder Nachteile ein gewisser Geburtenjahrgang gegenüber einem anderen Geburtenjahrgang besitzt. Aber: Lässt sich wirklich genau belegen, welche Fortschritte in technischer und ökonomischer Hinsicht einer Alterskohorte zuzuschreiben sind? Oder umgekehrt: Kann man die Finanzkrise und deren Folgen nur einer gewissen Alterskohorte und ihrem gierigen Verhalten zuschreiben? Generationenbilanzen, die alle fiskalischen Belastungen und staatlichen Leistungen altersspezifisch erfassen und bevölkerungsprognostisch hochrechnen, lassen sich auch nicht nur annäherungsweise zweifelsfrei erfassen.
Das Leitbild „Generationenvertrag“ besteht darüber hinaus aus einem Versicherungsprinzip und aus dem Prinzip der Teilhabeäquivalenz. Dies bedeutet, dass sich die Rente auch an einem kollektiven Durchschnitt orientiert. Dahinter verbirgt sich die Einsicht, dass bestimmte Risiken jeden Erwerbstätigen unabhängig von der Höhe seines Einkommens treffen können. Der Abschied von diesem Prinzip der Teilhabeäquivalenz ist nur unter den Umständen einer gesunden Lebenssituation anziehend und attraktiv. Wenn jedoch Risiken wie Fehlspekulationen und Erkrankungen ernsthaft in Erwägung gezogen werden, kann ein solches System der kapitalgedeckten Altersversorgung nicht mehr ernsthaft gedacht werden wollen.
Darüber hinaus stellt sich schließlich die Frage, ob gerade bei einem System einer kapitalgedeckten Alterssicherung nicht über die Hintertür doch wieder die Verbundenheit quer über alle Generationen zurückkehrt: Dass nämlich das von mir aufgesparte Kapital eine wunderbare Rendite abwirft, hängt in der Phase des Altwerdens nicht mehr von mir als Kapitaleigner alleine ab, sondern vor

allem und wesentlich von der Produktivität derjenigen, die im Berufsleben stehen.

Zusammengefasst lässt sich also sagen: Das Leitbild „Generationengerechtigkeit“ ist in sich inkonsistent. Es handelt sich doch auch wieder um ein Leitbild, das indirekt und unausgesprochen die Verbundenheit der Generationen voraussetzt, ohne daraus die nötigen Konsequenzen zu ziehen. Zugleich kann es nicht ernsthaft gedacht werden können, weil es die Substanz, aus der es zehrt, selber verbraucht. Ernsthaft durchdacht kann es alleine aus ökonomischen Gesichtspunkten nicht im Interesse eines jeden Menschen liegen, der Verbundenheit mit den anderen Generationen den Abschied zu geben.

Wie lässt sich denn nun das Modell einer Generationenverbundenheit denken, nachdem das Leitbild „Generationenvertrag“ seine Wertigkeit verloren hat und das Leitbild „Generationengerechtigkeit“ als inkonsistent entlarvt werden kann?

VI. Generationensolidarität im aufgeklärten Eigeninteresse

Die entscheidende Frage lautet also: Aus welcher Motivation heraus kann ich sinnvollerweise die Verbundenheit mit den anderen Generationen denken? Die Pflicht, die Bringschuld oder die naturgewachsene Generationen-Solidarität kann es nicht sein, und sie war es vermutlich, so die hier vertretene These, auch früher nicht. Was aber ist dann zukunftsfähig und sozialpolitisch wirksam?

Jenseits von fesselnder Vertragsbindung und Schein-Gerechtigkeit lässt sich nur eine Motivationsstruktur kommunikabel machen: Die Verbundenheit mit den anderen Generationen sollte, wenn sie wirksam werden will, strukturell und kulturell im „aufgeklärten Eigeninteresse“ liegen (Anselm 2008). Das aufgeklärte Eigeninteresse, das auf der Linie einer freiheitlichen Gesellschaft liegt, ist ein starker Faktor, der intrinsisch motiviert.

Wie lässt sich nun eine Generationensolidarität im Sinne eines aufgeklärten Eigeninteresses begründen?

Die Grenzen des Individuellen hin zur Sozialität werden dort überschritten, wo der Betroffene sich in seiner Existenz wie im Lebensvollzug als verdankt erlebt: Im Danken werden automatisch, intrinsisch und damit wirksam Individualität und Sozialität miteinander verschränkt. Wer dankt, der spricht zwar von der eigenen Erfahrung, befindet sich aber sofort im Modus der erweiterbaren Verbundenheit. Wer dankt, der kennt seinen eigenen Standpunkt, aber notwendigerweise auch die Rückgebundenheit der eigenen Selbstwerdung an die kollektive Leistung anderer.

Ganz konkret: Je mehr der Betroffene als Heranwachsender die Erfahrung der Unterstützung seiner Eltern gemacht hat und diese im Modus des Dankens zum Ausdruck bringen kann, desto mehr lässt sich für ihn die Vorstellung plausibilisieren, sinnvoll ist, den älteren Generationen eine Unterhaltszahlung zu gewähren, da sie ihm umgekehrt im Älterwerden auch zugutekommt. Als „aufgeklärtes Eigeninteresse" (Anselm 2008) ist diese intrinsische Motivationsstruktur zu bezeichnen. Aufgeklärt ist sie deswegen, weil sie ein zündendes Movens benötigt. In diesem Fall ist es konkret der Dank. Ein Eigeninteresse ist sie deswegen, weil sie den Betroffenen dazu nötigt, den positiven Nutzen von rückgebundenen Modalitäten der Lebensführung zu denken.

Es gibt noch ein weiteres starkes Movens, und das sind die Konsistenz der gemachten Lebenserfahrungen und deren Rechtfertigung vor dem Selbst. Wer die Erfahrung der elterlichen Begleitung genossen hat, der wird auch das Interesse haben, diese Erfahrung einer anderen Generation weiterzugeben. Ansonsten würde er sich dem bohrenden Selbstwiderspruch aussetzen, einseitig eine Leistung beansprucht zu haben, ohne sie erwidern zu können.

Investition in meine Zukunft – so ließe sich diese Motivationskraft des aufgeklärten Eigeninteresses auch umschreiben. Derjenige, der Unterhaltszahlungen für die ältere Generation durch ein staatlich sanktioniertes Umlageverfahren zustimmt, investiert in seine eigene Zukunft und macht die zukünftige Teilhabe am vorhandenen Kapital für sich reflexiv plausibel. Er sollte damit einigermaßen sicher erwarten können, dass auch er in den Genuss solcher Zahlungen kommt.

Hinzu kommt ein weiteres Argument: Sowohl die Ausbildungszeiten als auch die Lebenszeiten in den letzten Jahrzehnten sind deutlich länger geworden. Damit wachsen also die Phasen der abhängigen Lebensführung. Vor diesem Hintergrund kann es nur im aufgeklärten Eigeninteresse liegen, institutionellen Bedingungen zuzustimmen, die es dem Betroffenen erlauben, in den länger werdenden Phasen der Abhängigkeit genügend Teilhabe an den immateriellen und materiellen Gütern eines guten Lebens zu erhalten. An der Ermöglichung einer im hohen Maße selbstbestimmten und sozial abgesicherten Lebensführung in Zeiten der Abhängigkeit von anderen wird jeder interessiert sein. Auch deswegen gilt es zu erwarten, dass jeder aus aufgeklärtem Eigeninteresse bereit ist, einer Sicherstellung des Generationenzusammenhangs durch staatliche Regelungen zuzustimmen.

Damit solch eine stützende Motivation durchgängig wirksam ist, darf ihr die Sozialstruktur nicht fundamental widersprechen. Dieser Frage ist nun andeutungsweise nachzugehen.

VII. Praktische Konsequenzen für ein nachhaltiges Rentensystem

Es kann nicht im Sinne der oben genannten Motivation sein, dass die Erwerbsgeneration so sehr durch Steuerzahlungen beschwert wird, dass sie eine Familiengründung als ökonomisches Risiko erfährt und deswegen die Investition in die Zukunft ablehnt. Es wird also der Geburtsfehler des Rentensystems der 1950er Jahre entschieden zu korrigieren sein (EKD/DBK 2000). Die Leistung, die wirtschaftlich gesprochen durch die „Reproduktion und Regeneration von Humanvermögen“ erzeugt wird, darf nicht zu gravierenden Nachteilen für die private Altersversorge führen. Die vollständige Privatisierung der Erziehungsleistung wird deswegen notwendigerweise zu überwinden sein. Das geltende Rentensystem sieht hierfür schon Berücksichtigungszeiten bei der Sorge für Kinder in verschiedenen Stufen vor. Ob dieser Schritt schon ausreicht, ist als fraglich zu bezeichnen. Weiter führt hier eine Überführung des Ehegattensplittings in ein Familiensplitting oder die Bindung eines „normalen“ Rentenniveaus an erbrachte Kindererziehungs- oder Pflegezeiten. Damit ist möglicherweise ein Grundeinkommen im Alter in Verbindung zu bringen, dass durch die Anrechnung von Erziehungs- und Pflegezeiten erheblich aufgestockt wird. Alternativ wird dieses Grundeinkommen für Betroffene ohne Kinder oder pflegebedürftige Angehörige durch kapitalgedeckte Altersvorsorgesysteme aufzustocken sein.

Das Rentensystem ist in diesem Sinne systematisch auf dem Boden einer bewussten Generationenverbundenheit aufzubauen. Das Rechnen bzw. Gegenrechnen von Einzahlungen bzw. Leistungen in die Rentenkasse ist zu überwinden. Andernfalls zehrt es das vorhandene Kapital auf und zerstört die entscheidende Motivationsstruktur, an der im Blick auf ein stabiles Rentensystem anzuknüpfen wäre. Dies gelingt jedoch nur dann, wenn Erziehungszeiten in einem hohen Maße Berücksichtigung finden und nicht systemwidrig als ökonomische Belastung erfahren werden. Das Modell einer Generationenverbundenheit im Sinne eines aufgeklärten Eigeninteresses setzt das Miteinander von mindestens drei Generationen voraus (Jähnichen 2013, 128f.).

Neben diesen strukturellen Reformen bedarf das Modell einer Generationenverbundenheit einer kulturellen Vertiefung, wozu gerade der praktizierte Glaubensvollzug einen entscheidenden Beitrag leisten kann: Das vierte Gebot spiegelt nämlich genau das hier begründete aufgeklärte Eigeninteresse wider: „Du sollst Vater und Mutter ehren, auf dass es Dir wohl ergehe und Du lange lebst im Land.“ Als einziges Gebot ist das vierte Gebot mit einer positiven Begründung versehen und steht zugleich an erster Stelle auf der zweiten Tafel des Dekalogs (Crüsemann 1983, 55ff.). Die Begründung dieses Gebots ist gewichtig, da sie doch in aller Deutlichkeit angibt, um welche Motivation es geht, nämlich um das Überleben im Sinne eines nutzenorientierten Selbstinteresses. Im Sinne eines auch zukünftig geltenden Lastenausgleichs sollen die Menschen versorgt werden, die in Phasen der Abhängigkeit mit einem zusammen im Haus leben. Die Frage ist gewichtig und bedeutsam für jeden, der die Zukunft zu denken wagt und sich von einer sinnvollen Zukunftsperspektive noch nicht verabschiedet hat. Wer Zukunft offensiv mitdenkt, der wird notwendigerweise auch von einer Verbundenheit der Generationen zu sprechen haben. Zukunft denken und wagen – hier ist der Weg zur religiösen Orientierung, insbesondere der Weg zur christlichen Gewissheit nicht weit. Generationenverbundenheit – das also ist immer auch ein theologisches Thema. Es sollte Christinnen und Christen durchaus nicht kalt lassen, sondern uns brennend interessieren. Der Weg in eine gravierende kollektive Altersarmut, die mehr und mehr am Horizont erscheint, kann keinen überzeugen. Es ist strukturell und kulturell alles an Anstrengungen zu übernehmen, um dem Kalkül der Generationenverbundenheit zu einem nachhaltigen Erfolg zu verhelfen.

Literatur

Alternde Gesellschaft (2013): Soziale Herausforderungen des längeren Lebens. Jahrbuch Sozialer Protestantismus, Band 6. Hg. von T. Jähnichen, T. Meireis, J. Rehm u. a. Gütersloh

Anselm, Reiner (2008): Solidarität oder wohlverstandenes Eigeninteresse? Evangelische Perspektiven für eine Ethik der Generationenverhältnisse. In: Eurich, J. / Dabrock, P. / Maaser, W. (Hg.), Intergenerationalität zwischen Solidarität und Gerechtigkeit. Heidelberg, 73–81

Crüsemann, Frank (1983): Bewahrung der Freiheit. Das Thema des Dekalogs in sozialgeschichtlicher Perspektive. München

EKD/DBK (2000): Verantwortung und Weitsicht. Gemeinsame Erklärung des Rates der Evangelischen Kirche in Deutschland und der Deutschen Bischofskonferenz zur Reform der Alterssicherung in Deutschland. Gemeinsame Texte 16. Hannover/Bonn

Eurich, J. / Dabrock, P. / Maaser, W. (Hg.), Intergenerationalität zwischen Solidarität und Gerechtigkeit. Heidelberg

Handbuch Generationengerechtigkeit (2003): Hg. von der Stiftung für die Rechte künftiger Generationen. München

Hueck, Nikolaus (2007): Generation Riester. Der Generationenvertrag in der Demographiefalle. In: ZEE 51 (2007), 249–266

Jähnichen, Traugott (2013): Das Alter ehren, der Jugend Gewicht geben? Überlegungen zur Generationensolidarität und Generationengerechtigkeit in theologischer Perspektive. In: Alternde Gesellschaft. Soziale Herausforderungen des längeren Lebens. Jahrbuch Sozialer Protestantismus, Band 6. Hg. von T. Jähnichen, T. Meireis, J. Rehm u. a. Gütersloh, 113–134

Kaufmann, Franz-Xaver (1997): Herausforderungen des Sozialstaates. Frankfurt a. M.

Nell-Breuning, Oswald von und C.G. Fetsch, Drei Generationen in Solidarität – Rückbesinnung auf den echten Schreiber-Plan. Köln

Reuter, Hans-Richard (2005): Der ‚Generationenvertrag'. Zur ethischen Problematik einer sozialpolitischen Leitvorstellung. In: K. Gabriel / H.-J. Große Kracht (Hg.), Brauchen wir einen neuen Gesellschaftsvertrag? Wiesbaden, 171–192

Schreiber, Johannes (2004): Existenzsicherheit in der industriellen Gesellschaft (1955). Unveränderter Nachdruck des „Schreiber-Plans" zur dynamischen Rente aus dem Jahr 1955, hg. vom Bund Katholischer Unternehmer. Köln

Die Ordination – Risiken und Chancen auf einem weiten Feld

Georg Eberhardt

„In der Debatte um das Verhältnis von Ordination und Beauftragung spiegelt sich auch eine … Verunsicherung hinsichtlich der pastoralen Identität und Aufgabe wider." So schreibt Martin Honecker in einer Einführung in die theologischen Grundlagen des evangelischen Kirchenrechts, die 2009 veröffentlicht worden ist (Honecker 2009, 109). Diese Verunsicherung ist innerhalb der evangelischen Kirchen spürbar und reicht bis in das weite Feld der Ökumene, wie etwa Hans-Georg Link die „noch nicht vollzogene Anerkennung der evangelischen ordinierten Ämter" als einen Themenbereich nennt, der noch trennend zwischen der evangelischen und katholischen Kirche steht (Link 2014, VII).

Die Verunsicherung wird nicht kleiner, wenn „[d]as Ende der exklusiven Ordination" in einem Beitrag des Deutschen Pfarrerblatts ausgerufen wird (Hauschildt 2014; die folgenden Zitate sind diesem Aufsatz entnommen).

Man reibt sich die Augen und möchte mehr wissen. Nein, es ist kein Hinweis darauf, dass künftig die Ordination mit der Konfirmation verknüpft wird, weil wir doch das allgemeine Priestertum aller Glaubenden bekennen und das ja auch einmal erkennbar gemacht werden sollte.

Vielmehr wird von Eberhard Hauschildt dargelegt, dass in den vergangenen zehn Jahren erstmals nach fünfhundert Jahren „Bewegung in die Ordinationsdebatte gekommen ist". Der neue Schwung ist danach einem Modellversuch der Evangelischen Kirche im Rheinland zu verdanken, in dem zunächst als Projekt im Jahr 1994 Prädikantinnen und Prädikanten die Möglichkeit zur Ordination eröffnet wurde. 2005 ist das auch für andere kirchlich Berufstätige möglich, wenn sie eine zusätzliche Prädikantenausbildung absolviert haben. Exklusiv ist die Ordination also immer noch, aber die Inkludierten sind nicht mehr nur die Pfarrerinnen und Pfarrer.

Nach einigem Zögern zogen die lutherischen Kirchen im Jahr 2004 nach, entwickelten jedoch eine andere Form, nämlich die „Beauftragung für Prädikanten, Religionspädagogen, Diakone, Küster usw." für einen „begrenzten Dienst". Zwei Jahre später schon wurde ein neuer Erkenntnisgewinn in eine Regelung umgegossen, wonach die Beauftragung nur für die Prädikantinnen und Prädikanten zulässig sei. Wieder zwei Jahre später, im Jahr 2008, wurde nochmals gefeilt und poliert und die Beauftragung als „‚einmalig' und ‚unbefristet' bezeichnet". Aber der Schwung trug noch weiter. Seit 2012 ist die Beauftragung im theologischen Sinn als Ordination anzusehen. Die Ordination hat es also erkennbar nicht leicht nach fünfhundert Jahren.

Ein Plädoyer, die Ordination doch gleich dahinfahren zu lassen, wird von Hauschildt mit der Begründung zurückgewiesen, nach evangelischem Verständnis sei das liturgische Gegenüber der Gemeinde besonders hervorzuheben „und darin etwas von dem Gegenüber Gottes zu personalisieren". Das ist ja nicht wenig, weshalb vermutlich dieses „etwas" nicht weiter entfaltet wird. Ein römisch-katholischer oder orthodoxer Priester wird sein Gegenüber der Gemeinde sicher so verstehen und das auch noch begründen können. Wer um die liturgische Vielfalt in evangelischen Gottesdiensten weiß, hat auch das Bild vom Mann oder der Frau hinter dem Key-Board vor Augen, der leitet, oder von stellvertretenden Verkündigungen und Lehren durch Menschen unterschiedlichen Alters und Profession wenigstens in den „Zweit-Gottesdiensten".
Das Feld wird nicht einfacher zu übersehen, wenn man das „neuzeitliche Gegenüber" von Berufstätigkeit und Ehrenamt als Hilfe zur Klärung hinzunimmt. „Pfarrerinnen und Pfarrer sind nicht mehr darin anders, dass sie Ordinierte sind, sondern allein deshalb, weil sie einen anderen Beruf ausüben" – dies wird von Hauschildt besonders herausgehoben. Warum aber gibt es dann solche Menschen, die als Pfarrerinnen und Pfarrer „im Ehrenamt" allesamt einen anderen Beruf ausüben und dennoch in der Regel ordinierte Pfarrerinnen und Pfarrer sein wollen und es auch sind?
Als anzustrebendes Ziel soll, so Hauschildt, eine „Ausdifferenzierung innerhalb des Dienstes der Ordinierten" erreicht werden, was „mit den quasi ordinierten Prädikantinnen und Prädikanten bereits angelegt" sei. Insinuiert wird mit dieser Terminologie aus der Biologie eine zwangsläufige und natürliche Entwicklung, die nicht aufzuhalten ist. Was genetisch angelegt ist, wird sich Bahn brechen, so oder so.
Wir finden uns nicht nur in einem Entwicklungs-, sondern auch Fortschrittsmodus. Schließlich wird auf diesem Weg durch die Evangelische Kirche in Deutschland „im neuen Jahrtausend die Personalbasis für *das* kirchliche Amt entscheidend verbreitert: Auch ehrenamtliche und also Personen, die kein akademisches Theologiestudium absolviert haben, können einen bislang exklusiv den ordinierten Pfarrerinnen und Pfarrern zugeordneten Dienst übernehmen". Mit diesem Instrument könne dem gleichsam naturhaften künftigen Mangel an Pfarrerinnen und Pfarrern begegnet werden. Und wer wollte schon gegen eine Verbreiterung sein, wo ein Mangel droht?
Diese fortschreitende Entwicklung trage auch dazu bei, dass man das Bild vom Pfarrberuf eines „Generalisten" damit auch dauerhaft überwindet. Der Generalist gehört gewissermaßen zum vorigen Jahrtausend und verbirgt nicht nur den heimlichen Wunsch einer „Allzuständigkeit der Pfarrerinnen und Pfarrer". Vielmehr noch, oder besser, noch schlimmer: „Generalisten können eben auch nichts richtig gut."
Gott sei Dank, ist man versucht zu sagen, werden diese unterdurchschnittlich Befähigten in pädagogischer Vermittlung, in Gesprächsführung und in face-to-

face-Kommunikation durch kompetente Fachleute nach und nach abgelöst. Auch die Glaubwürdigkeit bei den Ehrenamtlichen ist ausgeprägter, weil sie ja nicht von der Verkündigung des Evangeliums leben.

Die Idee des Bologna-Prozesses ist so auch mitten in der Kirche wirksam geworden. Wissen wird nun auch hier aufgeteilt in Fach-Kompetenzen, die so endlich auf dem richtigen, höheren Niveau angekommen sind.

Allerdings wird das „Generalistische im Pfarrberuf" in einer anderen Dimension erhalten, aber eben nicht mehr durch einen Generalisten, sondern durch einen Menschen, der in der Pfarrausbildung „einen weiten Horizont" erhalten hat und über die „eigenen Verhältnisse im hier und jetzt" hinausdenken kann. Dieser bessere Blick auf das Große und Ganze, auf die Ökumene sei prädestiniert, so Hauschildt, für die Repräsentation der Kirche bei größeren Anlässen und der Wirksamkeit jenseits der „lokalen Gottesdienste in kleinen kerngememeindlichen Verhältnissen".

Die Prädikantin wird also auch weiterhin am 4. Sonntag in den Sommerferien predigen dürfen, am hohen kirchlichen Feiertag der Herr Pfarrer. Aber immerhin sind beide jetzt ordiniert.

Zu danken haben wir das alles einem anderen, besseren Ordinationsverständnis und dessen Entfaltung in der kirchlichen Praxis. Nun aber, so die These von Hauschildt, gehen die „Zeiten der Egalisierung des Feldes der Ordinierten" ihrem Ende zu. Das wird von ihm behauptet, nicht aber begründet. Geht diese Zeit der Egalisierung zu Ende, weil das so angelegt ist, fragt man sich? Oder weil es so mit der Ausweitung der Ordination nicht weitergehen soll? Wenn ja: Warum? Ist es theologisch nicht angemessen, oder stoßen sich vielleicht doch die Sachen hart im Raume? Übersetzt heißt das doch: Jetzt ist aber mal gut mit dem Ordinieren der verschiedenen Gruppen. Wir sind auf unserem frei gewählten Weg in unwegsames Gelände geraten, und es ist höchste Zeit, wieder festen Boden unter die Füße zu bekommen.

Was sollen wir dazu sagen?

Zunächst sind all diese feinteiligen Unterscheidungen einem normalen Gemeindeglied nur schwer zu vermitteln. (Und vom Diakonat, dem ältesten im Neuen Testament bezeugten Amt, war noch gar nicht die Rede.) Wer aber die Volkskirche als eine dem Evangelium angemessene Kirche will, sollte besonders in wichtigen Dingen so reden, dass auch die Menschen verstehen, die nicht in der theologisch-akademischen Welt der konfessionellen Bünde zuhause sind. Der lokale Journalist, der über einen Ordinationsgottesdienst berichten soll, verwechselt die Ordination gerne mit einer Priesterweihe. Die kann er verstehen, alles, was darüber hinausgeht, fällt ihm schwer. Meist fehlt Zeit zu erklären, warum Luther geschrieben hat: „Ordinare non est consecrare." Das Numinose haftet zäh am geistlichen Amt. Weil das seit Jahrtausenden schon so ist, brauchen wir Heutigen nicht meinen, das den Menschen in wenigen Jahren wegerklären zu können.

Die falsche Vermittlung der Ordination dem gesunkenen Niveau im Journalismus zuzuschreiben ist möglich, aber sinnlos. Eine Hilfe wäre eher, das Problem der Vermittlung auf der Seite von Kirche und Theologie zu suchen. Gerade dort, wo sich die akademische Theologie mit den unmittelbaren Fragen der Kirche und der Gemeinde befasst, haben deren Vertreter die Bringschuld, sich verständlich zu machen. Jede Pfarrerin muss diese Fähigkeit auf der Kanzel, jeder Pfarrer im Religionsunterricht anwenden: komplexe Sachverhalte verständlich darzulegen.

Sodann lehrt der weite Blick in die Ökumene, dass sich die evangelischen Kirchen mit dieser weit gefassten Form der Ordination von der Ökumene mit der römisch-katholischen Kirche und der gesamten Orthodoxie verabschieden. Wenn man sich seiner protestantischen Orthodoxie sicher ist, wird man das in Kauf nehmen. Aber es ist hilfreich, Entscheidungen weiter zu denken. Denn es handelt sich bei der Ordination eben nicht um naturhaft angelegte und also zwangsläufige Entwicklungen, sondern um Entscheidungen, die von Menschen getroffen werden. Statt, zum Beispiel, einen künftigen Mangel an Pfarrerinnen und Pfarrern zu beklagen und unzuträgliche Lösungen zu suchen, könnte man auch für diesen Beruf werben.

In Zeiten einer verzweckten Bildung, die auch an den Universitäten junge Menschen auf Professionen vorbereiten soll – wir haben in Deutschland keine Rohstoffe und müssen deshalb nützliches Wissen produzieren! –, könnte das Studium der Theologie auch heute noch subversiv andere Paradigmen der Bildung pflegen. Theologie als Sinnwissenschaft zu treiben, als Geisteswissenschaft, die auch geistliches Wissen schafft, hat eine eigene Attraktivität, die beschreibbar ist. Dem Vernehmen nach wählen Abiturientinnen und Abiturienten mit überdurchschnittlichen Abschlüssen evangelische Theologie als Studienfach.

In der Regel wird bei dieser Wahl den Studierenden die Aufnahme in den Pfarrdienst in Aussicht gestellt. Das hat Vor- und Nachteile. Die relative Sicherheit, eine Arbeitsstelle zu bekommen, gibt einem spannenden Studium einen Schuss Gelassenheit dazu. Aus anderen Bereichen wissen wir aber, welche abträglichen Folgen die Wahl eines falschen Berufs haben kann. Und wer Theologie studiert, sieht am Ende meist keine Alternative zum Weg in das Pfarramt. Mancher hat einen Englischlehrer erlebt, den die Schönheit der Sonette Shakespeares zur Anglistik gezogen hat und der am Ende vor einer Schulklasse zu stehen kam und sich fortan durch sein Arbeitsleben kämpfen musste.

Manch einer hat, ach, Theologie studiert, und das heiße Bemühen endete nach Jahren im Pfarramt im Burnout oder man trinkt sich das Amt so lange schön, bis dies zu einem eigenen Problem wird.

Der Zugang zum Pfarramt braucht nicht nur ein Studium und eine praktische Ausbildung für die entsprechende Profession. Vor der äußeren Berufung durch die Kirche und Gemeinde bedarf es auch einer inneren Berufung. Beide brauchen einander. Eine allein innere Berufung hängt an der Person, der Befindlich-

keit und deren Bedingtheiten. Die äußere Berufung hat einen objektivierenden Charakter und kann helfen, Krisen zu bestehen.
Herbert von Karajan hat einmal gesagt, ein Musiker brauche eine Berufung für seine Kunst, eine innere. Aber er braucht auch die äußere: die Aufnahme in ein Orchester, das Ja zum neuen Mitglied sagt. Und dieses ausgesprochene „Ja!“ hilft auch durch Zeiten, in denen es mit der Kunst-Fertigkeit nicht so gut läuft.
„Der Pfarrer ist anders“ lautete die These eines Theologen und war Titel eines früher viel gelesenen Buches. Diese Andersartigkeit wurde klug begründet und man gewinnt den Eindruck, dass die These auch heute noch viele Argumente für sich hat.
Manfred Josuttis beschreibt dabei in Anknüpfung an Max Weber den spannungsreichen Widerspruch zwischen dem priesterlichen und dem prophetischen Amt der Pfarrperson, aber auch verschiedene theologische Ansätze, den Widerspruch zu überwinden. „Sie sind Beamter, kein frei schaffender Künstler!“, sagte einmal der Leiter eines Kurses für Vikarinnen und Vikare, als es um Fragen der Gemeindeleitung ging. Er kannte den Pfarrer nicht, der dem Vorsitzenden des Kirchengemeinderates seine eigene Aufgabe mit den Worten beschrieb: „Ich lese für die ganze Gemeinde!“ Der ehrenamtlich tätige Vorsitzende – auch noch Prädikant – musste sich mit der Renovierung der Kirche beschäftigen und bewarb sich in der nächsten Wahlperiode dann nicht mehr für das Amt des Kirchengemeinderats.
Künstler oder Beamter, Priester oder Beamter, der Widerspruch bleibt aus guten Gründen und lässt sich weder weginterpretieren noch auflösen.
Im Text der Ordination ist die Spannung ja angelegt: „Im Aufsehen auf Jesus Christus, den alleinigen Herrn der Kirche …“ beginnt er. Und am Ende steht: „Ich will meinen pfarramtlichen Dienst im Gehorsam gegen Jesus Christus nach der Ordnung unserer Landeskirche tun …“
Dieses Gefälle schmerzt schon etwas, diese Nähe von Jesus Christus und landeskirchlicher Ordnung.
Der ganze Text lautet so:
„Im Aufsehen auf Jesus Christus, den alleinigen Herrn der Kirche, bin ich bereit, mein Amt als Diener/in des göttlichen Wortes zu führen und mitzuhelfen, dass das Evangelium von Jesus Christus, wie es in der Heiligen Schirft gegeben und in den Bekenntnissen der Reformation bezeugt ist, aller Welt verkündigt wird. Ich will in meinem Teil dafür Sorge tragen, dass die Kirche in Verkündigung, Lehre und Leben auf den Grund des Evangeliums gebaut werde, und will darauf Acht haben, dass falscher Lehre, der Unordnung und dem Ärgernis in der Kirche gewehrt werde. Ich will den pfarramtlichen Dienst im Gehorsam gegen Jesus Christus nach der Ordnung unserer Landeskirche tun und das Beichtgeheimnis wahren.
Bist du dazu bereit, dann reiche mir die rechte Hand und gelobe es vor Gott und dieser christlichen Gemeinde mit den Worten: Ja, und Gott helfe mir.“

Nach der Zustimmung kniet die zu ordinierende Person nieder und empfängt den Segen.
Ist das eine Zumutung oder eine Ermutigung? Es ist beides. In digital geprägten Zeiten hat es die Dialektik nicht leicht. Aber weil wir das Unerlöste auch des Digitalen mittlerweile kennengelernt haben, tun wir gut daran, an der Dialektik und ihrem Segen festzuhalten.
Ja, säkularen Menschen ist diese Sprache, der Duktus und Gestus fremd. Und wer die Autonomie schätzt, auch geistlich, findet sich hier in Heteronomien und Hierarchien wieder, die so gar nicht flach sind. Nicht Bruder Jesus steht am Anfang, sondern der Herr der Kirche. Das „verbum externum" kommt zu Wort, nicht ich. Von diesem Aufsehen lebt die Kirche als Institution, recht besehen, von Anfang an. So entzieht sie sich allen Herrschaftsansprüchen der Menschen, die in der Kirche auf dem Weg sind. Auch die Gemeinde Leitenden und Kirche Leitenden sehen sich so geleitet und relativiert.
Als Organisation lebt die Kirche auch davon, dass Menschen in besonderer Verantwortung die äußere Ordnung ernst nehmen und nicht als Adiaphoron mitlaufen lassen. Es hilft, vorher zu lesen, was man verspricht und unterschreibt. Das bewahrt später vor Enttäuschungen.
Die gelebte Gemeinschaft der Ordinierten trägt dazu bei, den Weg in diesem Amt der Kirche besser gehen zu können. Ein Orchestermitglied wird das musikalische Können anderer schätzen, die auch muszieren, aber das nicht zum Beruf gemacht haben. Ein guter Austausch ist hier selbstverständlich möglich, sogar gelegentlich gemeinsames Musizieren. Aber es gibt Dinge, die eine Kollegin besser kann und besser versteht als jemand, der unter anderen Bedingungen unterwegs ist. Die ausschließliche Ordination der Pfarrerinnen und Pfarrer ist durchaus auch ausschließend, begründet aber deshalb „keine Herrschaft der einen über die anderen", wie es in Barmen IV heißt, sondern hilft, dass „die Ausübung des der ganzen Gemeinde anvertrauten und befohlenen Dienstes" dem Personenkreis besser gelingt, wenn er sich identifizieren lässt und sich selbst als Teil der Gemeinschaft der Ordinierten versteht. Über das „Dilemma evangelischen Amtsverständnisses" (Honecker 2009, 109) wird also weiter zu diskutieren sein. Deswegen sprechen wir z. B. in Württemberg weiterhin über die Ordination – der Pfarrerinnen und Pfarrer.

Literatur

Honecker, Martin (2009): Evangelisches Kirchenrecht. Eine Einführung in die theologischen Grundlagen. Bensheimer Hefte 109

Josuttis, Manfred (1982): Der Pfarrer ist anders, Aspekte einer zeitgenössischen Pastoraltheologie. München

Hauschildt, Eberhard (2014): „Zu wenig" Pfarrerinnen und Pfarrer für „normale Gottesdienste". In: Deutsches Pfarrerblatt, Heft 6, 2014, 315–319

Link, Hans-Georg (2014): Ausblick auf das Jahr 2017. Alte konfessionelle Selbstbeweihräucherung oder neuer ökumenischer Beginn?

Link, Hans-Georg (2014): Unterwegs nach Emmaus. Ökumenische Erfahrungen und Ermutigungen für evangelische und katholische Gemeinden, 257–275. Abdruck auch in: Ökumenische Information Nr. 43 vom 21. Oktober 2014, I–IX

Ein Lehrender der Theologie als ordinierter Prediger in seiner Ortsgemeinde

Betrachtungen seines Gemeindepfarrers

Jörg Zimmermann

Seit Jahrzehnten hält Martin Honecker in lockerer Regelmäßigkeit Gottesdienste in der Thomaskirche zu Bonn-Röttgen, in „seiner" Heimatkirche also, in deren Nähe er seit 45 Jahren wohnt. Damit ist er der Dienstälteste unter all denen, die hier Predigtdienst tun.

Dass Martin Honecker diesen Dienst immer wieder übernimmt, ist kein Zufall. Es ist auch nicht lediglich Folge dessen, dass wir Gemeindepfarrer dann und wann einen Vertreter benötigen, um auch mal „frei" zu haben. Nein, Martin Honecker tut diesen Dienst bewusst und gern und dies übrigens ganz selbstverständlich auch an Tagen wie Gründonnerstag oder Himmelfahrt, die sicher zu den weniger geliebten Gottesdiensttagen aus Sicht des Predigers gehören, ja, das Halten des Gottesdienstes, insbesondere das Predigen – es gehört zum theologischen Selbstverständnis Martin Honeckers konstitutiv hinzu. Er legt auf die kirchliche Beauftragung, also auf seine Ordination, ausdrücklich Wert. Daher nehme ich seinen 80. Geburtstag zum Anlass, einige Gedanken im Hinblick auf einen Lehrenden der Theologie als ordinierten Prediger in seiner Ortsgemeinde weiterzugeben.

Schon 1969 schrieb Gerhard Ebeling zur „*Aufgabe des Theologen in der Kirche*", sie sei

„*in erster Linie daraufhin zu bedenken und zu bestimmen, dass das christliche Überlieferungsgeschehen, das Spezifische des christlichen Glaubens sowie der Bezug zwischen Theologie und sogenannter kirchlicher Praxis inmitten der gegenwärtigen geschichtlichen Konstellation rein zur Geltung kommen will*" (Ebeling 1975, 527).

Hier wird Theologie also von vornherein im Zusammenhang mit der kirchlichen Praxis bedacht. Dieser Zusammenhang besteht in der Regel nach wie vor. So ist auch Martin Honecker, was schon durch seine Herkunft als Pfarrerskind plausibel erscheint, zur Theologie innerhalb des kirchlichen und gemeindlichen Kontextes gekommen. Er weiß sich zudem als Lehrer der Theologie in erster Linie der Aufgabe verpflichtet, nicht irgendwen, sondern künftige kirchliche Amtsträgerinnen und Amtsträger auszubilden, denen die Verkündigung des Wortes Gottes anvertraut sein wird. Dass jemand, der Menschen zur Verkündigung des Wortes Gottes ausbildet, auch selbst aktiv an dieser Verkündigung Anteil haben und somit selbst Gottesdienste leiten und Predigten halten möchte, empfinde ich als vollkommen nachvollziehbar, ja als folgerichtig.

Martin Honeckers Fachgebiet, die Theologische Ethik, hat es im Besonderen mit Fragestellungen der verantwortlichen Gestaltung des Miteinanders der Geschöpfe zu tun. Außerdem wird gerade dieses, sein Fachgebiet, mit geradezu galoppierenden Entwicklungen in allgemeiner Weltanschauung, Wissenschaft und Technik konfrontiert, die für die Kirche die Herausforderung nach sich ziehen, wie wir uns theologisch verantwortlich zu alledem zu verhalten haben. Es liegt auf der Hand, dass hier unzählige Ansatzpunkte für gegenwartsbezogene Verkündigung liegen. Damit diese, wie Gerhard Ebeling es nennt, *„rein"* erfolgen kann, bedarf es *„gerade (des) Äußerste(n) an hingebungsvollem Kontakt mit der Wirklichkeit, an der die Sache der Theologie den Ort und das Material ihrer Vollmacht hat"* (Ebeling, a.a.O.). Jemand, der Theologische Ethik lehrt, sollte einen solchen engen Kontakt mit der Wirklichkeit schon gleichsam von selbst mitbringen. Zumindest spielt der Bezug zur Gegenwart bei ihm schon von seinen wissenschaftlichen Fragestellungen her eine mindestens ebenso große Rolle wie für einen Theologen, der eines der historischen Fächer vertritt.

Die Kirche wird ständig dazu herausgefordert, sich zu ethischen Fragen theologisch zu verhalten. Zwei extreme Reaktionen auf diese Herausforderung sind zu beobachten, und sie schlagen sich auch immer wieder in Predigten nieder:

Die eine Reaktion möchte ich das reflexartige Festhalten am Bestehenden nennen. Die durch die neuen Entwicklungen hervorgerufene Verunsicherung lässt nicht wenige Menschen den Rückzug in die Tradition antreten, in eine Welt also, in der sich zu bewegen sie gewohnt sind. Von der Kirche als Jahrtausende alter Institution wird dann erwartet, gleichsam wie ein Fels in der Brandung Zuflucht inmitten der Bedrohungen zu bieten, die die Moderne oder inzwischen bereits die Postmoderne mit sich bringen.

Die andere Reaktion geht in die entgegengesetzte Richtung: Der Kirche weht der Wind ja häufig gerade in der Form ins Gesicht, dass ihr Unbeweglichkeit und starres Festhalten am längst Überkommenen attestiert wird. Also erfolgt als Reaktion das ebenso reflexartige Aufspringen auf jeden Trend, der gerade aktuell ist. Von der Kirche wird dann erwartet, dass sie mit der Zeit geht, anstatt sich in die Betonmauern ihrer erstarrten Formen und längst überholten Inhalte zurückzuziehen.

Es ist ja nicht zufällig so, dass sich beide skizzierten Reaktionen reflexartig in der Kirche einstellen. Zum einen spiegelt sich darin unsere nach wie vor volkskirchlich geprägte Realität: Wir sind als Kirche keine kleine „pressure group" mit klarem Profil, sondern vereinen Menschen, Gruppen, Strömungen höchst unterschiedlicher und zum Teil kaum vereinbarer Prägung. Darüber zu räsonieren ist hier nicht der Ort; andeuten möchte ich lediglich, dass ich den Wert der gesamtgesellschaftlichen Kohärenz, der durch dieses Phänomen geschaffen wird, für durchaus bedeutend halte – so sehr ich wie manch anderer auch bisweilen darunter leide, dass „die kirchliche Stimme" so diffus, wenig greifbar und eindeutig klingt.

Zum anderen spiegeln die beiden unterschiedlichen reflexartigen Reaktionen auch die Vielfalt, bisweilen Widersprüchlichkeit, die der Kirche seit ihren biblischen Anfängen inhärent ist. So sehr das Neue Testament nach dem bekannten Diktum Ernst Käsemanns nicht die Einheit der Kirche, sondern die Vielzahl der Konfessionen begründet (Käsemann 1960, 221), so wenig gelingt es ja auch, alle Aussagen der Heiligen Schrift zu bestimmten Fragen des Glaubens und Lebens einfach zur Deckung zu bringen. Dabei erweist sich zwar sicher nicht alles, was auf den ersten Blick widersprüchlich erscheint, auch bei genauerem Hinsehen wirklich als widersprüchlich, aber es ist nun einmal so, dass wir in unterschiedlichen Situationen der Kirche, ja schon der Geschichte Israels seit ihren Anfängen bisweilen eher „konservative" und bisweilen eher „progressive" Stellungnahmen zu gewissen Situationen finden. Schließlich sind nicht wenige der heute zu bedenkenden Fragestellungen gerade in der Ethik dadurch charakterisiert, dass sie sich einem Fortschritt in Wissenschaft und Technik verdanken, der zu bestimmten Zeiten der Kirchengeschichte, auf die wir uns gern in Lehre und Predigt – wie etwa der Reformationszeit – berufen, geschweige denn zu biblischen Zeiten in keiner Weise absehbar war. Deshalb ist die Aufgabe angemessener kirchlicher Rede angesichts vieler heutiger Fragestellungen höchst anspruchsvoll und kann keineswegs durch simple Rückgriffe auf Texte aus Bibel und Kirchengeschichte angemessen erfüllt werden.

Andererseits jedoch lebt die Kirche von der Voraussetzung, dass in diesen Texten der Tradition und besonders in den biblischen Texten die Grundlage unseres Glaubens selbst zur Sprache kommt. Es ist ein bis heute, wenn ich es recht sehe, nicht in Frage gestellter Grundsatz des Predigtgeschehens, dass dieses einen Bibeltext als Bezugspunkt hat – den „Predigttext" – oder zumindest dem biblischen Zeugnis Rechnung tragen muss, um als kirchlich gelten zu können.

Die sich aus diesen beiden Beobachtungen ergebende Spannung ist für jede Predigt zu beachten und macht diese zu einer Aufgabe, der unsereiner sich nur mit großer Sorgfalt und nach möglichst guter Vorbereitung widmen sollte. Zwar merken wir immer wieder – sei es im Nachhinein, durch Bemerkungen unserer Hörerinnen und Hörer, sei es auch selber beim Predigen oder schon bei der Vorbereitung der Predigt –, dass wir dieser Aufgabe nicht wirklich gerecht werden, und häufig merken wir es vermutlich überhaupt nicht! Gleichwohl sind wir zur Wahrnehmung dieser Aufgabe des Predigens berufen, und Gott gibt schon dem Volk Israel die Verheißung: *„Das Wort, das aus meinem Munde geht, wird nicht wieder leer zu mir zurückkommen, sondern wird tun, was mir gefällt, und ihm wird gelingen, wozu ich es sende"* (Jesaja 55,11).

Was ist nun im Besonderen von einem Lehrer der Theologie zu erwarten, wenn er sich an die Aufgabe des Predigens macht? Ich möchte meine Erwartungen, die ich in dieser Hinsicht habe, wie folgt zusammenfassen:

1. Er soll nicht die Kanzel zum Katheder machen, also keine Vorlesung halten, sondern tatsächlich Gottes Wort als tragfähig für uns und unser Leben verkündigen.
2. Er soll jedoch sehr wohl die Erkenntnisse, die er seiner wissenschaftlichen Arbeit verdankt, im Hintergrund seiner Predigt berücksichtigen und damit in diese einfließen lassen.
3. Er soll der Predigtaufgabe auch insofern Achtung entgegenbringen, als er nicht jede Predigt in Ausführungen über sein eigenes Fachgebiet münden lässt, sondern die Kontexte berücksichtigt, die im Gottesdienst immer schon präsent sind: die Gemeinde, die ihm einschließlich ihrer jeweiligen sozialen und sonstigen Prägung gegenübersitzt, die gerade aktuelle Zeit des Kirchenjahres, in der Regel auch den vorgeschlagenen Predigttext sowie – je nachdem – weitere Faktoren, die den jeweiligen Gottesdienst charakterisieren.
Zu 1.: Als Student ging ich gern in die Universitätsgottesdienste der Tübinger Stiftskirche und später der Münchener Markuskirche. Dort predigten häufig Theologieprofessoren. Ich erlebte diese Gottesdienste, wie sich denken lässt, sehr unterschiedlich. Manche Predigten haben mich so sehr angesprochen, dass ich mich bis heute daran erinnere. Aber es war mit Händen zu greifen, wie sich dort auch bisweilen die Vorlesungen fortsetzten: „*Ich beginne mit einleitenden Bemerkungen …*" – mit Verlaub, dieser Satz gehört nicht in eine Predigt. So etwas konnte selbst ausgewiesenen Fachleuten für Homiletik unterlaufen, wie wir staunend feststellten! Manchmal schien für den Prediger Kern und Stern seiner Predigt die literarkritische Analyse des Predigttextes zu sein – das kam mir schon in gewissen Vorlesungen enorm defizitär vor; auf der Kanzel jedoch empfand ich es als gänzlich daneben! Der Gipfel war, als ein Hochschullehrer einmal die anwesende Gemeinde eindeutig auf ihre Situation als Studierende der Theologie ansprach – was die anwesenden Nichttheologen zu Recht sehr verärgerte! Der Prediger rechnete überhaupt nicht damit, dass in der Gemeinde, die ihm da gegenüber saß, auch solche Christenmenschen – oder auch andere Menschen – anwesend waren, die ein anderes Studienfach als die Theologie gewählt hatten; ganz abgesehen davon, dass natürlich auch solche Personen am Gottesdienst teilnahmen, die überhaupt nicht zu den Studierenden zählten!
Zu 2.: Es ist ja eine hohe Kunst, das eigene Fachwissen in so elementarisierter Form zur Sprache zu bringen, dass die nun einmal nicht fachkundige Gemeinde etwas davon hat und zugleich das wissenschaftliche Niveau des Gesagten keinen Schaden nimmt. An dieser Stelle kann ich auf ein, wie ich meine, sehr gelungenes Beispiel hinweisen, das unser Jubilar Martin Honecker vor einiger Zeit in der Röttgener Thomaskirche gegeben hat: Predigttext war Micha 6,6–8. Er beginnt mit den Worten: „*Es ist dir gesagt, Mensch, was gut ist und was der HERR von dir fordert …*" Der Prediger fängt in diesem Fall nicht mit der Verlesung des Textes an, sondern mit einer Reflexion über die Frage: „*Was ist gut?*" – Hierbei fließt natürlich die große Fachkenntnis des Ethikers ein, aber er kommt gänzlich ohne

Fachbegriffe aus, ja, er zitiert lieber *Wilhelm Busch: „Das Gute, dieser Satz steht fest, ist stets das Böse, das man lässt"*, um daraufhin die Frage zu bedenken, ob damit schon der Unterschied zwischen Gut und Böse feststehe – was er natürlich nicht so einfach gelten lässt. Dann spitzt er die Frage *„Was ist gut?"* dahingehend zu, dass er sie mit der Frage: *„Was ist richtig?"* vergleicht. Erst nachdem die besondere Relevanz und zugleich Schwierigkeit der Frage nach dem Guten auf diese Weise im Raum steht, kommt der Predigttext zur Sprache.

Danach konkretisiert der Prediger und zugleich Ethiker im Verlaufe dessen, wie er den Text auslegt, das Tun des Guten, indem er als Beispiel das Aussprechen der Wahrheit nennt. Das jedoch reflektiert er zugespitzt unter den Bedingungen des Zeitalters der Informationstechnologie und deutet damit an, dass gewisse Dinge, die herkömmlich selbstverständlich waren oder jedenfalls schienen, in neuen Kontexten neu bedacht werden müssen, um in ihrem bleibenden Bedeutungsgehalt heute fruchtbar gemacht werden zu können.

Zu 3.: Wie oft habe ich mich, wiederum als Student, aber auch noch danach, geärgert, wenn ein Theologe zu jeder sich bietenden oder auch eigentlich gar nicht bietenden Gelegenheit „sein" Thema zu Markte trug. Das gilt natürlich nicht nur für Fachtheologen, sondern wir alle, die wir predigen, haben so unsere besonderen „Steckenpferde", mit denen wir umso vorsichtiger umgehen sollten. Dieses homiletische Gebot zu missachten, kann ja je nach Prägung sehr unterschiedlich ausfallen, ist aber immer ärgerlich: Für den einen ist es das Thema „Frieden" – zweifellos ein sehr wichtiges Thema, aber auch das nicht zu jeder Zeit und zu jedem Anlass. Jemand anders kommt ständig auf die „Genderfrage". Pietistische Prediger pflegen gern den gebetsmühlenartigen Ruf zur Bekehrung; die „politische Predigt" wiederum ist stets in Gefahr, sich in ethische Appelle zu verrennen.

Noch einmal zu Martin Honecker: Er ist gerade kein solcher Prediger, der ständig nur sein Fachgebiet, die Theologische Ethik, oder auch ein „Lieblingsthema" zum Gegenstand seiner Predigt machen würde. In der Regel nimmt er die Texte des Sonntags, und er berücksichtigt zeitgeschichtliche Kontexte, so in der bereits erwähnten Predigt zu Micha 6, wo er den Predigttext in Erinnerung an den Ausbruch des Ersten Weltkriegs bedenkt.

Was ich außerdem für eminent wichtig halte, ist: Im Unterschied zu den Gottesdiensten, die ich in Tübingen und München als Student erlebte, habe ich es bei Martin Honecker mit einem Prediger zu tun, der fast jeden Sonntag den Gottesdienst in der Thomaskirche mitfeiert und der „seine" Ortsgemeinde seit etlichen Jahren kennt. Viele Gemeindemitglieder kennt er persönlich, naturgemäß vor allem aus der älteren Generation. So hat Martin Honecker auch schon Bestattungen übernommen, weil er mit den Verstorbenen oder deren Angehörigen persönlich verbunden war. Er ist überdies auch sonst im Gemeindeleben präsent, nicht zuletzt durch die Gestaltung von Vortrags- und Diskussionsabenden oder durch Artikel im Gemeindebrief. Ich bin fest davon überzeugt, dass diese Verbundenheit sich im Hintergrund auch auf das Gelingen des Predigtgeschehens positiv auswirkt. Das bedeutet jedoch nicht, ich wollte es empfehlen, dass der Prediger ständig konkrete Bezüge zu den Gemeindemitgliedern und ihrem Wohnort in seinen Predigten anklingen lassen sollte – damit sollte jeder Prediger und jede Predigerin aus verschiedenen Gründen durchaus sparsam und wohlüberlegt verfahren.

Ein Wort zum Schluss: Von einem wissenschaftlichen Theologen erwarte jedenfalls ich nicht zuletzt dies, dass er dazu in der Lage ist, Positionen abzuwägen, Pro und Contra zu bedenken und insofern eine Instanz zu sein, die die theologisch-intellektuelle Redlichkeit kirchlichen Handelns überprüft und vertritt. Dazu gehört auch, dass er deutlich sagt, wo die Grenzen dessen liegen, was Theologie und Verkündigung mit dem Brustton der Überzeugung vertreten können. Diese Erwartung möchte ich auch, ja besonders da erfüllt sehen, wo ein Lehrer der Theologie das Predigtamt wahrnimmt. Martin Honecker ist jemand, der das tut. Ich stieß auf eine Predigt, die er auf der Grundlage von Johannes 13,21–30 sowie 18,1–11 zum Jünger Judas gehalten hat, zum „Verräter" Jesu also. Da stellt er die klassische biblisch-kirchliche Position, die Judas seines Verrates wegen verurteilt, neben die neueren Versuche, Judas verständnisvoller zu deuten, wie etwa Walter Jens es tut. Martin Honecker weist auf die Doppeldeutigkeit des biblischen Wortes für *„übergeben, überliefern"* hin. Wie sollen wir in dieser „Gemengelage" diese schillernde biblische Figur deuten?

Martin Honecker widersteht der Versuchung, sich einfach für eine der skizzierten Positionen zu entscheiden. Er entwirft in seiner Predigt das gesamte Szenario, bietet die wesentlichen Argumente auf, die zu Judas im Raume stehen – und überlässt es seinen Hörerinnen und Hörern, ihre Schlüsse daraus zu ziehen. Ich könnte auch sagen: Er würdigt seine Hörerinnen und Hörer, damit ihre eigene Deutung des Judasgeschehens zu finden, nachdem er ihnen das „Material" dafür bereitgestellt hat. Er vertraut auch diesen Jünger sowie mit ihm uns alle der Gnade Gottes an, die das letzte Wort über uns spricht. So wird diese Predigt für mein Empfinden vor dem Hintergrund solider theologischer Erkenntnis zu einem Musterbeispiel einer im besten Sinne evangelischen Verkündigung:

„... Die Tat des Judas bleibt rätselhaft. Und nicht einmal das, was diese Tat bis heute bedeutet, können wir mit Gewissheit und eindeutig beantworten. Eine absolute Gewissheit, dass Judas ein Teufelssohn war, ein Satansbraten, kann sogar Ausdruck von Selbstgerechtigkeit sein. Also was ist mit Judas? Was machen wir mit ihm? Nach dem Neuen Testament starb Judas heillos, ohne Vergebung, schrecklich, erbärmlich. Und was wurde danach aus ihm? Schmort er nun auf ewig in der Hölle? Und vielleicht hat er sogar inzwischen Gesellschaft bekommen, von Hitler, Stalin, Pol Pot. War er der schlechthin Böse? Wir wissen es nicht. Schriftsteller, beispielsweise Walter Jens, „Der Fall Judas", 1975, hat dies sehr beschäftigt. Denn wenn es Gottes Wille ist, dass allen Menschen geholfen werde, und wenn wir glauben, dass Gottes Gnade grenzenlos ist, sollte dann Judas davon ausgeschlossen sein?

Eine alte Frage. Kann man den Verrat vergeben? Tilman Riemenschneider hat im Altar der St. Jakob-Kirche in Rothenburg Jesus ausgerechnet dem Judas das Abendmahl reichen lassen. Wir wissen nicht, wie Gottes Urteil über Judas ausfällt. Wir können nur für Judas hoffen, aber ebenso auch für uns selbst, dass Gottes Barmherzigkeit und Gnade unendlich und reich sind. Bei der Verhaftung Jesu findet sich in unserem Abschnitt ein sehr seltsamer Satz. Bei der Gefangennahme wendet Jesus sich an Gott mit der Aussage: „Ich habe keinen von denen verloren, die du mir gegeben hast" (Vers 9). Gehört auch Judas dazu? Das weiß ich nicht. Aber ich vertraue auf Gottes Zusage und auf seine Verheißung, dass sie größer ist als all unser Versagen, all unser Wissen und die eigenen Gewissheiten. Amen."

Literatur

Ebeling, Gerhard (1975): Der Theologe und sein Amt in der Kirche. In: Ders., Wort und Glaube III. Tübingen, 522–532

Käsemann, Ernst (1960): Begründet der neutestamentliche Kanon die Einheit der Kirche? In: Ders., Exegetische Versuche und Besinnungen, Band I. Tübingen, 214–223

Teil III

Vollständige Bibliografie der Veröffentlichungen Martin Honeckers (1959–2015)

1) Kirche als Gestalt und Ereignis. Die sichtbare Gestalt der Kirche als dogmatisches Problem. FGLP 10, XXV, 1963
2) Bericht über die Tagung der Gesellschaft für Evangelische Theologie in Bad Boll vom 27.–30. April 1959, in: EvTh 19, 1959, S. 528–535
3) Seelsorge an der Gesellschaft? in: EvTh 21, 1961, S. 544–563
4) Besprechung von: Walter Kreck, Die Zukunft des Gekommenen 1961, in: Evangelischer Literaturbeobachter, März 1962, S. 918/919
5) Zum Verständnis der Geschichte in Gerhard von Rads Theologie des Alten Testaments, in: EvTh 23, 1963, S. 143–168
6) Nochmals: Seelsorge an der Gesellschaft? in: EvTh 23, 1963, S. 373/389
7) Die Gottesfrage bei Albert Camus, in: Kirche in der Zeit 18, 1963, S. 278–284
8) Predigt über Lukas 17,7–10, in: Hans Vorster, Das Reich ist mitten unter euch, 1963, S. 74–83
9) Besprechung von: Dogma und Denkstrukturen, Festschrift für Edmund Schlink, 1963, in: MPTh 53, 1964, S. 312–314
10) Zur Unterscheidung von Gesetz und Evangelium in der Verkündigung, in: Auf dem Wege zu schriftgemäßer Verkündigung, Hermann Diem zum 65. Geburtstag, BevTh 39, 1965, S. 23–56
11) Die Kirchengliedschaft bei Johann Gerhard und Robert Bellarmin, in: ZThK 62, 1965, S. 21–45 (Wiederabdruck Nr. 647)
12) Besprechung von: Jörg Baur, Die Vernunft zwischen Ontologie und Evangelium, 1962, in: Verkündigung und Forschung, Theologischer Jahresbericht 1960/62 (1965) S. 251–253
13) Weisen von Gott zu reden, in: Kirche in der Zeit 21, 1966, Nr. 3, S. 98–105
14) Das schwere Wort „Gott“, in: Protestantische Texte aus dem Jahre 1965, 1966, S. 113–125
15) Die Abendmahlslehre des Syngramma Suevicum, in: Blätter für Württembergische Kirchengeschichte 65, 1965 (1966), S. 39–68
16) Evangelium und Kirchenzucht, in: Kirchenzucht, Bericht über eine Tagung der Evangelischen Akademie Hofgeismar vom 13. Mai bis 15. Mai 1966, 1966, S. 27–43 (Wiederabdruck Nr. 647)
17) Die theologische Problematik der Rechtsordnung zwischen Staat und Kirche, in: Deutsches Pfarrerblatt 67, 1967, S. 137–142
18) Besprechung von: Klaus Dieter Nörenberg, Analogia imaginis. Der Symbolbegriff in der Theologie Paul Tillichs, 1966, in: MPTh 56, 1967, S. 131–132
19) Die Wirkung kirchlicher Lehre. Rechtgläubigkeit im dreißigjährigen Krieg, in: Evangelischer Glaube im Wandel der Zeit, Stuttgart 1967, S. 32–53
20) Gibt es eine nach-theistische Theologie? in: MPTh 57, 1968, S. 156–168
21) Cura Religionis Magistratus Christiani. Studien zum Kirchenrecht im Luthertum des 17. Jahrhunderts, insbesondere bei Johann Gerhard, Jus ecclesiasticum Bd. 7, 1968
22) Der Eid heute angesichts seiner reformatorischen Beurteilung und der abendländischen Eidestradition, in: Gottfried Niemeier, Ich schwöre, 1968, S. 27–92

23) Schleiermacher und das Kirchenrecht, ThExh NF 148, 1968 (Wiederabdruck Nr. 647)
24) Zwischen Planung und Revolution. Theologische Sozialethik vor der Verantwortung der Zukunft, Evangelische Kommentare 1, 1968, S. 571–579
25) Friedrich Schleiermacher, Herrnhuter höherer Art. Zum zweihundertsten Geburtstag, Stuttgarter Zeitung, Donnerstag 21. November 1968, Nr. 269, S. 25
26) Besprechung von: Kuitert, Harminus Martinus, Gott in Menschengestalt, 1967, MPTh 57, 1968, S. 498–500
27) Besprechung von: E. V. Nagyi, Heinrich Ott, Kirche als Dialog, 1967, und „Kirche zwischen Planen und Hoffen", in: MPTh 58, 1969, S. 146–148
28) Theologie und Soziologie, Evangelische Kommentare 2, 1969, S. 501–507
29) Der Eid in einer säkularisierten Gesellschaft, Evangelische Kommentare 2, 1969, S. 569–574 = Heinz-Horst Schrey, Helmut Thielicke, Christliche Daseinsgestaltung, 1979 (Neue Ausgabe), S. 9–27 (Wiederabdruck Nr. 647)
30) Rezension: Ringeling, Theologie und Sexualität, in: ThLZ 94, 1969, Sp. 699–702
31) Sozialethische Aspekte des Kirchenverständnisses, in: EvTh 30, 1970, S. 69–96 (Wiederabdruck Nr. 647)
32) Freiheit, den Tod anzunehmen, Evangelische Kommentare 3, 1970, S. 144–149 = spanische Übersetzung, Libertad para accepta la muerte, Selecciones de teologia 39, 1971, S. 280–285 = Aspekte und Probleme der Organverpflanzung, 1973, S. 183–203
33) Rezension: Heinz-Dietrich Wendland, Die Kirche in der revolutionären Gesellschaft, Theologia practica V, 1970, S. 165–172
34) Rezension: Rüdiger Zuck, Subsidiaritätsprinzip und Grundgesetz 1968, in: ZEE 14, 1970, S. 244–251
35) Die Schwierigkeit, Denkschriften zu formulieren, Aporien einer evangelischen Sozialethik. Zeitwende/Die neue Furche 41. Jahrgang 1970, Heft 4, S. 211–226
36) Überlieferungsgeschichte evangelischer Sozialethik? Rezension von: U. Duchrow, Christenheit und Weltverantwortung, 1970, in: Wissenschaft und Praxis 59, 1970, S. 550–558
37) Konzept einer sozialethischen Theorie, 1971
38) Taschenlexikon Religion und Theologie 1971: Band 2: Art. Hermeneutik, S. 26–32; Band 3: Lehramt, Lehrgewalt, Lehrfreiheit, S. 18–20; Band 4: Art. Wissenschaft, S. 266–268
39) Liebe und Vernunft, in: ZThK 68, 1971, S. 227–259
40) Besprechung T. Rendtorff / A. Rich, Humane Gesellschaft, Wendland-Festschrift, 1970, in: Lutherische Rundschau, 1971, S. 391f. = Englisch 1972, S. 83f.
41) Rezension R. Hermann, Ethik, ThP VI, 1971, S. 400f.
42) Christlicher Beitrag zur Weltverantwortung. Eine kritische Stellungnahme, 1971
43) Gesellschaft als totaler Verblendungszusammenhang, in: Zeitwende 43, 1972, S. 31–53
44) Rezension Arnd Hollweg, Theologie und Empirie, 1971, in: ZEE 16, 1972, S. 50–55
45) Rezensionen: Politische Wissenschaften heute – H. Seiffert, „Marxismus und bürgerliche Wissenschaft", Lutherische Rundschau, Heft 1, 1972, S. 118–120 = Englisch S. 408f.
46) Gewalt und Macht, in: Glauben und Gewalt, Tutzinger Texte 10, 1972, S. 61–93
47) Weltliches Handeln unter der Herrschaft Christi. Zur Interpretation von Barmen II, in: ZThK 69, 1972, S. 72–99
48) Theologischer Denkmalsschutz? (Replik zu W. D. Marsch), in: Evangelische Kommentare 5, 1972, Heft 4, S. 237–239
49) Zur gegenwärtigen Bedeutung von Barmen V. in: ZEE 16, 1972, S. 207–218

50) Laudatio auf die Frauendiakonie, in: Der weite Raum, Heft 5, Oktober 1972, S. 112
51) ›Die Sehnsucht nach dem ganz Anderen‹ und der christliche Gottesglaube, in: Zeitwende 43, 1972, S. 384–403
52) Rezension Rupert Lay, Grundzüge einer komplexen Wissenschaftstheorie, 1971, in: Lutherische Rundschau, 1972, Nr. 4,3, S. 533f.
53) Rezension Ordination heute, Kirche zwischen Planen und Hoffen, Heft 5, 1972, in: ZevKR 17, 1972, S. 320–325
54) Visitation, in: ZevKR 17, 1972, S. 337–358 (Wiederabdruck Nr. 647)
55) Kommentar zu den ›Thesen der Eidesfrage‹, in: ZEE 17, 1973, S. 109–112
56) Predigt über Luk. 16,19–31, in: Joachim Konrad, Sozialethische Themen auf der Kanzel, 1973, S. 185–192
57) Friede, Friede und ist doch kein Friede (Zur Denkschrift „Gewalt und Gewaltanwendung in der Gesellschaft"), Deutsches Allgemeines Sonntagsblatt Nr. 20, 20.5.1973, S. 10
58) Revolution in der Sicht theologischer Sozialethik, in: Theologische Quartalsschrift 153, 1973, S. 25–43
59) Einführung, in: Aspekte und Probleme der Organverpflanzung, 1973, S. 7–18
60) Christliche Normen in der Politik? Neue Zürcher Zeitung, 26. August 1973, Nr. 393 (Fernausgabe Nr. 232), S. 51
61) Abschied von Illusionen. Zur theologischen Relevanz der Situation, LMH 12, 1973, S. 480–485
62) Neuzeitliches Emanzipationsverständnis und christlicher Freiheitsgedanke, in: Zeitwende 44. Jahrgang, 1973, S. 315–324
63) Glaube, Recht, Gerechtigkeit. Studienbrief 17 (Fernstudienlehrgang für evangelische Religionslehrer), 1973
64) Les relations de l 'Eglise et de l 'Etat dans l 'optique de Martin Luther, in: Conscience et liberté, 1973, Nr. 6, S. 34–44 = Das Verhältnis von Kirche und Staat in der Sicht Martin Luthers, Gewissen und Freiheit 6, 1976, S. 39–48
65) Aufgabe und Funktion der Praktischen Theologie – aus der Sicht der Systematischen Theologie und Sozialethik, ThP 9, 1974, S. 27–32
66) Wie wir morgen leben wollen, in: Bundestagung des Evang. Arbeitskreises der CDU/CSU September 1973 München. Heft 42 der Schriftenreihe der CSU in Bayern, Oktober 1973, S. 11–27 = Evangelischer Arbeitskreis der CDU, S. 11–27.
67) Besprechung von: Hans Hübner, Politische Theologie und existentiale Interpretation, LM 13, 1974, S. 148f.
68) Violence and the use of violence in Society, Theologial theses on Social Conflict, in: The Ecumenival Review, 1973, S. 459–467
69) Rezension: Joh. V. Andreae, Christianopolis 1619, Neuausg. 1972, ZRG, 90. Kan. Abt. 59, 1973, S. 500–506
70) Emanzipation und Freiheit. Bemerkungen zu Aufgaben und Problemen evangelischer Erwachsenenbildung, in: Diskussionen, Zeitschrift für Akademiearbeit und Erwachsenenbildung, 10. März 1974, S. 4–12
71) Aufgaben und Grenzen kirchlicher Äußerungen zu gesellschaftlichen Fragen. Vortrag vor der Badischen Synode, in: Mitteilungen 5. Mai 1974 (Interpretation – Diskussion – Arbeitsmaterial für Mitarbeiter der evangelischen Landeskirche in Baden) S. 27–41 = „Verhandlungen der Landessynode der Evangelischen Landeskirche in Baden", 4. Tagung, 1974, S. 64–73, Aussprache S. 73ff.
72) Ethische Überlegungen aus theologischer Sicht zu Dialyse und Transplantation, in: Dialyse und Transplantation, Wissenschaftliche Informationen, Fresenius, Beiheft 5, 1973 (1. Aufl. 1974), S. 47–62

73) Theologische Kriterien und politische Urteilsbildung. Anfrage an das Votum des Theologischen Ausschusses der EKU „Zum politischen Auftrag der christlichen Gemeinde (Barmen II)“, in: ZThK 71, 1974, S. 456–490
74) La conception de la liberté 8, 1974, S. 16–27 = deutsch: Gewissen und Freiheit 1974, Heft 3, S. 5–15
75) Rezension: Krämer, Achim, Gegenwärtige Abendmahlsordnung in der Evangelischen Kirche in Deutschland, 1973, Jus ecclesiasticum 16, in: ZevKR 19, 1974, S. 393–397
76) Ethische Überlegungen zu Dialyse und Transplantation, in: ZEE 19, 1975, S. 129–142 (vgl. Nr. 72)
77) Bildungskrise – Frömmigkeitskrise. Zu Arbeiten von Gerhard Ebeling, Neue Zürcher Zeitung Samstag/Sonntag 16./17. August 1975, Nr. 188 (Besprechung von: Studium der Theologie, 1975, Wort und Glaube III, 1975)
78) Artikel im Evangelischen Staatslexikon, 2. Aufl.
    a) Euthanasie II, Theologisch Sp. 628–631; Jugendhilfe und Kirche Sp. 1074–1075; Organverpflanzung III, Ethisch Sp. 1710–1712; Revolution IV, Theologisch Sp. 2210–2213; Sozialethik Sp. 2350–2362; Zweireichelehre I, Theologisch Sp. 2992–2996
    b) überarbeitet: Art. Eid I, Theologisch (G. Gloege) Sp. 508–510; Freiheit I Theologisch (E. Wolf) Sp. 735–741; Glaubens-, Bekenntnis- und Gewissensfreiheit (E. Wolf) 876–878; Kirche I A, Evangelisch (G. Gloege) 1117–1122
79) Theologisches Gutachten zu Fragen der Organtransplantation, epd-Dokumentation Nr. 44/75 vom 13. Oktober 1975, S. 19–35
80) Recht oder ethische Forderung. Aporien in der Menschenrechtsdiskussion. Evangelische Kommentare 8, 1975, S. 737–740
81) Welche Legitimation haben Kirchen zu politischen Stellungnahmen? in: Material zum Problem Kirche und Politik, Materialien zur Tagungs- und Seminararbeit der Politischen Akademie Eichholz, Heft 33, 1975, S. 28–43 = auch in: Nr. 93: Sozialethik zwischen Tradition und Vernunft, 1977
82) Christentum in Konfrontation zu seiner Gesellschaft, Zeitwende 47, 1976, S. 21–37
83) Das Problem der Eigengesetzlichkeit, in: ZThK 73, 1976, S. 92–130
84) Recht und Moral, in: D. Henke u. a. (Hg.), „Der Wirklichkeitsanspruch von Theologie und Religion“, Festschrift Ernst Steinbach, 1976, S. 109–128
85) Rezension: A. Burgsmüller, R. Frieling, Amt und Ordination 1974, in: ZevKR 21, 1976, S. 307–312
86) Wie christlich ist der Entwurf? (Diskussion des Entwurfs des Grundsatzprogramms der CDU), in: Soziale Ordnung, 4/76, S. 9–14
87) Hilfe zur Entschlüsselung. Welchen Sinn hat heute die Zweireichelehre? LMH 16, 1977, S. 70–74
88) Grundwerte-Diskussion. Das evangelische Jein, Gründe der Zurückhaltung, Deutsche Zeitung Nr. 14, 25. März 1977, S. 22
89) Die Denkschriften der EKD als Paradigma ethischer Argumentation, in: Kirche im Spannungsfeld der Politik, Festschrift Hermann Kunst 1977, S. 131–142 = Die Mitarbeit, 26, März 1977, S. 98–109
90) Rezension: A. Hakamies, „Eigengesetzlichkeit“ der natürlichen Ordnungen als Grundproblem der neueren Lutherdeutung, 1971, ZsavRG, 93, Kan. Abt. Bd. LXII, 1976, S. 475–480
91) Rezension: Joh. Valentin Andreae, Theophilus, 1973, ZsavRG 93, Kan. Abt. Bd. LXII, 1976, S. 480–483
92) Besprechung von: Helmut Thielicke „Menschsein – Menschwerden“, 1976.

Wiederabdruck „Mit dem Mut zum Dilettantismus" = FAZ, Ein Büchertagebuch 1978, S. 253f., in: FAZ Dienstag 14. Juni 1977, Nr. 135, S. 21

93) Sozialethik zwischen Tradition und Vernunft, 1977 (darin Abdruck von Nr. 61)

94) Recht und Pflicht öffentlicher Äußerungen. Das gesellschaftliche Verständnis in den Denkschriften der EKD, in: Das Parlament, 27. Jahrgang Nr. 29–30, 23. Juli 1977, S. 1/2

95) Diskussionsbeitrag zu Heft 4 der ZEE 20, 1976, „Sicherheit und staatliches Gewaltmonopol", in: ZEE 21, 1977, S. 217–220

96) Technischer Sachzwang oder ethische Autonomie, Theologische Überlegungen zu einer aktuellen Diskussion, Evangelische Kommentare 10, 1977, S. 592–594

97) Das Kreuz der weltlichen Geschäfte, zu Hermann Kunst, Evangelischer Glaube und politische Verantwortung, in: Deutsche Zeitung Nr. 45, 28. Oktober 1977, S. 22

98) Bildung in der Sinnkrise unserer Gesellschaft, Zeitwende 48, 1977, S. 193–208

99) Grundwerte – theologisch gesehen, in: Grundwerte im Verständnis der Gegenwart, Deutscher Evangelischer Frauenbund, Jahresthema 1978, S. 18–37

100) Nicht nur für die Experten. Grundwerte sind Anfragen an alle Bürger und Christen, LMH 17, 1978, S. 25–29

101) Kapff, Carl Sixt von, Neue Deutsche Biographie 11, 1977, S. 131f.

102) Gerechter Krieg – gerechte Revolution? Deutsche Zeitung, Nr. 15, 7. April 1978, S. 24

103) Protestantismus als kritisches Prinzip. Gesichtspunkte zur Diskussion um die Grundwerte, Ev. Kommentare 11, 1978, S. 398–401

104) Rezension: Kurt Nowak, Euthanasie und Sterilisierung im Dritten Reich, 1978, LMH 17, 1978, S. 480f.

105) Menschenrechte und christlicher Glaube, Studienbrief II/1, vgl. Nr. 109

106) Erfahrung und Entscheidung – Zur Begründung einer theologischen Ethik, Bethel 19. Juni 1978, S. 85–98 = ZThK 75, 1978, S. 485–502 (wiederveröffentlicht in Nr. 564)

107) Der politische Auftrag der Kirchen, in: Handbuch der christlichen Ethik, Bd. 2, 1978, S. 253–265

108) Theologische Begründung einer Politik aus christlicher Verantwortung, in: Evangelische Verantwortung, Heft 10, 1978, S. 4–7

109) Das Recht des Menschen, Einführung in die evangelische Sozialethik, 1978 (Überarbeitung von Nr. 105)

110) Grundwerte. Minimum an gesamtgesellschaftlichem Konsensus, in: Kirche in der Gesellschaft, Der evangelische Beitrag, Geschichte und Staat, 223–225, 1978, S. 189–195 (Dokumente S. 195–198)

111) Zur gegenwärtigen Interpretation der Zweireichelehre, in: ZKG 89, 1978, S. 150–162

112) Die neue industrielle Religion, zur Denkschrift „Leistung und Wettbewerb", in: Deutsches Allgemeines Sonntagsblatt Nr. 49, 3. Dezember 1978, S. 11

113) Widerspruch oder Einwilligung (zum Transplantationsgesetzentwurf). Evangelische Kommentare 11, 1978, S. 708f.

114) Herkunft und Bedeutung der Normen und die Setzung entscheidungsrelevanter Ziele, in: Klaus v. Heyme u. a., Wirtschaftliches Wachstum als gesellschaftliches Problem, 1978, S. 99–114

115) Arbeit, 18.–20. Jahrhundert, TRE III, 1978, S. 639–657

116) Artikel „Todesstrafe", in: Concilium, 1978, Heft 12, S. 666–671; Französisch: La peine de mort dans la perspective de la theologie évangelique, Concilium 140, 1978, S. 69–79; Italienisch: La pena do morte nell 'ettica della teologie evangelica, 1978,

1759–1772; Spanisch: La pena de Muerte en la Teologia Evangelica, No. 140, 1978, S. 707–718; Portugiesisch: A Pena de Morte au Teologie Evangélica, in: Concilium 140, 1978, 10, S. 58–69 (1262–1272)

117) Bekenntnis zur Mithaftung. Das problematische Nations- und Staatsverständnis der evangelischen Kirche, in: Deutsche Zeitung, Christ und Welt, Nr. 9, 23. Februar 1979, S. 14

118) Der Streit um die autonome Moral. Ein katholischer Disput, der die Protestanten angeht, LMH 18, 1979, S. 151–154

119) Theologische Überlegungen zur Verjährung von Mord. Warum der wahre Jurist traurig und streng zugleich ist, Deutsches Allgemeines Sonntagsblatt (DAS) 32, Nr. 9, 4. März 1979, S. 11

120) Besprechung von: Straßenverkehr, Evangelische Beiträge, in: ZEE 23, 1979, S. 157f.

121) Besprechung von: „Transzendenz und Immanenz“, in: ZEE 23, 1979, S. 243f.

122) Rezension: Franz Böckle, Fundamentalmoral, LMH 18, 1979, S. 552f.

123) Menschenrechte in der Deutung evangelischer Theologie, in: Aus Politik und Zeitgeschichte, Beilage zur Wochenzeitung das Parlament, B. 36/79, 8. Sept. 1979, S. 7–25

124) Knowledge of God and the limits of the „Mission“ of Christianity, International Review of Mission Vol. LXVIII, No. 272, 1979, S. 354–365

125) Welche Bedeutung hat heute der Gedanke des Reiches Gottes? Zeitwende 50, 1979, S. 240–252

126) Gewissen im Dialog, 1980, darin: S. 44–63: ‚Mein Gewissen‘ und das Recht der anderen – Von der Fragwürdigkeit des Gewissens; S. 64–88: Zur theologischen Deutung des Gewissens

127) Weiß der Christ, was er soll? Ökumenischer Dialog über ethisches Handeln, Rheinischer Merkur/Christ und Welt, Nr. 12, 21. März 1980, S. 24

128) Misstrauen gegen Institutionen. Evangelische Sozialethik seit 1945, in: Deutsches Allgemeines Sonntagsblatt, 13. April 1980, 33. Jahrgang Nr. 15, S. 10

129) Das Problem des theologischen Konstruktivismus, in: ZEE 24, 1980, S. 97–111

130) Antwort auf die Laudatio, Antrittsworte in der Rheinisch-Westfälischen Akademie der Wissenschaften, Jahrbuch 1979 (1980), S. 85–87

131) 34 Artikel (als Mitherausgeber) in: Evangelisches Soziallexikon, 1980, 7. Auflage: Analytische Ethik; Atheismus; Barmer Theologische Erklärung; Karl Barth; Rudolf Bultmann; Darmstädter Wort; Eigengesetzlichkeit; Fabiersozialismus; Ludwig Feuerbach; Johann Gottlieb Fichte; Paul Göhre; Goldene Regel; Grundwerte; Königsherrschaft Christi; Kritischer Rationalismus; Kritische Theorie; Leistung (theologisch); Menschenrechte (theologisch); Metaethik; Patriarchalismus; Johann Heinrich Pestalozzi; Pierre Joseph Proudhon; Provisorische Moral; Carl Johann Rodbertus; Sozial; Sozialethik; Ständestaat; Lorenz von Stein; Reichsfreiherr vom Stein; Theokratie; Revolution; Theologie; Tradition; Zweireichelehre

132) Die Zehn Gebote und die Grundwerte, in: Christi Liebe ist stärker, 86. Deutscher Katholikentag in Berlin, Hg. ZK der Deutschen Katholiken, 1980, S. 429–435

133) Vernunft, Gewissen, Glaube. Das spezifisch Christliche im Horizont der Ethik, in: ZThK 77, 1980, S. 325–344 (wiederveröffentlicht in Nr. 564)

134) Vom Wert der Grundwerte. Evangelische Kommentare 13, 1980, S. 574–577

135) Gesellschaftliche Verantwortung und Gottes Gebot. Der Beitrag der evangelischen Kirche zur Grundwertediskussion, in: Grundwerte. Schriftenreihe der Bundeszentrale für politische Bildung, Bd. 168, S. 64–83

136) Katholisches Soziallexikon, 1980[2], Art. a) Sp. 631–642 Evangelische Soziallehre; b) Sp. 2263–2273 Protestantismus

137) Systematische Theologie. Zur Diskussion um die Gottesfrage, TR NF 45, Heft 4, 1980, S. 358–381
138) Die Aufgabe medizinischer Ethik und die ‚Ehrfurcht vor dem Leben', Diakonie 6, 1980, Heft 6, S. 329–340
139) Besprechung von: Manfred Hermanns Kirche als soziale Organisation, 1979, ZevKR 25, 1980, S. 320–323
140) Juden und Christen: Kritik an der rheinischen Landessynode und an der Berichterstattung des DS – ein Streitgespräch „Müssen wir Agenden ändern", DAS Nr. 4, 25. Januar 1981, S. 9
141) Thesen zur Aporie der Zweireichelehre, in: ZThK 78, 1981, S. 128–140
142) Die Friedensfreunde in einer bösen Welt. Geschichte des christlichen Pazifismus, Rheinischer Merkur/Christ und Welt Nr. 8, 20. Februar 1981, S. 20
143) „Technischer und gesellschaftlicher Fortschritt aus christlicher Sicht – Ökumenische Verantwortung für die Zukunft der Welt", Texte zur Wirtschafts- und Gesellschaftspolitik 2, 1981
144) Sozialethische Voraussetzungen und Konsequenzen der Diakonie, in: Theodor Schober, Gesellschaft als Wirkungsfeld der Diakonie, Stuttgart 1981, S. 124–129
145) Besprechung: Adolph Wagner, Briefe – Dokumente – Augenzeugenberichte, hg. von H. Rubner, 1978, in: ZKG 91, 1980, Heft 2/3, S. 494f.
146) Das „Recht auf Arbeit" und der Arbeitskampf, in: Heinrich Basilius Streithofen (Hg.), Christliche Ethik und Arbeitskampf. Walberberg 1981, S. 77–94
147) Vor Gott und dem Gewissen (Protestantismus und Politik), in: Rheinischer Merkur/Christ und Welt Nr. 30, 24. Juli 1981, S. 18
148) Ein gemeinsames Glaubensbekenntnis für Christen und Juden? Einige vorläufige Bemerkungen, KuD 27, 1981, S. 198–216
149) Perspektiven christlicher Gesellschaftsdeutung, Gütersloh 1981
150) Evangelische Theologie vor dem Staatsproblem. Vorträge, Rheinisch-Westfälische Akademie der Wissenschaften, G. 254, 1981 (erneute Veröffentlichung in Nr. 496)
151) Ist Treue noch erlaubt? Strapazierte Ehe, in: Rheinischer Merkur/Christ und Welt Nr. 44, 30. Oktober 1981, S. 20 = Die Zehn Gebote heute, 1982, S. 110–113
152) Gemeinsamkeiten evangelischer und katholischer Friedensethik – die ökumenische Perspektive epd-Dokumentation Nr. 51a/81, 30. November 1981, S. 36–50
153) Das reformatorische Freiheitsverständnis und das neuzeitliche Verständnis der „Würde des Menschen", in: Johannes Schwartländer (Hg.), Modernes Freiheitsethos und christlicher Glaube. München/Mainz 1981, S. 266–283
154) Einen Korb Äpfel für den Rektor der Hochschule. Besuch der Societas Ethica in der Sowjetunion. DAS Nr. 51, 20. Dezember 1981, S. 13
155) Kontroversen um den Frieden in der evangelischen Kirche und Theologie, Politische Studien, 261, 33. Jg. 1982, S. 17–25
156) Prophetie und Ethik, Evangelische Kommentare 15, 1982, S. 65–66
157) Vgl. Nr. 124, Die Erkenntnis Gottes und die Grenze der „Mission" der Christenheit, Luther 53, Heft 1, 1982, S. 10–22
158) Tendenzen und Themen der Ethik, in: ThR 47, 1982, S. 1–72
159) Diskussionsbeiträge zum Thema „Theologie in der Universität", in: Essener Gespräche zum Thema Staat und Kirche 16, 1982, S. 45–49, 53, 107–110, 120f.
160) Protestantismus und Politik, in: Hans F. Zacher (Hg.), Kirche und Politik. Düsseldorf 1982, S. 118–131
161) Autonomie und Prophetie, in: Vom Amt des Laien in Kirche und Theologie, Festschrift für Gerhard Krause zum 70. Geburtstag, hg. von H. Schröer und G. Müller. Berlin / New York 1982, S. 256–277 (wiederveröffentlicht in Nr. 564)

162) Besprechung von: Christian Walther (Hg.), Atomwaffen und Ethik, 1981, Evangelische Kommentare 15, 1982, S. 343f.
163) Glaube und politische Macht, Luther 53, 1982, S. 75–93
164) Die Hoffnung des Glaubens und die Verantwortung der Welt. Überlegungen zum Verhältnis von Eschatologie und Ethik, in: E. Jüngel u. a. (Hg.), Verifikationen, Festschrift für Gerhard Ebeling, Tübingen 1982, S. 363–384 (wiederveröffentlicht in Nr. 564)
165) Ethik als Forschungsaufgabe evangelischer Theologie, in: Rheinische Friedrich-Wilhelms-Universität Bonn, Forschungsbericht 1978–1980, 1982, S. 55–63
166) Systematische Theologie/Ethik, in: Hennig Schröer, Einführung in das Studium der evangelischen Theologie. Gütersloh 1982, S. 133–148
167) Werte und Normen sind unbegründbar und unverfügbar. Das Parlament 32, Nr. 32–35, S. 19
168) Arbeit und Leistung, in: Theodor Schober / Horst Seibert, Theologie, Prägung und Deutung kirchlicher Diakonie. Stuttgart 1982, S. 370–376
169) Die Weltverantwortung des Glaubens. Zur ethisch-politischen Dimension der Theologie Martin Luthers, in: Karl Lehmann (Hg.), Luthers Sendung für Katholiken und Protestanten. Zürich 1982, S. 71–93
170) Wie sehen Konsequenzen aus? DAS 43, 24.10.1982, S. 16 (zu den reformierten Friedensthesen)
171) Die Ökonomen sind ratlos. Das Problem der Arbeit und die Verantwortung der Kirche. Rheinischer Merkur/Christ und Welt Nr. 45, 5. November 1982, S. 22
172) Was haben die Zehn Gebote mit Politik zu tun? Forschung an der Bonner Universität, General-Anzeiger, Samstag/Sonntag 6./7. November 1982, S. 23
173) Plädoyer für mehr Freiheit. Lehrbefugnis für evangelische Professoren an theologischen Fakultäten. Deutsches Allgemeines Sonntagsblatt Nr. 4, 23. Januar 1983, S. 11
174) Ethos der Freiheit im Dienst der Liebe. Martin Luther ist mehr als ein Reformator, in: Das Parlament 33. Jg. Nr. 3, 22. Januar 1983, S. 6 = Themenheft 3, Martin Luther heute. Bundeszentrale für politische Bildung, 1983, S. 26–30.
175) Rezension: Joachim Wiebering, Handeln aus Glauben, in: ThLZ 108, 1983, Nr. 1, Sp. 57–60
176) Arbeit und Leistung, in: Diakonie, Sondernummer 7. März 1983, Stuttgart, S. 160–165
177) Ein ganzes Welttheater. Mit den Augen eines Theologen gesehen. Lutherfilm im ZDF, Rheinischer Merkur/Christ und Welt Nr. 14, 8. April 1983, S. 23
178) Nachwort zu: Schleiermacher: Christliche Sittenlehre. Einleitung, hg. von Hermann Peiter. Stuttgart/Berlin u. a. 1983, S. 125–149
179) Der Sozialstaat. Kein Sanatorium für das Leben, Rheinischer Merkur/Christ und Welt Nr. 21, 27. Mai 1983, S. 24
180) Die Nachfrage regelt noch lange nicht das Angebot, Meditation zu Jes 55, 1–39, DAS Nr. 24, 12.6.1983, S. 32
181) Die Krise der Arbeitsgesellschaft und das christliche Ethos, ZThK 80, 1983, S. 204–222
182) Ethos des Geldes, Zeitwende 54, 1983, S. 161–175
183) M. Honecker, Hans Waldenfels, Zu Gast bei Anderen, Evangelisch-katholischer Fremdenführer. Graz/Wien/Köln 1983, II. Teil. Evangelischer Fremdenführer für katholische Christen, S. 120–224
184) Taschenlexikon Religion und Theologie. Göttingen, 4. Aufl. 1983; Bd. 2, S. 265–272, Hermeneutik; Bd. 3, S. 183–186, Lehramt, Lehrgewalt, Lehrfreiheit; Bd. 5, S. 310–312, Wissenschaft

185) Art. Geld, TRE XII, 1983, S. 278–298
186) Ökumenisches Lexikon, 1983, Ethik I (Sp. 344–349); Gesellschaft I (Sp. 450–455); Kirche und Öffentlichkeit (Sp. 637–641); Sozialethik I (Sp. 1102–1105)
187) Tendenzen und Themen der Ethik, in: ThR 48, 1983, S. 349–382
188) Besprechung von: Ethik und Lebenswirklichkeit. Festschrift H. H. Schrey, in: ThR 48, 1983, S. 395f.
189) Martin Luther und die Politik. Der Staat, Bd. 22, 1983, S. 473–498
190) (vgl. Nr. 169) Die Weltverantwortung des Glaubens - Zur ethisch-politischen Dimension der Theologie Martin Luthers, in: Luther et la réforme allemande dans une perspective oecumenique, Les etudes théologiques de Chambésy 3. Chambésy-Genf 1983, S. 263–279
191) Der manipulierte Mensch. Ethische Probleme genetischer Forschung. Evangelische Kommentare 17, 1984, S. 15–18
192) Der Sozialstaat - die Krise seiner Ethik, in: Sozialstaat. Veröffentlichungen der Walter-Raymond-Stiftung 22. Köln 1983, S. 137–151
193) Artikel: Johann Gerhard, TRE XII, 1983, S. 448–453
194) Von Karl Barth hart bekämpft. Friedrich David (!) Ernst Schleiermachers 150. Todestag. Rheinischer Merkur/Christ und Welt Nr. 5, 10.2.1984, S. 22
195) Bedeutung und Grenzen der Bekenntnisschrift von Barmen heute, EAK Idea Nr. 6/7/84, S. 8–13; Wiederabdruck epd-Dokumentation Nr. 13/84, 5. März 1984, S. 5–14; Barmen heute. Der evangelische Christ im Staat des Grundgesetzes, S. 20–24
196) Kriterien für öffentliche Stellungnahmen oder offizielles Schweigen in Situationen, in denen Menschenrechte verletzt werden (LWB), epd-Dokumentation 18/84, 2. April 1984, S. 13–26; Criteria for public pronouncements or official silence in cases of human rights violations, in: LWF Studies „To speak or not to speak". Geneva 1984, S. 18–32
197) Sind Denkschriften „kirchliche Lehre"? in: ZThK 81, 1984, S. 241–263
198) Patientenrechte und ärztliche Ethik, in: Diakonie 10, 1984, S. 93–98
199) Die Evangelische Kirche und das Recht, in: Wolfgang Kramer, Michael Spangenberger (Hg.), Gemeinsam für die Zukunft. Kirchen und Wirtschaft im Gespräch, Köln 1984, S. 116–142
200) Barmen war ein Markstein. Rheinische Post Nr. 134, 9. Juni 1984 (Geist und Leben)
201) Wächteramt mit Argusaugen. Viele neue Probleme seit Barmen 1934. Rheinischer Merkur/Christ und Welt Nr. 27, 6. Juli 1984, S. 19
202) Die Minimierung von Gewalt und Unrecht. Eine Wirkung von Vernunft und christlicher Überlieferung, in: E. Lorenz (Hg.), Widerstand, Recht und Frieden, Ethische Kriterien legitimen Gewaltgebrauchs, Erlangen 1984, S. 36–60 = Minimizing Violence and Injustice, E. Lorenz (ed.), Justice through Violence? LWF Studies 1984, S. 30–43
203) Ehe und Familie im Wandel, in: Diakonie, 10. Jg. Heft 4, 1984, S. 242–249
204) Solidarisch sein mit der Tierwelt, Christlicher Umgang mit der Natur, in: Kirchenzeitung für das Erzbistum Köln 33, 17. August 1984, S. 6 (Auszug aus dem Katholikentagsvortrag)
205) Stellungnahme in: Peter Lange (Hg.), Ethische und rechtliche Probleme der Anwendung zellbiologischer und gentechnischer Methoden am Menschen. Dokumentation eines Fachgesprächs im Bundesministerium für Forschung und Technologie, 1984, S. 57–61 (In vitro fertilisation), S. 90f., S. 134
206) Lehrautorität und Sachautorität in evangelischen Denkschriften, in: Alfons Auer (Hg.), Die Autorität der Kirche in Fragen der Moral. Zürich 1984, S. 33–52

207) Die Grenzen des Machbaren markieren. Gewerkschaftliche Monatshefte, 35. Jg. Heft 10, 1984, S. 642–646 (zur Biotechnologie)

208) Die Diskussion um den Frieden 1981–1983, ThR NF 49, 1984, S. 372–411

209) Verantwortung für die Umwelt als Auftrag des Menschen, in: G. Hosemann / E. Fincken, Vorsorge für die Umwelt. Erlangen 1984, S. 9–22

210) Theologie und Sozialwissenschaften aus lutherischer Sicht, in: La theologie dans l'eglise et dans le monde, Les Etudes theologiques de Chambessy 1984, S. 264–277

211) Religionsfreiheit und evangelische Glaubensüberzeugung, in: Der Staat 23 Bd., Heft 4, 1984, S. 481–499

212) Besprechung von: T. Rendtorff (Hg.), Glaube und Toleranz, 1982, in: ZEE 29, 1985, S. 106–109

213) Der biotechnisch produzierte Mensch. Wegwerf-Leben aus der Retorte?, in: Evangelisches Monatsblatt, Kirche und Mann, 38. Jg., Nr. 2, Februar, S. 1

214) Schöpfung als Ursprung unserer Lebensordnung, Kurzreferat. Dem Leben trauen, weil Gott es mit uns lebt. 88. Deutscher Katholikentag, Dokumentation, 1984, S. 480–484

215) Die humane Kultur auf dem Prüfstand. Anwendung der Biotechnik am Menschen ist nicht nur eine Frage der Naturwissenschaft, sondern der Ethik. Rheinischer Merkur / Christ und Welt, Nr. 7, 9. Februar 1985, 40. Jg., S. 23

216) Recht, Ethos, Glaube, ZevKR 29, 1984, S. 383–405 (Wiederabdruck in Nr. 647)

217) Die Wirtschaftsethik von Arthur Rich, Neue Zürcher Zeitung, Montag 25. Februar 1985, Nr. 46, S. 19

218) Werte und Leitbilder, Zur Verknüpfung zweier Ebenen der Orientierung, in: Klaus Weigelt (Hg.), Werte, Leitbilder, Tugenden. Zur Erneuerung politischer Kultur. Studien zur politischen Bildung 8, Mainz 1985, S. 39–57

219) Barmen und das Problem der Ethik. Um das rechte christliche Handeln, LMH 24, 1985, S. 223–225

220) Ethik und Technik, ThR 50, 1985, S. 196–201 (Besprechung von: H./Th. Schulze, Zwischen Technik und Gott, 1982, A. Buch/I. Splett (Hg.), Wissenschaft – Technik – Humanität, 1982)

221) Besprechung von: W. Schwartz, Analytische Ethik und christliche Theologie, 1984, in: ThLZ 110, 1985, 386–389

222) Laudatio auf Prof. Dr. Johannes Wallmann. Jahrbuch 1984 der Rheinisch-Westfälischen Akademie der Wissenschaften, 1985, S. 87f.

223) Martin Luther und die Politik, in: K. Schäferdiek, Martin Luther im Spiegel heutiger Wissenschaft. Bonn 1985, S. 99–115

224) Die Kirche im demokratischen und sozialen Rechtsstaat der Bundesrepublik Deutschland, in: Christliche Existenz heute – 50 Jahre Barmer Theologische Erklärung, Arbeitsheft Nr. 7, Politische Akademie der Konrad-Adenauer-Stiftung, 1985, S. 109–118

225) Verantwortung am Lebensbeginn, Ethische Gesichtspunkte zur Gentechnik, in: Ev. Kommentare 18, 1985, S. 383–387. Wiederabdruck: EAK 10 „Bonner theologische Gespräche" 1985–1988, S. 23–37: Verantwortung am Lebensbeginn

226) Einführung, in: Zur Frage der Ordination von Theologen in Sonderdiensten auf Zeit, Stellungnahme der Evangelisch-theologischen Fakultät der Universität Bonn vom 17. April, 1985, ZevKR 30, 1985, S. 63–66

227) Verantwortung am Lebensbeginn, in: R. Flöhl (Hg.), Genforschung – Fluch oder Segen? Gentechnologie, Chancen und Risiken Bd. 3, München 1985, S. 144–160 = Auszug: Geburt behinderter Menschen ist keine technische Panne, Ärztliche Praxis XXXVII, Jg. Nr. 92 (16.11.1985), S. 3653–3655, Nr. 93, 19.11.1985, S. 3700–3703

228) Besprechung von: Robin W. Lovin, Christian Faith and Public Choices, 1984, in: ThLZ 110, 1985, S. 629-631
229) Der Sozialstaat - Die Krise seiner Ethik, in: Honecker/Walraff, Sozialstaat in der Krise (Walter Raymond Stiftung, Kleine Reihe Heft 38. Köln 1985, S. 7–32; vgl. Nr. 192, Wiederabdruck)
230) Die Religion lässt sich nicht in einen Seelenwinkel eingrenzen. Gesichtspunkte evangelischer Sozialethik. Pastoraltheologie 74, 1985, S. 351-367
231) Christus medicus, KuD 31, 1985, S. 307–323
232) Ein Zankapfel der Nation. Noch immer scheiden sich am Stuttgarter Schuldbekenntnis die Geister. Rheinischer Merkur/Christ und Welt Nr. 43, 19. Oktober 1985, S. 23
233) Wirtschaftliche Abhängigkeit - aus der Sicht der Theologien der Befreiung und evangelischer Sozialethik, in: Jürgen Em, Michael Spangenberger, Theologien der Befreiung, Herausforderung an Kirche, Gesellschaft und Wirtschaft. Köln 1985, S. 71–90
234) Die Stellung der evangelischen Kirche zur homologen und donogenen Insemination. Gynäkologie, Bd. 18, 1985, Heft 4, 216–219
235) Humangenetik und Menschenwürde. Gen-Technik aus der Sicht evangelischer Ethik. LMH 25, 1986, S. 75–79
236) Rezension: Hartmut Burbach, Das ethische Bewusstsein. Studien zur Systematik der theologischen Ethik Schleiermachers (1984). Theologische Revue Nr. 81, 1985, Nr. 6, Sp. 496f.
237) Die Zukunft der Ökumene: verbunden im Glauben – getrennt im Handeln?, in: O. Bayer u. a., Zwei Kirchen – eine Moral? Regensburg 1986, S. 275–302
238) Verantwortung am Lebensbeginn. Ethische Gesichtspunkte zur Gentechnik, Deutsche Krankenpflege Zeitschrift 39, 1986, S. 273–280 (vgl. Nr. 227)
239) Die Würde des Menschen – Wie weit darf der Fortschritt gehen?, in: Durch Biotechnologie ein neuer Mensch? Bundeszentrales Informationsseminar des Deutschen Landfrauenverbandes, 4.–6.11.1985, S. 45–58
240) Arbeits- und Leistungsgesellschaft in der Zukunft, in: Gerfried W. Hunold, Wilhelm Korff (Hg.), die Welt für morgen. Ethische Herausforderungen im Anspruch der Zukunft. Festgabe F. Böckle. München 1986, S. 54–66
241) Gentechnologie – eine Herausforderung an die Kirche, Botschaft und Dienst 37, Heft 3, 1986, S. 35–44
242) Geschichtliche Schuld und kirchliches Bekenntnis. Die sogenannte Stuttgarter Schulderklärung, in: ThZ 42, 1986, S. 132–158
243) Rezension: G. Ermecke, Sein und Leben in Christus, 1985, in: ThLZ 111, 1986, Nr. 7, Sp. 546–548
244) Christus medicus, in: Peter Wunderli (Hg.), Der kranke Mensch in Mittelalter und Renaissance. Düsseldorf 1986, S. 27–43 (= Nr. 231)
245) Verantwortung für die Zukunft. Die Ethik im Dialog der Wissenschaften. Ev. Kommentare 19, 1986, S. 506–509
246) Artikel: Evangelische Soziallehre. Staatslexikon Freiburg i. Br., Bd. 2, 1986, 503–516
247) Frau, Kirche und Gesellschaft, Schwerpunkte des sozialethischen Interesses aus evangelischer Sicht, in: Anton Rauscher, Die Frau in Gesellschaft und Kirche. Berlin 1986, S. 213–228
248) Rezension: Hans Waldenfels, Kontextuelle Fundamenttheologie, LMH 25, 1986, S. 518f.
249) Gentechnik, Ethische Standards für Europa sind unverzichtbar. Information – Service, Informationsdienst des Internationalen Verbands für Innere Mission und Diakonie, Heft 2, 1986, S. 2–20 (englisch und deutsch)

250) Theologie außerhalb der Theologischen Fakultäten, ZevKR 31, 1986, S. 401–427 (Wiederabdruck in Nr. 647)
251) Interview „Kirchen, die sich gegenseitig blockieren, erreichen gar nichts", Herderkorrespondenz 41, Jg. 1987, Heft 1, 20–25
252) Genetische Eingriffe und Reproduktionsmedizin aus der Sicht theologischer Anthropologie, in: ZThK 84, 1987, S. 118–136
253) Rezension: Wiebering, Partnerschaftlich leben, in: ThLZ, Jg. 112, 1987, Nr. 2, Sp. 144–146
254) Besprechung von: Karl Bruno Leder, Nie wieder Krieg? 1982, in: ZEE 31, 1987, S. 235f.
255) Christologie und Ethik. Zu Dietrich Bonhoeffers Ethik, in: M. Oeming / A. Graupner (Hg.)., Altes Testament und christliche Verkündigung. Festschrift für Antonius H. J. Gunneweg, 1987, S. 148–164
256) Evangelisches Staatslexikon, 1987, 3. Auflage, Artikel: Eid 647–657; Euthanasie 803–809; Königsherrschaft Christi, neuere Diskussion 1804–1805; Organtransplantation II 2346–2351; Revolution IV, theologisch 3004–3009; Sozialethik 3191–3209; Sterbehilfe III, ethisch 3499–3503; Toleranz I 3621–3630; Zweireichelehre 4112–4124
257) Technik und Ethik aus theologischer Sicht, in: Technik und Ethik, 2. Akademie. Forum, Vorträge 284. Rheinisch-Westfälische Akademie der Wissenschaften, 1987, S. 43–46
258) Christen, Kirchen und die Genforschung. „Wie Adam wieder den Weltenschöpfer spielen will." Rheinischer Merkur, Christ und Welt, Nr. 25, 19. Juni 1967, Merkur-Extra (zum Kirchentag), S. 35
259) Fortschritt zwischen Segen und Fluch, Gespräch, LMH 26, 1987, S. 456–459
260) Christliche Maßstäbe für das Leben. Tradition und Herausforderungen theologischer Ethik, in: Heinz Glässgen, Evangelisch-Katholisch. Muss das sein? Was verbindet, was trennt, 1987, S. 43–56
261) Plattform des Dialogs. Die Aufgabe und die Bedeutung der Societas Ethica, Rheinischer Merkur / Christ und Welt, Nr. 44, 30.10.1987, S. 23
262) Art. Protestantismus, in: Franz König / Hans Waldenfels (Hg.), Lexikon der Religionen, 1987, S. 516–519
263) Besprechung von: Wolfgang Nethöfel, Moraltheologie nach dem Konzil. Materialdienst 38, S. 96
264) Der Mensch ist mehr als seine Chemie. Anmerkungen aus evangelischer Perspektive, Lebensbeginn und menschliche Würde, ed. Stephan Wehowsky, Gentechnologie Bd. 14, 1987, S. 77–88
265) Gedanken zur Denkschrift der EKD. Evangelische Kirche und freiheitliche Demokratie. Kirche und Wirtschaft, Heft 3, 1987
266) „Religiöse Fundis", Ev. Kommentare 21, 1988, S. 9
267) Rezension: Bibliographie, Theologie und Frieden, in: ZEE 332, 1988, S. 68f.
268) Essener Gespräche zum Thema Staat und Kirche (22), 1988, Diskussionsvoten S. 92–95, 101 (zum Thema „Schutz des Lebens")
269) Sozialethisches Kolloquium 1986. Wettbewerbswirtschaft und Schöpfungsverantwortung, Kirche/Wirtschaft NRW Band 12, S. 63–86: Wettbewerbswirtschaft und Schöpfungsverantwortung – aus der Sicht der Sozialethik
270) Ökologie und Soziale Marktwirtschaft. Umweltschutz und Wettbewerb stehen nicht im Gegensatz. Gesellschaftspolitische Kommentare, 29. Jg. April 1988, S. 81–84
271) Verantwortung aus der Sicht der christlichen Sozialethik, in: Erich H. Geißler, Verantwortete politische Bildung, 1988, S. 114–132
272) Organverpflanzung, in: Chirurgische Gastroenterologie mit interdisziplinären Gesprächen, 4. Jg. Nr. 1, Mai 1988, S. 91–97

273) Persönlichkeitsbildung und Wertbewußtsein, Unternehmensethik aus der Sicht der evangelischen Kirche, Gesellschaftspolitische Kommentare, 29. Jg. 1988, Nr. 7, 163–164
274) Er focht für die Judenemanzipation (zu Schleiermacher), DAS Nr. 290, 17. Juli 1988, S. 13
275) Rezension: H. Büchele, Christlicher Glaube und politische Vernunft, 1987, in: ThLZ 113, 1988, 465–468
276) Zensur aus Rom. Moraltheologen am Gängelband. Evangelische Kommentare 21. Jg. 1988, S. 452–454
277) Genomanalyse, Hearing der SPD-Landtagsfraktion Hessen, 15. Juni 1988, S. 17–19, 52, und 7 Seiten Stellungnahme
278) Artikel: Lutherische Ethik, Sp. 751–752, und: Staat, ethisch, S. 1181–1183, in: Wörterbuch des Christentums, 1988
279) Rezension: Curran, Charles, Sexualität und Ethik (1988), in: ThLZ 113, 1988, Sp. 777/778
280) Organentnahme bei Anenzephalen zu Transplantations- und Forschungszwecken, medizinische, ethische und rechtliche Fragen. Protokoll eines Fachgesprächs vom 19.7.1988 in Bonn. Der Justizminister des Landes Nordrhein-Westfalen informiert, S. 9–10, S. 28/29, 34
281) Der Friede in der evangelischen Ethik. Festschrift Rudolf Weiler, Frieden als Gesellschaftsordnung (hg. von A. Klose / H. F. Kück / H. Schambeck) 1988, S. 34–56
282) Landtag Nordrhein-Westfalen, Ausschußprotokoll 10/986, Kommission Mensch und Technik, S. 47–51
283) Der Beitrag der Religion zur Konsensstiftung in unserer Gesellschaft, in: Christlicher Glaube, Religion und moderne Gesellschaft. Vorträge und Beiträge der Politischen Akademie der Konrad-Adenauer-Stiftung, Heft 8, hg. von Klaus Weigelt, 1988, mit Beiträgen von Karl-Heinz Ohlig u. a., S. 27–47 (wieder veröffentlicht in Nr. 496)
284) Der Umgang mit dem Leben. Zehn Thesen zu „Bewahrung der Schöpfung", Gesellschaftspolitische Kommentare, 29. Jg., Nr. 12, 1988, S. 317–319
285) Zeichen statt Argumente? Zeugnis und Begründung in der Ethik. Evangelische Kommentare 22, 1989, Heft 2, S. 31–39
286) „Der Ethiker muss manchmal auch der Störenfried sein", Welt-Gespräch, Die Welt, Nr. 77, Montag, 3. April 1989, S. 7
287) Rezension: J. Punt, Die Idee der Menschenrechte (1987), und E. W. Böckenförde / R. Spaemann (Hg.), Menschenrechte und Menschenwürde (1987), in: ZEE 39, 1989, S. 153–155
288) Wertewandel – Wandel der Städte. Auf dem Weg zur menschengerechten Stadt, Universitas 44, 1989, S. 526–538
289) Art. Sozialethik, Wörterbuch der Soziologie, hg. von Endruweit u. a., Band 3, 1989, S. 586–589
290) Die Menschenrechte als Grundlage politischer Ethik – Eine Betrachtung aus der Sicht der evangelischen Ethik, in: Menschenrechte in Ost und West, hg. von Rudolf Uertz, Studien zur politischen Bildung 16, 1989, S. 9–33
291) Ein Dialogpartner für die Gesellschaft. Der Ruf nach Ethik in einer verunsicherten Welt ist groß, in: Rheinischer Merkur / Christ und Welt, Nr. 23, 23. Juni 1989, S. 21
292) Keine Garantie gegen das Risiko des Lebens, Rheinischer Merkur / Christ und Welt, Nr. 26, 30. Juni 1989
293) Leben soll, wer Vernunft besitzt, Deutsches Allgemeines Sonntagsblatt, Nr. 27, 7. Juli 1989, S. 18

294) Freiheit ist nicht Bindungslosigkeit. Religion und Menschenrechte - eine heikle Beziehung. Lutherische Monatshefte, 28. Jg., 1989, S. 363-368
295) Kirche, ethisch, TRE XVIII, 1989, 317-334
296) Kirche und Welt, TRE XVIII, 1989, 405-421
297) Askese - Renaissance eines theologischen und antiken Begriffs? in: Oecumenica et Patristica. Festschrift für Wilhelm Schneemelcher, 1989, S. 317-327
298) Schöpfungsbewahrung aus theologischer Perspektive, in: Umweltethik. Verantwortung für den Menschen, Verantwortung für die Natur, Hohenheimer Umwelttagung 21, 1989, S. 39-51
299) Askese und das unverwechselbar Christliche, in: W. Greive (Hg.), Loccumer Protokolle 12/1988, Ethik heute: Selbstbegrenzung aus Verantwortung, 1988, S. 101-115
300) Besprechung von: Albrecht Schönherr, Abenteuer der Nachfolge. Reden und Aufsätze, 1978-1988, ÖR, Heft 4, 1989, S. 509
301) Lexikon Medizin, Ethik, Recht; 1989: Artikel: In-vitro-fertilisation II (Ethik) S. 568-575; Leben S. 667-673; Organtansplantation II (Ethik) S. 762-767; Qualität des Lebens S. 873-880
302) Staatslexikon Bd. 5, 1989, 7. Aufl., Sp. 162-166: Der Staat aus evangelischer Sicht; Sp. 1185-1188: Zwei-Reiche-Lehre
303) Kirchenrecht, Evangelische Kirche, TRE Bd. 18, 1989, S. 727-750
304) Stadtkultur im Wertewandel, in: Ulf Claußen (Hg.), Moderne Zeiten - soziale Gerechtigkeit? 20 Jahre Sozialwissenschaftliches Institut der EKD, 1989, S. 160-168 (vgl. Nr. 288, Wiederabdruck in Nr. 496)
305) Der Sozialstaat in der Sicht evangelischer Sozialethik, in: Norbert Blüm/Hans F. Zacher, 40 Jahre Sozialstaat Bundesrepublik Deutschland 1989, S. 629-640
306) Einig im Ziel? Die Wege zum Frieden sind streitig, in: Werte wandeln - Bundeswehr und Gesellschaft. Beiheft 3'89 - Information für die Truppe, S. 51-58
307) Rechtfertigung und Gerechtigkeit in der Perspektive evangelischer Theologie, in: Rechtfertigung und Gerechtigkeit. Im Lichte der Reformation. Jahrbuch des Evangelischen Bundes XXXIII, 1990, S. 41-60
308) Gnade und Dienst. Über Rechtfertigung und Gerechtigkeit. Evangelische Kommentare 23, 1990, S. 149-154
309) Zwischen Sintflut und Regenbogen, Rheinischer Merkur / Christ und Welt, Nr. 8. 23. Februar 1990, S. 23 (zu Seoul, Konziliarer Prozeß)
310) Eschatologie und Zivilreligion. Marginalien zu zwei strittigen Theologumena, in: EvTh 50, S. 40-55
311) Besprechung von: W. Henke, Recht und Staat. Grundlagen der Jurisprudenz, in: ThR 55, 1990, S. 218-227 (Wiederabdruck Nr. 647)
312) Was kann „Ethik des Polizeiberufes" leisten? in: Forum Ethik & Berufsethik, 1/90, S. 29-33
313) Gott ist ein Freund des Lebens, KNA, Nr. 18, 25. April 1990, S. 5-12
314) Wertewandel und Lebensschutz. Der Johannesruf, 1/1990, S. 7-12
315) Religionsfreiheit als grundlegendes Menschenrecht, Gewissen und Freiheit, 18. Jg., 1990, Nr. 34, S. 7-14
316) Einführung in die Theologische Ethik. Grundlagen und Grundbegriffe, 1990
317) Rezension: W. Härle (Hg.), Kirche und Gesellschaft, 1989, in: ThLZ 115, 1990, 625f.
318) Grundwerte, gestern, heute, morgen - Wertebewußtsein als Aufgabe für Mann und Frau, in: Mitteilungsblatt des Deutschen Akademikerinnenbundes, Bd. 72, 1990, S. 64-80
319) Stand und Aufgaben evangelischer Sozial- und Wirtschaftsethik, in: Lothar Diversy

(Hg.), Christentum und Politik. Stand und Entwicklung der christlichen Soziallehren: Wegweisung ins dritte Jahrtausend, 1990, S. 59–86
320) Für und wider eine multikulturelle Gesellschaft, in: M. Klöcker und U. Tworuschka, Miteinander - was sonst? Multikulturelle Gesellschaft im Brennpunkt, 1990, S. 103–106
321) Ethik im Boom. Zur Tagung der Societas Ethica, in: Ev. Kommentare 23, 1990, S. 651
322) Rezension: Catenhusen, W. M. / Neumeister, H., Chancen und Risiken der Gentechnologie 1987, in: ThLZ 119, 1990, S. 769–771
323) Folgen der Technik, in: ZThK 87, 1990, S. 471–486
324) Besprechung von: Abschluss eines Standardwerkes. Arthur Richs Wirtschaftsethik, NZZ Nr. 18, 23.1.1991, S. 27
325) Besprechung von: M. Heckel, Gesammelte Schriften, Staat, Kirche, Recht, Geschichte, 2 Bände, 1989, Der Staat 29, 1990, S. 625–628
326) Leserbrief: Geo Nr. 3, 25.2.1991, S. 7f.
327) Was kann Ethik des Polizeiberufes leisten?, in: Forum Ethik & Berufsethik, Sonderheft 1, 1991, S. 16–20 (Wiederabdruck vgl. Nr. 314)
328) Zur ethischen Diskussion der 80er Jahre, in: ThR 56, 1991, S. 54–97
329) Der Auftrag der Kirche und die Aufgabe des Staates. Essener Gespräche zum Thema Staat und Kirche 25, 1991, S. 49–80 (Wiederabdruck in Nr. 496 und 647)
330) Rezension: Uwe Christoffer, Erfahrung und Induktion, in: ThLZ 116, 1991, Sp. 59–61
331) Lebensschutz und Sterbebeistand aus evangelischer Sicht, in: Harald Wagner (Hg.), Grenzen des Lebens, Frankfurt a. M. 1991, S. 89–124
332) Was heißt „gerechter Krieg"? Forum Ethik & Berufsethik 4/1990, S. 12f.
333) Von Tschernobyl steht nichts in der Schrift, Deutsches Allgemeines Sonntagsblatt, Nr. 15, 12. April 1991, S. 18
334) Geld - Zauberkraft oder dämonische Macht? Religion heute, Heft 1, 1991, S. 16–21
335) Individualberatung und Grundlagenforschung - Sozialethische Überlegungen zur Genomanalyse. Arzt und Christ, 37. Jg. 1991, S. 86–98
336) Fundamentalismus als Problem, in: Societas Ethica, 27. Jahrestagung 1990. Walberberg 1991, S. 9–13
337) Probleme einer Genomanalyse, Zum Abschlußbericht des Arbeitskreises „Ethische und soziale Aspekte der Erforschung des menschlichen Genoms", in: ZEE 35, 1991, S. 205–212
338) Sozialismus - Was ist das eigentlich? Zeitwende 62, 1991, S. 132–146
339) Natur als ethischer Maßstab, in: Materialdienst des Konfessionskundlichen Instituts 42. Jg. 1991, Heft 4, S. 63–67 (wiederveröffentlicht in Nr. 496)
340) ›Suchet der Stadt Bestes‹. Christliche Ethik und Polizei, hg. vom Referat für die kirchlichen Werke, Verbände und Zielgruppendienste in Kirchen der EKD. Hannover 1991, S. 5–14. Was kann ›Ethik des Polizeiberufes‹ besagen?
341) Christsein gestalten - ethische Fragen im Horizont von Kirche und Öffentlichkeit, in: Udo Hahn (Hg.), Der Glaube hat Zukunft, 1991, S. 98–110
342) Schutz des Lebens als ethische Herausforderung, in: Zeitschrift zur politischen Bildung 28. Jg., Heft 3, 1991, S. 1–16
343) Zur Wirtschaftsethik, in: ThR 56, 1991, S. 260–279
344) Wertewandel, in: Forum Ethik & Berufsethik, 1/1991, S. 28–30
345) Sola scriptura im Bereich sozialethischer Entscheidungen: In: Hans Heinrich Schmid / Joachim Mehlhausen, Sola scriptura. Das reformatorische Schriftprinzip in der säkularen Welt. Gütersloh 1991, S. 130–140 (wieder veröffentlicht in Nr. 564)

346) Versuch einer Quadratur des Kreises, Paragraph 218: Sind Indikationenregelung und Fristenlösung tatsächlich Alternativen? Plädoyer für ein ›notlagenorientiertes Diskus- sionsmodell‹, DAS Nr. 48, 29. November 1991, S. 18
347) Paradigmenwechsel in der katholischen Moraltheologie, in: ThR 56, 1991, S. 437–445
348) Diskussionsvoten in: Essener Gespräche zum Thema Staat und Kirche 26, 1992, S. 35–37, 47–48, 54–55, 105/106
349) Die Postmoderne als Anfrage an die Ethik, in: Forum Ethik & Berufsethik, Ausgabe 1, 1992, S. 11–14
350) Popanz Postmoderne, Theologische Kritik an einem inflationierten Begriff. Ev. Kommentare 25, 1992, S. 263–266
351) Aufgaben und Grenzen der Wirtschaftsethik. Zeitschrift für Betriebswirtschaft, Ergänzungsheft 1/92, 1992, Unternehmensethik. Konzepte – Grenzen – Perspektiven, S. 107–120
352) Herrschaft über die Natur und Bewahrung der Schöpfung, in: K.-H. Erdmann (Hg.), Perspektiven menschlichen Handelns: Umwelt und Ethik, 1992 (2. Aufl. 1993), S. 79–94
353) Ethische Stellungnahme zum Fallbericht. Arzt und Christ, 38, 1992, S. 118–120
354) Besprechung von: M. J. Prien, Luthers Wirtschaftsethik 1992. Die Neue Ordnung 46, 1992, S. 230–232
355) Sozialismus – Was ist das eigentlich? Arbeitskreis Evangelischer Unternehmer (Karlsruhe 1992), Ist der Sozialismus am Ende? S. 5–23. Ebenfalls: Sozialismus, Was ist das? EAK der CDU/CSU, Landesverband Baden, 1992, S. 5–23 (Wiederabdruck in Nr. 496)
356) Arbeitszeit und Lebenszeit, in: Zeitschrift für Unternehmensgeschichte, Beiheft 75, Die Entwicklung der Lebensarbeitszeit, 1992, S. 89–97
357) Die ökumenische Dimension des vereinigten Europa, in: Peter Koslowski (Hg.), Europa imaginieren. Der europäische Binnenmarkt als kulturelle und wirtschaftliche Aufgabe. Berlin 1992, S. 187–202 (Wiederabdruck in Nr. 496). Ebenso in: Imagine L'Europe, ed. Peter Koslowski, Paris 1992, S. 179–193: La dimension economique de l'Europe. Ebenfalls: Ecumeniczny Wymiar Zjednoczonej Europy, Europa jutra, Redaktor Peter Koslowski. Lublin 1994, S. 167–180
358) Theologische Wirtschaftsethik aus evangelischer Perspektive. Gesellschaftspolitische Kommentare 33, Nr. 8, S. 182–186
359) Besprechung von: Wilfried Joest, Der Friede Gottes und der Friede auf Erden, 1990, in: ThR NF 57, 1992, S. 335f.
360) Menschenrechte und Entwicklung. Perspektiven und Ausblicke. Nord-Süd-Dialog. Entwicklungsländerforschung an der Universität Bonn, 1992, S. 267–270
361) Zur Sache 1/92, Schutz des ungeborenen Lebens. Öffentliche Anhörung des Sonderausschusses „Schutz des ungeborenen Lebens" des Deutschen Bundestages am 13./14./15.11.1991 und 4. u. 6.12.1991, S. 187–189, 209–210, 213–214, 221–224
362) DDR-Vergangenheit und kein Ende? Die Ethik darf nicht suspendiert werden, Lutherische Monatshefte 31, 1992, S. 49/50
363) Sozialethik des Luthertums, in: H. Chr. Rublack, Die lutherische Konfessionalisierung in Deutschland. Schriften des Vereins für Reformationsgeschichte, Band 197, 1992, S. 316–340
364) Europa og den evamgeiske Kirke, in: Festschrift til Ivan Asheim, Forankring og forandnrg. vordier for det nye Europa, Universitetsforlaget. Oslo 1992, S. 221–233
365) Eschatologische Freiheit. Reformatorisches und revolutionäres Freiheitsverständnis, in: Freiheit und Kontingenz. Zur interdisziplinären Anthropologie menschlicher

Freiheiten und Bindungen, hg. v. Rainer Dieterich / Carsten Pfeiffer, Festschrift für Christian Walther. Heidelberg 1992, S. 150–169 (Wiederabdruck in Nr. 496)

366) Besprechung von: Detlef Bernhard Linke, In Würde altern und sterben: Zur Ethik der Medizin, 1991. Arzt und Christ 38, 1992, S. 225f.

367) Und welche Freiheiten sonst noch? Themen der Sozialethik, Jg. 5, Heft 1, 1992, S. 1–3

368) Gemeinwohl und Eigennutz-Wirtschaftliches Handeln in Verantwortung für die Zukunft. Ethische Perspektiven der Denkschrift der EKD; Berliner Theologische Zeitschrift, Jg. 9, Beiheft 1992, S. 60–75

369) Besprechung von: E. Herms, Gesellschaft gestalten, in: ThLZ 117, 1992, Sp. 721–728

370) Kirche im Katzenjammer. Deutsches Allgemeines Sonntagsblatt Nr. 3, 15. Januar 1993, S. 19

371) Mahner aus Barmherzigkeit, Zum Tod von Hans Jonas, DAS, Nr. 7, 12.2.1993, S. 17

372) Rezension, Hermann Ringeling, Christliche Ethik im Dialog, 1991, in: ThLZ 118, 1993, Sp. 65–67

373) Lexikon der Wirtschaftsethik, 1993, Artikel: Diskriminierung, 202–204; Ethik, 249–258; Gewissen, 380–386; Menschenrecht II (international), 695–699; Religion und Wirtschaft, 887–894; Wert, Werte, Werturteilsfreiheit, 1256–1265 (Übersetzung: Dicionario de etica economica, Brasilien 1997: consciencia, 76–79; Direitos humanes, Direitos fundamentales, 182–184; etica, 273–277; Religoes Economia. Aspectos gerais, 551–554; Valor, Valores, Livre julgamento de valores, 651–655)

374) Vom Sinn der Berufung auf Menschenrechte, in: Entwicklungspolitik 5/6, 1993, S. 33–38

375) Kontroverse Hirntod und Schwangerschaft, Stellungnahme. Ethik in der Medizin 5, Heft 1, 1993, S. 38f.

376) Glückwunsch Professor Jja Lazari-Pawlowska, in: Prawda Moralna - Dobro Moralne, Łodz 1993, S. 110–111

377) Verantwortung am Lebensbeginn, in: Andrea Bubner (Hg.), Die Grenzen der Medizin. Technischer Fortschritt, Menschenwürde und Verantwortung, 1993, S. 32–58

378) Nachruf auf Heinz-Dietrich Wendland, Rheinisch-Westfälische Akademie der Wissenschaften, Jahrbuch 1992, S. 63–66; ebenda, S. 80f. Begrüßungsansprache des Sekretärs zum Leo-Brandt-Vortrag = Begrüßungsansprache, in: Klaus Hildebrand, Die britische Europapolitik zwischen imperialem Mandat und innerer Reform 1856–1876. Rheinisch-Westfälische Akademie der Wissenschaften, Vorträge G 322, S. 7f.

379) Der politische Auftrag der Kirchen, in: Handbuch der christlichen Ethik, Neuauflage Bd. 2, 1993, S. 253–266

380) Testimonium conscientiae, Was ist norma proxima des sittlichen Urteils? in: G. Höver / L. Honnefelder (Hg.), Der Streit um das Gewissen, 1993, S. 83–92

381) Sachlichkeit gefragt. Nach der Entscheidung des Bundesverfassungsgerichts zum Paragraphen 218, epd - Evangelischer Pressedienst Nr. 22, 1993, S. 1–3

382) Wer sich einmischt, muss autorisiert sein. (Kirche und Politik) Rheinischer Merkur, Nummer 24 (Merkur Extra, 25. Deutscher Evangelischer Kirchentag) 11. Juni 1993, S. V. (Wiederabdruck in Nr. 496)

383) Menschenrechte und Entwicklungszusammenarbeit aus der Sicht der Evangelischen Kirche, Dokumente 1, Tagungsberichte der Deutschen Welthungerhilfe Bonn, 1993, „Menschenrechte und Entwicklungszusammenarbeit in Theorie und Praxis", S. 45–48

384) Durch Genomanalyse eine Veränderung unseres Menschenbildes?, in: Diakonie, Heft 3, 1993, S. 140–146

385) Individuelle Schuld und kollektive Verantwortung. Können Kollektive sündigen?, in: ZThK 90, 1993, S. 213–230 (wiederveröffentlicht in Nr. 496)

386) Beitrag in: Gisela Bockenheimer-Lucius / Eduard Seidler, Hirntod und Schwangerschaft, Dokumentation einer Diskussionsveranstaltung der Akademie für Ethik in der Medizin zum ›Erlanger Fall‹ 1993, S. 63–67, 67f., 71f., 95

387) Gottes- und Weltverständnis im Islam und Christentum, Una sancta 48, 1993, S. 106–116, 132

388) Zur Erinnerung an Arthur Rich (21.1.1910–25.7.1992), Societas Ethica, Jahresbericht 1992. Woudschoten/Utrecht, S. 89f.

389) Kirche ohne Protestanten? Evangelisch in der Zivilgesellschaft. Evangelische Kommentare 26, 1993, S. 479–483

390) Der Bußtag – eine Verlegenheit, in: Peter Cornehl / Martin Dutzmann / Andreas Strauch (Hg.), „In der Schar derer, die da feiern". Feste als Gegenstand praktisch-theologischer Reflexion, 1993, S. 147–154

391) Theologische Wirtschaftsethik aus evangelischer Perspektive, Forum Ethik & Berufsethik, Nr. 2/3, September 1993, S. 23–27

392) Theologisch-ethisches Gutachten über das ›Gesetz über die Erweiterung des Katastrophenschutzes‹, ZevKR 38, 1993, S. 157–176

393) Protokoll über die Sachverständigenanhörung der SPD-Bundestagsfraktion zu Fragen der Organtransplantation am 22. Januar 1993, S. 4–6, 44f., 66–68

394) Christen und Muslime vor der Herausforderung der Menschenrechte, Materialdienst Konfessionskundliches Institut 5/1993, S. 83–86

395) Zur geschichtlichen Ausdifferenzierung der Religionsfreiheit im reformatorischen Raum, in: Johannes Schwartländer, Freiheit der Religion, 1993, S. 230–241; ebd.: S. 409–412: Vom Recht der Obrigkeit zum Verfassungsstaat; S. 426–430: Zur Ausdifferenzierung der Religionsfreiheit in theologischer Sicht; ebd.: S. 467–470: Wahrheitsanspruch der Religion und staatliche Garantie der Religionsfreiheit im säkularen Staat

396) Communio in der europäischen Theologie. Koreanisch-theologische Beiträge 10, Kirche und Koinonia, hg. von Korea Association of Christian Studies (SLK, Seoul, 1993, S. 53–81 (koreanisch), S. 82–113 (deutsch). (Ebenfalls veröffentlicht in Nr. 496)

397) Ethikkrise – Krisenethik: Die Hinterfragung der Vernunft im ethischen Urteil, in: H. U. Germann / H. Kaiser / H. Leibundgut / H. R. Schär (Hg.), Das Ethos der Liberalität, Festschrift für Hermann Ringeling, 1993, S. 81–94 (wiederveröffentlicht in Nr. 564)

398) Religion und Politik. Zur Geltung der Menschenrechte im Christentum und Islam EZW-Texte, Information Nr. 213, IX, 1993, S. 15–27

399) Wahrheit und Freiheit im Spannungsfeld des Pluralismus. Zur Moralenzyklika, „Veritatis splendor", Materialdienst des Konfessionskundlichen Instituts, 45 Jg. Heft 1, 1994, S. 6–11 (wiederveröffentlicht in Nr. 496)

400) Die Solidargemeinschaft am Scheideweg? Zeitwende 65, 1994, S. 5–14

401) Verwirrende Vielfalt kirchlichen Lebens. Religion in Korea. Christ und Welt/Rheinischer Merkur Nr. 11, 18. März 1994, S. 25

402) Diskussionsbeitrag in: Essener Gespräche zum Thema Staat und Kirche 28. Die staatliche Förderung von Gesellschaft und Kirche, 1994, S. 105–107

403) Die Kirche in einer vielgestaltigen Welt, in: Susanne Dimpker (Hg.), Freiräume leben – Ethik gestalten. Studien zu Sozialethik und Sozialpolitik, 1994, S. 167–177

404) Theologische Aspekte zu Sterben und Tod, in: Konrad Adenauer-Stiftung, Interne Studien und Berichte 72/1994, Lebensschutz und Sterbebegleitung / Konzeption und Bearbeitung Dr. Rudolf Uertz, S. 50–57: Zum Verständnis der Person. S. 137–144: Konsequenzen für Medizin und Gesellschaft

405) Theologische Grundlegung zu berufsethischen Fragen, in: Berufsethische Dokumente 1, 1994, S. 6–12

406) Nation im Spannungsfeld von Gruppenidentität und Humanität. Jahrestagung der Societas Ethica 1994, Preprints S. 125–144
407) Globale Verantwortung – Benötigen wir eine neue Ethik, epd – Entwicklungspolitik 16/94, S. 70–77 = Entwicklungspolitik 16/94, Population Policy, Practice, criticism and the View of religions, S. 71–77. Wiederveröffentlichung: Global Responsility, in: Religion, Population and Development: Multi-Religion contributions, NGO-Forum 94, 3–13 September Cairo, Egypt, World Conference on Religion an Peace (WCRP), S. 83–90
408) Die Pille ist nicht der Weisheit letzter Schluss – idea, Evangelische Nachrichtenagentur Nr. 98/94, 31.8.1994, S. IVf. = idea Spektrum 35, 1. September 1994, S. 17f. Pille allein – nein. Umfassende Hilfe ist gefragt
409) Sozialethische Diskurse, in: ThR 59, 1994, S. 442–448
410) Wandel der Intimität, Kirche und Homosexualität. Rheinischer Merkur/Christ und Welt Nr. 3, 20. Januar 1995, S. 23
411) Kirchenasyl – Asyl in der Gemeinde, in: Asyl in der Gemeinde. Eine Arbeitshilfe, hg. v. Landeskirchenamt der Evangelischen Kirche im Rheinland, 1995, S. 41–49
412) Die Barmer Theologische Erklärung und ihre Wirkungsgeschichte. Nordrhein-Westfälische Akademie der Wissenschaften, Vorträge G 330, Opladen 1995
413) Die Würde der Person ist ethisch grundlegend. Über Verständnis und Definition herrscht kein Einverständnis. Konsequenzen für Medizin und Ethik, Generalanzeiger, Dienstag, 21. Februar 1995, S. 15
414) Person- und Leibverständnis, in: F. W. Albert, W. Land, E. Zwierlein (Hg.), Transplantationsmedizin und Ethik. Auf dem Weg zu einem gesellschaftlichen Konsens, 1995, S. 149–173
415) Nationale Identität und theologische Verantwortung, Überlegungen zu einer spannungsvollen Beziehung, in: ZThK 92, 1995, S. 83–101 (wiederveröffentlicht in Nr. 496)
416) Das Symbol der Brücke, in: Manfred Fischer (Hg.). Aufbruch zum Dialog. Auf dem Weg zu einer Kultur des Gesprächs. Fünfzig Jahre Evangelische Akademie Bad Boll. Stuttgart 1995, S. 274–280
417) „Klärungsbedarf", ZEE 39, 1995, S. 121–125 (Zum gemeinsamen Wort der Kirchen „Zur wirtschaftlichen und sozialen Lage in Deutschland")
418) Besprechung von: H. Ringeling, Freiheit und Liebe 1994, in: ThLZ 120, 1995, 171–174
419) Öffentliche Erinnerung an Gott, Die politische Meinung 40, Heft 304, März 1995, S. 41–48 (wiederveröffentlicht in Nr. 496)
420) Wirtschaftsethik und Soziallehre, in: ThR 60, 1995, S.152–162
421) Perspektiven der Wirtschaftsethik, in: ThLZ 120, 1995, 395–410
422) Grundriß der Sozialethik. Berlin 1995
423) Die Auseinandersetzung um die Militärseelsorge in der Evangelischen Kirche, in: Kirchlicher Auftrag und politische Friedensgestaltung. Festschrift für Ernst Niermann, Militärgeneralvikar 1981–1995, hg. von Alfred E. Hierold, Ernst Josef Nagel, Theologie und Frieden, Band 11, 1995, S. 209–210 (wiederveröffentlicht in Nr. 496)
424) Ethische Fragen zu Standards der Lebensqualität, in: Klaus Hildemann, Hermann Pelzer (Hg.), Psychiatrische Arbeit heute – ein Qualitätsprodukt?, 1995, S. 99–107
425) Theologische Perspektiven der Umweltkrise, in: Karl-Heinz Erdmann, Hans G. Kastenholz (Hg.). Umwelt und Naturschutz am Ende des 20. Jahrhunderts, Probleme, Aufgaben und Lösungen. Berlin u. a. 1995, S. 83–100
426) Nation im Spannungsfeld von Gruppenidentität und Humanität, in: Societas Ethica, Jahresbericht 1994. Bereckfürdo 1995, S. 151–165

427) Begrüßungsansprache beim Leo-Brandt-Vortrag am 21. September 1994, in: Nordrhein-Westfälische Akademie der Wissenschaften, Jahrbuch 1994, 1995, S. 66–68

428) Normfindung und Wertwandel. Das Problem der Normfindung in der Ethik, in: Fondements de l'ethique chrétienne, ed. Jean-Louis Leuba, Namur, 1995, S. 153–174

429) Kirche und Nation – Herausforderungen für den europäischen Protestantismus, epd-Dokumentation Nr. 41/95, S. 21–27 sowie: Europäischer Protestantismus, in: Kirche und Nation, Ökumenische Perspektiven 1, Evangelischer Bund, Landesverband Bayern. Nürnberg 1995, S. 51–64

430) Durchlüftung der muffigen Kirchlichkeit, zu: Falk Wagner, Zur gegenwärtigen Lage des Protestantismus, in: Evangelische Kommentare 28, 1995, S. 590–593

431) Besprechung von: Hausmanninger, Thomas (Hg.), Christliche Sozialethik, Zwischen Moderne und Postmoderne, 1994, in: ThLZ 120, 1995, S. 925–927

432) Besprechung: Felix Hafner, Kirchen im Kontext der Grund- und Menschenrechte, 1992, in: Zsav RG. 112, Kan. Abt. 1995, S. 510–514

433) ›Mit Israel in der Wurzel verbunden‹. Zur Auseinandersetzung über den Grundartikel der rheinischen Landeskirche, Zeitwende 66, 1995, S. 193–203

434) Öffentlichkeit, TRE 25, 1995, S. 18–26

435) Protestantismus und Nation, FAZ 11.12.1995, Nr. 288, S. 10

436) Mit dem Volk Israel verbunden. Protestantismus und Judentum. Rheinischer Merkur / Christ und Welt Nr. 1, 5. Januar 1996, S. 22

437) Gerechtigkeit und Menschenrecht – universal und unteilbar? in: Gerechtigkeit und soziale Ordnung. Für Walter Kerber S.J., hg. von Norbert Brieskorn und Johannes Müller. Freiburg/Basel/Wien 1996, S. 56–68 (wiederveröffentlicht in Nr. 564)

438) Sterbebegleitung aus theologischer Sicht. Zeitschrift für medizinische Ethik 42, 1996, S. 19–28.

439) Rezension: J. Spindelböck, Aktion Widerstandsrecht, 1994, in: ThLZ 121, Nr. 3, 1996, Sp. 304–306

440) On the Appeal for the Recognition of Human Dignity in Law and Morality, in: Kurt Bayertz (ed.), Sanctity of life and human dignity. Dordrecht 1996, S. 257–273

441) Der Dialog und die Symbole Brücke und Tor, Eucharisteia, Festschrift für Damaskinos Papandreou, hg. von Maria Brun und Wilhelm Schneemelcher. Athen 1996, S. 217–221

442) Nachbetrachtung zur Landessynode 1996. Rheinisches Pfarrerblatt 1, 1996, S. 6–8

443) Universalität und Unteilbarkeit der Menschenrechte? in: Menschenrechte und Entwicklung. Beiträge zum ökumenischen und internationalen Dialog, hg. von Lothar Brock, Kirchenamt der EKD 1996, S. 20–30

444) Diskussionsbeiträge, in: Essener Gespräche zum Thema Staat und Kirche 30, Das christliche Freiheitsverständnis in seiner Bedeutung für die staatliche Rechtsordnung, 1996, S. 65–67, 136–137

445) Gottes Ruf zum Beruf. Im alltäglichen Schaffen dient der Christ dem Schöpfer, CA (Confessio Augustana) III, 1996, S. 19–24

446) Die Praxis des Kirchenrechts – strittig und vielfältig, Besprechung von Gerhard Rau / Hans-Richard Reuter / Klaus Schlaich, Das Recht der Kirche, Band III, 1994, in: Der Staat 35, 1996, S. 441–454 (Wiederabdruck in Nr. 647)

447) Evangelischer Glaube im Spannungsfeld von Pluralismus und Fundamentalismus, in: Günther Riße, Heino Sonnemanns, Burkhard Theß (Hg.), Wege der Theologie; An der Schwelle zum dritten Jahrtausend. Festschrift für Hans Waldenfels 1996, S. 153–164 (wiederveröffentlicht in Nr. 564)

448) Vernunft, Affekt, Erfahrung, in: Adrian Holderegger (Hg.), Fundamente der Theo-

logischen Ethik, Bilanz und Neuansätze. Studien zur theologischen Ethik, 72, 1996, S. 95–110 (wiederveröffentlicht in Nr. 564)

449) Das Buddenbrook-Phänomen (zur sozialen Gerechtigkeit), Rheinischer Merkur Nummer 2, 11. Januar 1997, S. 13

450) Politik und Christentum, TRE 27, 1996, S. 6–22

451) Rezension: W. Pannenberg, Grundlagen der Ethik, in: ThLZ 122, 1997, 77–80

452) Ehe und „andere Lebensformen“. Theologische Bricolage in zwei Diskussionspapieren der Evangelischen Kirche im Rheinland. Zeitwende 68, 1997, S. 1–11

453) Suizid - Suizidprophylaxe - Suizidintervention. Die Kerbe, 15. Jg., Heft 1, 1997, S. 18–20

454) Die wissenschaftliche Vollendung der Schöpfung oder der Turmbau zu Babel? Das geklonte Schaf Dolly und die christliche Ethik, in: idea, Nr. 25/97, 3. März, S. If. idea-spektrum Nr. 10, 5. März 1997, S. 3

455) Sterbehilfe/Euthanasie aus theologischer Sicht, in: M Oehmichen, Lebensverkürzung, Tötung und Serientötung – eine interdisziplinäre Analyse der „Euthanasie“. Lübeck 1996, S. 67–84 (wiederveröffentlicht in Nr. 564)

456) Kirchliche Soziallehre als gesellschaftliches Fundament für die Staaten Osteuropas? in: Kirche - Staat - Gesellschaft. Die christliche Soziallehre als Thema des Ost-West-Dialogs, Dokumentation Konrad-Adenauer-Stiftung, 1997, S. 67–73

457) Kirchenrechtliche Aufgaben und Probleme aus theologischer Sicht, ZevKR 41, 1996, S. 388–418 (Wiederabdruck in Nr. 647)

458) Bevölkerungspolitik auf dem Hintergrund von Ethik, Religionen und Kultur, in: Internationale Bevölkerungsentwicklung. Kulturelle Hintergründe – Armut – Migration, Brennpunkt Bevölkerung, Nr. 3, April 1997, S. 23–26

459) Ethik und Medizin, in: Workshop-Report, VII. Seminar für Führungskräfte in der Krankenhausverwaltung, Bonn, 10. und 11. Oktober 1996, Das Neuordnungsgesetz ’97, Ein neuer Weg (Böhringer, Mannheim 1997), S. 4–11

460) Wer ist zuständig für das Soziale?, in: Arbeitskreis Evangelischer Unternehmer (Hg.), Wie sozial muß – wie sozial kann die Soziale Marktwirtschaft sein? Zur Ethik des Schaffens und Ethik des Teilens. Karlruhe 1997, S. 34–48

461) Besprechung von: W. Lienemann, Gerechtigkeit, 1995, ThLZ 122, 1997, S. 497–499

462) Besprechung von: K. I. Horn, Moral und Wirtschaft, 1996, in: Recht der Arbeit 50, 1997, S. 185

463) Besprechung von: Rau/Reuter/Schlaich, Das Recht der Kirche, Bd. 2. Gütersloh 1995, Der Staat, Bd. 36, 1997, S. 319–323 (Wiederabdruck in Nr. 647)

464) Evangelische Sozialethik und Ethik der Sozialen Marktwirtschaft, in: Die Soziale Marktwirtschaft als Wirtschafts- und Werteordnung, Arbeitskreis Evangelischer Unternehmer in Deutschland. Köln 1997, S. 71–98

465) Der Zusammenhang von Vernunft und Affekt, in: Psychotherapie – Quo Vadis? Ziele, Effektivität und Kosten in Psychiatrie und Psychosomatik, hg. von Klaus D. Hildemann / Peter Potthof. Göttingen 1997, S. 100–106

466) Zur Ethik institutionellen Handelns, in: Peter Beier (Hg.), Was die Welt im Innersten zusammenhält. Zum Dialog der Theologie mit den Naturwissenschaften, 1997, S. 135–146 (wiederveröffentlicht in Nr. 564)

467) Sozioökonomischer Supermarkt und kirchliche Angebote, in: ZEE 41, 1997, S. 263–271 (zum „Wort der Kirchen“ zur wirtschaftlichen und sozialen Lage in Deutschland)

468) Profile – Krisen – Perspektiven. Zur Lage des Protestantismus. Bensheimer Hefte 80, 1997

469) Das christlich geprägte Europa – sein geistiger Beitrag zur Weltkultur, in: Triagon 7,

Kunst, Wissenschaft und Glaube im Dialog. Auf den Spuren der Freiheit. Einheit Europas, was ist das?, hg. von Hermann Josef Schuster. Berlin 1997, S. 90–100

470) Europa – Herausforderung an die evangelische Theologie? in: Europa verstehen: zum europäischen Gestus der Universalität, hg. von Ingolf Dalferth, Theophil Bd. 8. Zürich 1997, S. 3–18

471) Die Krise der Städte und die Stadt Gottes, in: Eschatologie und Schöpfung, Festschrift für Erich Gräßer zum 70. Geburtstag, BZNW 89, Berlin 1997, S. 109–122

472) Wissen und Handeln. Ethische Probleme und Aporien in pränataler Diagnostik und Fortpflanzungsmedizin, Zeitschrift für medizinische Ethik 43, 1997, S. 199–213

473) Martin Honecker / Hans Waldenfels, Zu Gast beim anderen, Evangelisch-katholischer Fremdenführer (Wiederauflage). Paderborn 1997, S. 124–233: Evangelischer Fremdenführer für katholische Christen

474) Zum Verständnis der Person – Konsequenzen für Medizin und Gesellschaft, in: Ernst M. H. Hirsch Ballin u. a., Sterben und Tod – Medizinischer Fortschritt, ethische Fragen und rechtliche Aspekte der Sterbebegleitung, Interne Studie Nr. 141, 1997, hg. von der Konrad-Adenauer-Stiftung, 1997, S. 11–19; ebd. S. 21–28: Theologisch-ethische Aspekte zu Tod und Sterben

475) Das Problem des Fundamentalismus und das Fundament des Glaubens, in: Paulus, Apostel Jesu Christi, Festschrift für Günter Klein, hg. von Michael Trowitzsch. Tübingen 1998, S. 273–284

476) Fragestellungen und Aufgaben wirtschaftlicher und politischer Ethik, in: Wege der Kirchen im Umbruch der Gesellschaft: eine ökumenische Bilanz, hg. von Gerhard Feige und Ulrich Kühn. Leipzig 1998, S. 87–101

477) Besprechung von: K. H. Peschke, Christliche Ethik, 1996, in: ThLZ 123, 1998, S. 187–189

478) Besprechung von: G. Wilhelms, Die Ordnung moderner Gesellschaft, 1996, in: ThLZ 123, 1998, S. 193/194

479) Kapitalismuskritik im theologischen Gewand. Besprechung von: W. Jacob u. a., Die Religion des Kapitalismus, 1996. Zeitwende 68, 1998, S. 58f.

480) Voraussetzungen für das Studium der Evangelischen Theologie, in: Werner Heldmann (Hg.), Studieren heute. 1998, S. 27–34

481) Themen und Tendenzen der Ethik, in; ThR 63, 1998, S. 74–133

482) Besprechung von: A. M. Weiß, Sittlicher Wert und nicht-sittliche Werte, 1996, in: ThLZ 123, 1998, 435–436

483) Besprechung von: J. B. Metz, Zum Begriff der neuen Politischen Theologie, 1967–1997, 1997, unter dem Titel: „Zeitansage am Kreuzweg. Politische Theologie nach der Shoa". Evangelische Kommentare, 1998, S. 303–304

484) Mut zum Leben – Mut zum Sterben – Grenzlinien des Lebens zwischen Lebensrettung und Hilfe beim Sterben, in: Beratungsfachtagung 30. Oktober 1997, hg. von der Senioren Union der CDU, 1998, „Kultur des Lebens oder Kultur des Sterbens? Das Dilemma der Theologie" (9 Seiten)

485) Laudatio auf Professor Dr. Wolf-Dieter Hauschild, in: Jahrbuch 1997, Nordrhein-Westfälische Akademie der Wissenschaften, 1998, S. 90–92

486) Besprechung von: J. Nida-Rümelin (Hg.), Angewandte Ethik 1996, in: ThLZ 123, 1998, 514–518

487) ›Mit Israel in der Wurzel verbunden‹. Zur Auseinandersetzung über den Grundartikel der Rheinischen Kirche, in: Gottes Treue – Hoffnung von Christen und Juden, hg. von Katja Kriener / Johann Michael Schmidt. Neukirchen-Vluyn 1998, S. 195–206 (Wiederabdruck von Nr. 433)

488) Lexikon der Bioethik, Bd. 2. Gütersloh 1998, Artikel: Leben theologisch, S. 534–537; Leistung, Leistungsgesellschaft, S. 605–608; Partizipation, S. 827–830

489) Bioethik – als Paradigma angewandter Ethik, in: Andreas Fritzsche / Manfred Kwiran (Hg.), Der Mensch. München 1998, S. 51–71

490) Bedenken gegen die Bioethik-Konvention in Deutschland, in: Europa. Zadanie Chrzescijanskie, Festschrift Helmut Juros, Redaktion Aniela Dylus. Warszawa 1998, S. 229–236

491) Martin Honecker / Jürgen Regul (Hg.), Protestantismus in Europa. Schriften des Archivs der Evangelischen Kirche im Rheinland, Band 16. Düsseldorf 1998, darin: S. 1–22, Die europäische Verantwortung des Protestantismus; S. 97–102, Schlussdiskussion

492) Besprechung von: Johann Anselm Steiger: Johann Gerhard, 1997, in: ZKG 109, 1998, S. 250–252.

493) Interview zur Gemeinsamen Erklärung zur Rechtfertigungslehre: „Es gibt nach wie vor erkennbare Unterschiede zwischen evangelisch und katholisch“. Gemeinde heute. Das Beueler Gemeindemagazin Nr. 3, August 1998, S. 8 u. 9

494) Besprechung von: Demke/Falkenau/Zeddies, Zwischen Anpassung und Verweigerung. Dokumente aus der Arbeit des Bundes der Evangelischen Kirchen in der DDR, 2. Aufl. 1995, ZeKR 43, 1998, S. 416–420

495) Besprechung von: Hans-Richard Reuter, Rechtsethik in theologischer Perspektive, 1996, ThR 63, 1998, S. 356–359

496) Evangelische Christenheit in Politik, Gesellschaft und Staat. Orientierungsversuche. Theologische Bibliothek Töpelmann 90, 1998 (enthält die Texte Nr. 150, 283, 304, 329, 339, 355, 357, 365, 382, 385, 396, 399, 415, 419, 423)

497) Volk – Nation – Kirche. Eine produktive und kritische Beziehung. Sozialethische Perspektiven, in: Volk – Nation – Kirche, Fuldaer Hefte 35, hg. von R. Rittner. Hannover 1998, S. 99–122

498) Kommentar: ›Zur Situation der Krankenhausärzte in Deutschland‹ (zu Günter Jonitz). Zeitschrift für medizinische Ethik 44, 1998, S. 227–230

499) Anfragen an die Diakonie auf dem Weg ins 21. Jahrhundert. Evangelische Verantwortung, Heft 11, 1998, S. 8–11

500) Selbstdarstellung in: Christian Henning / Karsten Lehmkühler (Hg.), Systematische Theologie der Gegenwart in Selbstdarstellungen. Tübingen 1998, S. 167–187

501) Schwierigkeiten mit dem Begriff „Tugend“. Die Zweideutigkeit der Tugend, in: Tugendethik, hg. von Klaus Peter Rippe / Peter Schaber. Stuttgart 1998, S. 166–184 (wiederveröffentlicht in Nr. 564)

502) Besprechung von: Philipp Schmitz, Fortschritt ohne Grenzen? Christliche Ethik und technische Allmacht 1997, ThR NF 63, 1998, S. 477/478

503) Evangelische Standards für die Diakonie, in: Diakonie – quo vadis?, hg. vom Institut für Diakoniewissenschaft. 1999, S. 28–37

504) Kirchen und Menschenrechte, Materialdienst des Konfessionskundlichen Instituts 49, 1998, S. 103–109 (wiederveröffentlicht in Nr. 564)

505) Euthanasie aus der Sicht der Theologie, in: Palliativmedizin – die Alternative zur Sterbehilfe. Zur Euthanasie-Diskussion in Deutschland; Beiträge zur Palliativmedizin, Bd. 2, Stuttgart, S. 31–39

506) Besprechung von: G. Rau / H. R. Reuter / K. Schlaich, Das Recht der Kirche, Bd. 1, 1997, in: Der Staat 38, 1999, S. 107–120 (Wiederabdruck in Nr. 647)

507) Die theologische und politische Dimension der Versöhnung, in: Europäische Militärseelsorge-Jahrbuch 8, 1998, S. 141–152 (englisch S. 153–162, französisch S. 163–173) (wiederveröffentlicht in Nr. 564)

508) Der Traum einer Welt ohne Leiden und Tod. Beginnt die Zeit der Menschenzüchtung?, in: Rüdiger Bieber (Hg.), Christuszeit: zweitausend Jahre Zeitenwende. Frankfurt 1999, S. 101–104
509) Besprechung von: M. Möhring-Hesse, Theozentrik, Sittlichkeit und Moralität christlicher Glaubenspraxis, 1977, in: ThLZ 124, 1999, 441–443
510) Besprechung von: K. Gabriel / W. Krämer (Hg.), Kirchen im gesellschaftlichen Konflikt, 1997, in: ThLZ 124, 1999, 553–556
511) Schöpfer/Schöpfung, ethisch, TRE 30, 1999, 348–355
512) Synodale Gesetzgebung und Bekenntnis. Festschrift für Martin Heckel, hg. von K. H. Kästner / K. W. Nörr / K. Schlaich. Tübingen 1999, S. 103–115 (Wiederabdruck Nr. 647)
513) Diskussionsbeiträge in: Fundamentalismus als Herausforderung an Staat, Kirche und Gesellschaft. Essener Gespräche zum Thema Staat und Kirche, Bd. 33, 1999, S. 37–39, 56, 88–89, 100–101
514) Evangelische Kirche und politische Einflussnahme. Die neue Ordnung 53, 1999, S. 244–257
515) Besprechung von: Susanne Edel, Wirtschaftsethik im Dialog. Der Beitrag Arthur Richs zur Verständigung zwischen Theologie und Ökonomie, 1998, in: ThLZ 124, 1999, 938–940
516) Was mich irritiert: Die Zweideutigkeit, in: epd-Dokumentation Nr. 43/99, Wider den Augsburger Rechtfertigungsvertrag. Voten evangelisch-protestantischer Hochschullehrer, S. 30–31
517) Von der Dreiständelehre zur Bereichsethik. Zu den Grundlagen der Sozialethik, ZEE 43, 1999, S. 262–276 (Wiederabdruck in Nr. 564)
518) Was trägt die Kirche ins nächste Jahrhundert? Lutherische Nachrichten 19, 1999, S. 36–57
519) Predigt über Römer 3,28 „Allein aus Glauben“, in: Friedrich Wintzer (Hg.), Predigt als Vergewisserung. Predigten aus der Schlosskirche der Bonner Universität. Rheinbach 2000, S. 135–144
520) Evangelische Kirche, in: Handbuch der Wirtschaftsethik, Bd 1, Verhältnisbestimmung von Wirtschaft und Ethik, 1999, S. 758–780
521) Dimensionen der Diskussion um Peter Singer, in: Jahrbuch für Wissenschaft und Ethik, Bd. 4, 1999, S. 93–113 (Wiederabdruck in Nr. 564)
522) Besprechung von: Albrecht Langner, Katholische und evangelische Sozialethik im 19. und 20. Jahrhundert, in: ThLZ 124, 1999, S. 1281–1284
523) Christliche Grundsätze für eine verantwortliche Ökonomie. Eine Frage der Humanität, Rheinischer Merkur/Christ und Welt Nr. 4, 28.1.2000, S. 23
524) RGG 4. Aufl. Bd. 2, 1999, Artikel: dominium terrae, Sp. 936; Dreiständelehre, Sp. 987; Ehre, Sp. 1103–1105; Eigengesetzlichkeit, Sp. 1131–1133; Eigentum, Sp. 1147–1152; Euthanasie, Sp. 1681–1685
525) Das Urteil schuldig, in: De officio. Zu den ethischen Herausforderungen des Offizierberufes, hg. von Peter Blaschke. Leipzig 2000, S. 388–401
526) Möglichkeiten und Grenzen eines Grundrechtschutzes in der Kirche, in: Zutrauen zur Theologie. Akademische Theologie und die Erneuerung der Kirche. Festschrift für Christof Gestrich zum 60. Geburtstag, hg. von Anne-Kathrin Finke / Joachim Zehner. Berlin 2000, S. 460–473 (Wiederabdruck in Nr. 647)
527) Luthers Verständnis des Amtes im ökumenischen Disput, in: Relationen. Studien zum Übergang vom Spätmittelalter zur Reformation. Festschrift Karl-Heinz zur Mühlen, hg. von A. Lexutt / W. Matz. Münster 2000, S. 321–334
528) Religion. Naturanlage oder Illusion? Gerda Henkel Vorlesung. Münster 2000

529) Schöpfung als Thema und Problem der Ethik, in: Ursula Nothelle-Wildfeuer / Norbert Glatzel (Hg.), Christliche Sozialethik im Dialog. Zur Zukunftsfähigkeit von Wirtschaft, Politik und Gesellschaft. Festschrift Lothar Roos. Grafschaft 2000, S. 529–544 (wiederveröffentlicht in Nr. 564)

530) Ethische Kompetenz erhöhen. Was bringt die Entschlüsselung des menschlichen Genoms? Evangelische Kommentare 33, H. 8, 2000, S. 25–27

531) Abtreibung, evangelisch. Lexikon für Kirchen- und Staatskirchenrecht, Bd. 1, 2000, 2. Aufl. S. 25–27

532) Staat IV, Kirchengeschichte, TRE 32, 2000, S. 22–47

533) Besprechung von: M. Möhring Hesse, Theocentric, Sensuality and Morality in Christian Praxis, in: Review of Theological Literature I, 1999, Nr. 2, S. 101–103 (vgl. Nr. 509)

534) Eine gemeinsame Kultur in Europa. Verschiedene sozialethische und diakonische Traditionen ins Gespräch bringen, in: Themen der Diakonie 29. „Europa beginnt mit einem Traum ...“ Wege diakonischer Theologie für Europa, hg. von diakonisches Werk in Hessen-Nassau. Frankfurt a. M. 2000, S. 19–32

535) Warum Leben heilig ist, Rheinischer Merkur / Christ und Welt Nr. 3, 19.1.2001, S. 25

536) Welchen Status hat der Leichnam? Aus evangelisch-theologischer Sicht, in: Hans-Konrad Wellmer / Gisela Bockenheimer-Lucius (Hg.), Zum Umgang mit der Leiche in der Medizin. Lübeck 2000, S. 87–100

537) Gütergemeinschaft, ethisch, RGG 4. Aufl. Bd. 3, 2000, Sp. 1352–1353

538) Problemfall Familie. Die politische Meinung Nr. 376, März 2001, S. 26–32

539) Diskussionsbeiträge, in: Essener Gespräche zum Thema Staat und Kirche 35. Ehe und Familie unter veränderten gesellschaftlichen Rahmenbedingungen, 2001, S. 95–96, 107

540) Zur Geschichte und Gegenwart der Sozialethik, Literaturbericht, in: ThLZ 126, 2001, 341–349

541) Europäisches Christentum im Horizont der Globalisierung, in: Walter Fürst / Martin Honecker (Hg.), Christenheit und Europa 2000. Die Zukunft Europas als Aufgabe und Herausforderung für Theologie und Kirche. Baden-Baden 2001, S. 15–38

542) Theologische Ethik in einer säkularisierten Gesellschaft, in: ZThK 98, 2001, S. 231–246 (wiederveröffentlicht in Nr. 564)

543) Theologie unter der obrigkeitlichen Cura Religionis Christianae: Wissenschaftliche Theologie und Kirchenleitung. Beiträge zur Geschichte einer spannungsreichen Beziehung. R. Schäfer zum 70. Geburtstag, hg. von U. Köpf. Tübingen 2001, S. 85–120 (Wiederabdruck in Nr. 647)

544) Eigentümliche Unbestimmtheit. Der notwendige Embryonenschutz wird durch den Begriff Menschenwürde nur unzureichend begründet, Zeitzeichen 2, 2001, Heft 7, S. 8–11

545) Artikel im Evangelischen Soziallexikon, 8. Aufl. 2001:
Sachartikel: Asyl, theologisch; Aussiedler und Vertriebene; Barmer theologische Erklärung; Eid; Eigengesetzlichkeit; Emanzipation; Ethik; Grundwerte; Güterethik, Güterlehre; Menschenrechte, Menschenwürde, ethisch; Rechtfertigung; Sitte, Gewohnheit, Brauch; Staat, theologisch; Stadt, ethisch-theologisch; Theokratie; Tradition; Verantwortliche Gesellschaft; Vernunft; Zweireichelehre
57 Biogramme: Aristoteles; E. Bloch; D. Bonhoeffer; E. Brandström; E. Brunner; R. Bultmann; H. P. Camara; A. Comte; G. K. Dehn; O. Dibelius; E. Durkheim; L. Feuerbach; J. G. Fichte; M. Gandhi; W. Hermann; Th. Hobbes; M. Horkheimer; Johannes XXXIII.; I. Kant; W. E. Frhr. V. Ketteler; A. Kolping; R. König; H. Kunst;

Leo XIII.; F. List; J. Locke; N. Macchiaveli; K. Mannheim; H. Marcuse; J. St.Mill; L. Edler von Mises; Th. Morus; Th. Müntzer; O. von Nell-Breuning; F. Nietzsche; W. Penn; K. R. Popper; P. J. Proudhon; L. Raiser; A. Rich; W. H. Riehl; A. B. Ritschl; J. C. Rodbertus; H. Schelsky; H. H. Schrey; G. Simmel; Th. von Aquin; J. H. von Thünen; H. E. Tödt; F. Tönnies; H. D. Wendland; G. Werner; J. Wesley; E. Wilkens; E. F. Wolf; W. Wrede; G. Wünsch

546) Besprechung von: Matthias Schmöckel, Humanität und Staatsraison. Die Abschaffung der Folter in Europa und die Entwicklung des gemeinen Strafprozess- und Beweisrechts seit dem hohen Mittelalter, 2000: in: ZevKR 46, 2001, S. 382–383

547) Krieg und Frieden, Der Rheinische Merkur / Christ und Welt Nr. 42, 2001, S. 25

548) Evangelische Kirche und Familienförderung: Familien zwischen Risiken und Chancen, 2001, S. 71–87 (wiederveröffentlicht in Nr. 564)

549) Evangelische Sozialethik. Historisch-Politische Mitteilungen, Archiv für Christlich-Demokratische Politik 8, 2001, S. 33–44 (wiederveröffentlicht in Nr. 564)

550) Humane Sterbebegleitung. Zukunftsforum Politik Nr. 34. Konrad-Adenauer-Stiftung 2001: S. 7–12 Die gegenwärtige Debatte um die Sterbehilfe; S. 13–19 Zum Verständnis der Person; S. 20–26 Ethische Aspekte und theologische Perspektiven zu Sterben und Tod

551) Martin Honecker / Karl Kertelge, Zur ökumenischen Debatte um die „Rechtfertigung", Veröffentlichung der Nordrhein-Westfälischen Akademie der Wissenschaften, Vorträge G 380, 2001, S. 7–22: Überlegungen aus evangelischer Sicht

552) Zur Charta Oecumenica:
(a) Italienisch: La Charta Oecumenica et le sfide dell'etica, la Societa', Verona 45 (Anno 11, Nr. 5), 2001, S. 659–668; (b) Polnisch: Karta Ekumnicza i wyzwania etyczne, in: Spol eczen'stwo 45, 2001, Nr. 5, S. 639–648 (deutsch veröffentlicht in Nr. 564)

553) Besprechung von: Andreas Pawlas, Die lutherische Berufs- und Wirtschaftsethik, 2000, in: ThLZ 127, 2002, S. 99–101

554) Religion – Naturanlage oder Illusion, in: Das Bild des Menschen in den Wissenschaften, hg. von der Gerda-Henkel-Stiftung, Münster 2002, S. 53–76 (vgl. Nr. 528)

555) Embryonenschutz aus ethischer Sicht. Reproduktionsmedizin, Bd. 18, 2002, S. 58–60

556) Geld – der sichtbare Gott. Zeitschrift für medizinische Ethik 48, 2002, S. 191–195

557) Besprechung von: Martina Ahmann, Was bleibt vom menschlichen Leben unantastbar? 2001; Ludwig Haas, Für kranke Menschen sorgen, 2000, in: Zeitschrift für medizinische Ethik 48, 2002, S. 210–212

558) Laudatio auf Professor Dr. Michael Wolter, Jahrbuch 2001/ 2002, Nordrhein-Westfälische Akademie der Wissenschaften. Paderborn 2002, S. 91–94

559) Evangelische Sozialethik. Lexikon der christlichen Demokratie in Deutschland. Paderborn 2002, 517–518

560) Besprechungvon: Helga Grebing (Hg.), Geschichte der sozialen Ideen in Deutschland, Sozialismus – Katholische Soziallehre – Protestantische Sozialethik. Ein Handbuch. Essen 2000, in: ThLZ 127, 2002, S. 680–684

561) Bioethik und Schöpfungsglaube, in: Freiheit verantworten. Festschrift Wolfgang Huber. Hg. von Hans-Richard Reuter / Heinrich Bedford-Strohm / Helga Kuhlmann / Karl-Heinrich Lütke. Gütersloh 2002, S. 580–593

562) Bioethik aus der Sicht evangelischer Ethik, in: Theologie und biomedizinische Ethik. Grundlagen und Konkretionen, hg. von Adrian Holderegger / Denis Müller u. a., Studien zur theologischen Ethik 97. Freiburg 2002, S. 85–105 (wiederveröffentlicht in Nr. 564)

563) Sozialethik, in: Wörterbuch der Soziologie, hg. von Günter Endruweit / Gisela Trommsdorff, 2. Aufl. Stuttgart 2002, S. 587–590

564) Wege evangelischer Ethik. Positionen und Kontexte. Studien zur theologischen Ethik 96. Freiburg 2002 (der Band enthält die Texte: Nr. 106, 133, 161, 164, 354, 397, 437, 447, 448, 455, 466, 501, 503, 507, 517, 521, 529, 542, 548, 549, 552, 562)

565) Was wollen wir, wenn wir gesund werden wollen? Krankheit, Gesundheit, Heil und Heilung aus christlicher Sicht. 6. Nordische Hospiztage. Internationale Fachtagung vom 9. bis 11. Mai 2002, Akademie Sankelmark, hg. von Diakonisches Werk Schleswig-Holstein, 2002, S. 54–61

566) Die Absicht entscheidet. Rheinischer Merkur Nr. 44, 31. Oktober 2002, S. 23

567) Artikel: Friedrich Karrenberg, in: Lexikon soziale Marktwirtschaft. Wirtschaftspolitik von A bis Z. Hg. von Rolf H. Hasse / Hermann Schneider / Klaus Weigelt, 2002, S. 44–45; ebd. Artikel: Evangelische Soziallehre, S. 222–225 (Chinesische Ausgabe 2004, Übersetzungen ins Vietnamesische und Serbo-Kroatische)

568) Nachtseiten der Globalisierung, in: Manfred Kock (Hg.), Das Humanum im globalen Wandel. Naturwissenschaftler, Philosophen und Theologen im Gespräch. Neukirchen-Vluyn 2002, S. 111–117

569) Evangelischer Glaube im Zeitalter der Globalisierung, in: Manfred Kock (Hg.), Das Humanum im globalen Wandel. 2002, S. 159–172

570) Welchen Stellenwert haben theologische Argumente in der bioethischen Diskussion? Materialdienst des Konfessionskundlichen Instituts Bensheim 53, 2002, S. 103–105

571) Der Alltag entscheidet. Managementmethoden helfen Kirchen – wenn man die richtigen Erwartungen hat. Rheinischer Merkur 6, 6.2.2003, S. 28

572) Besprechung von: Oduncu/Schroth/Vossenkuhl (Hg.), Stammzellforschung und therapeutisches Klonen 2002, in: Zeitschrift für medizinische Ethik 49, 2003, S. 113–115

573) Simul iustus – simul peccator. Bedeutung und Grenzen einer ökumenisch strittigen Formel, in: Reformation und Katholizismus. Festschrift für Gottfried Maron, hg. von Jörg Haustein / Harry Oelke, 2003, S. 416–434

574) Artikel: Volk, TRE 35, 2003, S. 191–209

575) Artikel: Ethik, in: Taschenlexikon Ökumene, 2003, S. 82–86

576) Ethik und Sozialethik, in: ThR 68, 2003, S. 151–199

577) Divergenzen in der evangelischen Ethik beim Umgang mit Embryonen, Zeitschrift für medizinische Ethik 49, 2003, S. 123–136

578) Besprechung von: G. Damschen / D. Schönecker, Der moralische Status menschlicher Embryonen. Zeitschrift für medizinische Ethik 49, 2003, S. 223–224

579) Wie tragfähig sind theologische Argumente in der biopolitischen Debatte, in: H. de Wal / M. Germann (Hg.), Bürgerliche Freiheit und christliche Verantwortung. Festschrift Christoph Link, 2003, S. 669–686

580) Otto Ritschl (1860–1944), in: Reinhard Schmidt-Rost / Stephan Bitter / Martin Dutzmann (Hg.), Theologie als Vermittlung. Bonner evangelische Theologen des 19. Jahrhunderts im Porträt. Rheinbach 2003, S. 190–196

581) Gerechter Friede und/oder gerechter Krieg, in: Kriterien der Gerechtigkeit. Begründungen – Anwendungen – Vermittlungen. Festschrift für Christofer Frey. Gütersloh 2003, S. 251–268

582) Wie ich dazu kam, Theologie zu studieren, in: Udo Tworuschka (Hg.), Religion und Bildung als historische Forschungsfelder. Festschrift Michael Klöcker. Köln 2003, S. 179–187

583) Was heißt „ethisch vertretbar?“ Jahrbuch für Wissenschaft und Ethik 8, 2003, S. 361–371

584) Kirche und Gesellschaft in der Konzeption Luthers als Orientierung im Europa von heute. Luther 74, 2003, S. 139–154

585) Die Arbeit am kirchlichen Leitbild und das evangelische Kirchenrecht, in: ZevKR 49, 2004, S. 147–169 (Wiederabdruck in Nr. 647)

586) Kontroverse um die Menschenwürde, in: EvTh 64, 2004, S. 85–88

587) Zugänge zum Christentum und Einführungen in den Glauben, in: ThR 69, 2004, S. 4–29

588) Nachruf auf Wilhelm Schneemelcher, in: Nordrhein-Westfälische Akademie der Wissenschaften, Jahrbuch 2004, S. 119–122

589) Alles andere als faul. Ein theologisches Plädoyer für den Kompromiss, ohne den kein Problem zu lösen ist. Rheinischer Merkur Nr. 27, 1. Juli 2004, S. 24

590) Gemeinsamkeiten und Unterschiede beim Lebensschutz – ein ökumenischer Vergleich. Stellungnahmen des Rates der Evangelischen Kirche in Deutschland und der Deutschen katholischen Bischofskonferenz, in: Zyc zmieniajacym sie swiecic. Festschrift Jan Pryszmont. Zakbi 2004, S. 275–293

591) Woher stammen die Kriterien menschliche Normalität? In: Eckart Klein / Christoph Menke (Hg.), Menschenrechte und Bioethik. Berlin 2004, S. 174–186

592) Theologische Überlegungen zur prädiktiven Medizin, in: Michael Fuchs / Dirk Lanzerath / Mathias C. Schmidt (Hg.), Prädiktive genetische Tests. „Health purposes" und Indikationsstellung als Kriterien der Anwendung. IWE Forschungsbeiträge Reihe A, Bd. 2, 2004, S. 35–54

593) Täuschung macht blind. Rheinischer Merkur / Christ und Welt, Nr. 40, 2004, S. 26

594) Interview: „Mehr Eigenverantwortung statt Jammern". Protestant Nr. 21, Oktober 2004, S. 3

595) Artikel Sterbehilfe, RGG 4. Aufl. Bd. 7, 2004, 1720f.; Suizid, Bd. 7, Sp. 1855–1857

596) Rezension: Christiane Kohler-Weiss, Schutz der Menschwerdung, 2003, in: Zeitschrift für medizinische Ethik 50, 2004, S. 396–397

597) Gesundheit um jeden Preis? Zur Begründungsproblematik der Genforschung, in: Volker Schumpelick / Bernhard Vogel (Hg.), Grenzen der Gesundheit, 2004, S. 191–206

598) Soziale Gerechtigkeit – ein umstrittener und vieldeutiger Begriff. Historisch-politische Mitteilungen 11, 2004, S. 31–46

599) Pluralisme i begrunnelsen av kristen ethikk, in: Kjell Olav Sannes / Harald Hegstad u. a. (Hg.), Ethik, tro og pluralisme. Festskrift til Lars Oestnor. Bergen 2004, S. 27–41 (norwegisch)

600) Rechtstheologie. Lexikon für Kirchen- und Staatskirchenrecht, Band III, 2004, S. 384–386

601) Umgang mit dem Leben, in: Lippische Landeskirche, Frühjahrssynode 2004, Dokumentation und Protokoll, Fünfte Tagung der 33. ordentlichen Landessynode 7./8. Juni 2004. Lippisches Landeskirchenamt Detmold, S. 4–17

602) Geld – der sichtbare Gott?, Lutherische Kirche in der Welt. Jahrbuch des Martin-Luther-Bundes 52, 2005, S. 39–57

603) Die Begrenzung von Gesundheitsleistungen als ethisches Problem. Zeitschrift für die gesamte Versicherungswirtschaft 4, 2004, S. 623–637

604) Rezension: Lexikon der christlichen Ethik, hg. von G. W. Hunold, 2003, in: ThR 70, 2005, S. 133–135

605) Pluralismus in der Begründung christlicher Ethik, Materialdienst des konfessionskundlichen Instituts 56, 2005, S. 2–6

606) Gibt es ein ›evangelisches‹ Kirchenrecht?, in: ZThK 102, 2005, S. 93–114 (Wiederabdruck in Nr. 647)

607) Glaube als Grund christlicher Theologie. Stuttgart 2005

608) Rezension: Friedo Ricken, Allgemeine Ethik, 4. Aufl. 2003, in: ThLZ 130, 2005, 323–324

609) Wissen und Handeln. Ethische Probleme in pränataler Diagnostik und Fortpflanzungsmedizin, in: E. Schockenhoff / A. J. Buch / H. Volkenandt / V. Wetzstein (Hg.), Medizinische Ethik im Wandel. Grundlagen – Konkretionen – Perspektiven, 2005, S. 192–206 (vgl. Nr. 472)

610) Societas ethica – political, in: Societas Ethica. Jahresbericht / Annual 2004, 41. Jahrestagung in Ljubljana, Slowenien. Pluralism in Europa / Pluralismus in Europa? 2005, S. 17–22

611) Laudatio auf Michael Beintker. Jahrbuch 2005, Nordrhein-Westfälische Akademie der Wissenschaften. Paderborn 2005, S. 166–169

612) Besprechung von: Wolfhart Pannenberg, Beiträge zur Ethik, 2004, in: ThLZ 2005, S. 560–562

613) Begrüßung, in: Sozialer Protestantismus gestern und heute. 100 Jahre Friedrich Karrenberg, 50 Jahre Evangelisches Soziallexikon. Sozialethik aktuell 4, Landeskirchenamt Düsseldorf 2005, S. 5–10

614) Gerechter Friede oder gerechter Krieg?, in: ThR 70, 2005, S. 228–236

615) Martin Honecker / Hans Waldenfels, Zu Gast beim anderen, 2. Aufl. 2005, S. 124–235: Evangelischer Fremdeführer für katholische Christen (vgl. Nr. 183, 473)

616) Besprechung von: E. Baumann / A. Brink / A. T. May / P. Schröder / C. I. Schützeichel (Hg.), Weltanschauliche Offenheit in der Bioethik, 2004, in: Zeitschrift für medizinische Ethik 51, 2005, S. 312–314

617) Frieden. Evangelische Theologie, in: Neues Handbuch theologischer Grundbegriffe, hg. von Peter Eicher, 2005, S. 449–458

618) Gesundheit als Heil? Jahrbuch für Wissenschaft und Ethik 10, 2005, S. 163–182

619) Politische Entscheidung und ethische Begründung. Historisch-politische Mitteilungen 12, 2005, S. 25–48

620) Grundlagenforschung und Medizin in der Verantwortung gegenüber dem Gemeinwohl. Zeitschrift für medizinische Ethik 51, 2005, S. 357–365

621) Das Ziel heißt Gerechtigkeit. Rheinischer Merkur / Christ und Welt Nr. 51/52, 2005, S. 25

622) Gesundheit, Heilung, Heil, in: Sung-Hee Lee-Linke (Hg.), Heil und Heilung. Erfahrung im Glauben und Leben. Frankfurt a. M. 2006, S. 33–54

623) Besprechung von: Oliver Rauprich / Florian Steger (Hg.), Prinzipienethik in der Biomedizin. Moralphilosophie und medizinische Praxis, 2005, in: Zeitschrift für medizinische Ethik 52, 2006, S. 202–204

624) Artikel im Evangelischen Staatslexikon, 4. Aufl. 2006:
Eid 402–404; Ideologie 978–984; Judentum/Israel 1082–1087; Kirchenpolitik 1191–1196; Kirchenrecht 1201–1216; Lehre 1435–1437; Säkularisierung 2077–2080; Sozialethik 2192–2205

625) Orientierung am Menschengerechten, Die Politische Meinung 51, 2006, S. 9–14

626) Besprechung von: Hubertus Halbfas, Das Christentum – erschlossen und kommentiert, 2004, in: ThR 71, 2006, S. 386–388

627) Gnade, Glaube und Werke. Christliche Grundüberzeugung und konfessionelle Unterschiede, in: Sung-Hee Lee-Linke (Hg.), Auferstehung oder Inkarnation, Frankfurt a. M. 2006, S. 87–116

628) Dietrich Bonhoeffer etikajanah mai megközelitesci, in: Lelkipasztor, 2006, S. 327–335 (ungarisch)

629) Gerstenmaier und die evangelische Kirche, in: Günter Buchstab (Hg.), Eugen Gerstenmaier (1906–1986), Kirche – Widerstand – Politik, 2006, S. 27–43

630) Ethik und Politikberatung, in: Stefan Heuser / Hans G. Ulrich (Hg.), Pluralism in Europe – One Law, One Market, One Culture? Proceedings of the Annual Conference of the Societas Ethica in Ljubljana August 2004, 2006, S. 134–141

631) Gerstenmaier und die evangelische Kirche, in: Historisch-Politische Mitteilungen 13, 2006, S. 225–236 (vgl. Nr. 629)

632) Ökumene im 21. Jahrhundert. Nordrhein-Westfälische Akademie der Wissenschaften, Vorträge G 408, 2007 (auch in Nr. 647)

633) Rezension: Alfred Grosser, Die Früchte des Baumes. Ein atheistischer Blick auf die Christen, in: ThR 72, 2007, S. 124f.

634) Wie verhält sich theologische Gewissheit zu Sicherheit und Risiko?, in: Nikolaus Schneider / Frank Vogelsang (Hg.), In welcher Wirklichkeit leben wir?, Neukirchen 2007, S. 85–95

635) Menschenwürde in Medizin und Pflege. Pastoraltheologische Informationen 26, 2006, Heft 2, S. 298–306

636) Besprechung von: Rudolf Uertz, Vom Gottesrecht zum Menschenrecht. Das katholische Staatsdenken in Deutschland von der Französischen Revolution bis zum II. Vatikanischen Konzil (1789–1965), Paderborn etc. 2005, in: ThR 72, 2007, S. 240–242

637) Grenzenloses Forschen (zur Bioethik). Rheinischer Merkur, Nr. 29, 2007, S. 3

638) Neue Literatur zu Ethik und Sozialethik, Teil I, in: ThR 72, 2007, S. 346–372

639) Welche Zukunft steht den Geisteswissenschaften bevor?, in: Jörg-Dieter Gauger / Günther Rüther (Hg.), Warum die Geisteswissenschaften Zukunft haben! Freiburg i. B. 2007, S. 358–372

640) Neue Literatur zu Ethik und Sozialethik, Teil II, in: ThR 72, 2007, S. 467–492

641) Rezension: Helmut Moll, Zeugen für Christus, 4. Aufl. 2006; Harald Schultze / Andreas Kurschat, „Ihr Ende schauet an ...“, 2006, in: Deutsches Pfarrerblatt 103, 2007, S. 676

642) Die Ehe als „weltlich Ding“, LVK-Forum 2, 2007 (Thema: Wie denken wir Evangelische über die Ehe?), S. 3–11

643) Der Opfer gedenken. Der Märtyrer als Anfrage an die theologische Ethik, in: Heinrich Assel / Hans-Christoph Askani (Hg.), Sprachgewinn. Festschrift für Günter Bader. Münster 2008, S. 104–123

644) Das protestantische Ethos und die Kultur der Selbständigkeit, in: Peter Mörbel (Hg.), Wirtschaftliche Selbständigkeit in Deutschland und in Mittel- und Osteuropa, Evangelische Akademie im Rheinland, Begegnungen 12, 2007, S. 29–47

645) Rezension: Grotefeld/Neugebauer/Strub/Fischer (Hg.), Quellentexte theologischer Ethik. Von der Alten Kirche bis zur Gegenwart. Stuttgart 2006, in: ThLZ 133, 2008, 688–690

646) Rezension: Donath Hercsik, Der Glaube. Eine katholische Theologie des Glaubensaktes, 2007, in: ThLZ 133, 2008, 856–858

647) Recht in der Kirche des Evangeliums. Jus ecclesiasticum 85, Tübingen 2008

648) Gesundheit als höchstes Gut? Das sich wandelnde Verständnis von Heil und Heilung in der modernen Gesellschaft, in: Daniel Schäfer / Andreas Frewer / Eberhard Schockenhoff / Verena Wetzstein (Hg.), Gesundheitskonzepte im Wandel. Historie, Ethik und Gesellschaft. Stuttgart 2008, S. 127–140

649) Das Reden von Werten als Krisenindikator, in: Pro Facultate, Mitteilungen der „Freunde der Evangelisch-Theologischen Fakultät Bonn“, Nr. 6, 2008, S. 7–16

650) „Das rechte Wort zur rechten Zeit“. Kommentar zur neuen EKD-Denkschrift über Denkschriften. Evangelische Orientierung. Zeitschrift des Evangelischen Bunde, Nr. 1, 2009, S. 13–14

651) Besprechung von: Lukas H. Meyer, Historische Gerechtigkeit, 2005, in: ThLZ 134, 2009, 496–498

652) Besprechung von: Lukas Ohly, Der gentechnische Mensch von morgen und die Skrupel von heute. Menschliche Leibkonstitution und Selbstwerdung in den prinzipiellen Einwänden an Keimbahntherapie und reproduktivem Klonen, 2009, in: Zeitschrift für medizinische Ethik 55, 2009, S. 215f.

653) Evangelisches Kirchenrecht. Eine Einführung in die theologischen Grundlagen. Bensheimer Hefte 109, 2009

654) Ideologie, systematisch-theologisch. Lexikon der Bibelhermeneutik (LBH) 2009, 177–178

655) Kirchenzucht – notwendig oder nur peinlich? Gemeinsam. Gemeindebrief der evangelischen Kirchengemeinde am Kottenforst, September bis November 2009, S. 6–8

656) Pluralismus als Aufgabe. ZevKR 54, 2009, S. 359–369 (zugleich Besprechung von: Eilert Herms, Politik und Recht im Pluralismus, 2008)

657) Staat und Kirche in Deutschland aus evangelischer Sicht, in: Bonner Ökumenische Nachrichten 2009, S. 14–19

658) Leben in theologischer Perspektive, in: Nikolaus Schneider, Frank Vogelsang (Hg.), Leben – was ist das?, Neukirchen-Vluyn 2009, S. 40–54

659) Themen und Probleme der Ethik und Sozialethik I. Grundlagen und Grundfragen, in: ThR 75, 2010, S. 69–94

660) Evangelische Ethik als Ethik der Unterscheidung, mit Gesamtbibliographie Martin Honecker. Ethik im Theologischen Diskurs 20. Münster 2010 (346 S.)

661) Themen und Probleme der Ethik und Sozialethik, Teil II. Bereichsethik, Sammelbände und Sonstiges, in: ThR 75, 2010, S. 131–162

662) Besprechung von: Hans Maier, Politische Religionen, 2007, in: ThR 75, 2010, S. 245–248

663) Neue Literatur zu Ethik und Sozialethik. Nachtrag, in: ThR 75, 2010, S. 355–363

664) Besprechung von: Reinhold Sebott, Gnadenrecht. Der Beitrag von Hans-Adolf Dombois zur Fundamentalkanonistik, 2009, in: ZevKR 55, 2010, S. 332–337

665) Das Augsburger Bekenntnis, in: Gemeinsam, September bis November 2010, S. 6–7

666) Rückblick (aus Anlass des 50jährigen Jubiläums meiner Promotion). Pro facultate Nr. 8, 2010, S. 9–16

667) Besprechung: Hans-Richard Reuter, Botschaft und Ordnung. Leipzig 2009, in: ZevKR 55, 2010, S. 456–460

668) Diskussionsbeiträge in: Essener Gespräche 45. Das Verhältnis von Staat und Kirche in der Orthodoxie, 2011, S. 105f., 228–230

669) Dreifaltigkeit. Gemeindebrief der Johanneskirchengemeinde, Evangelisch. Juni bis August 2011, S. 7–8

670) Das deutsche Staatskirchenrecht in geschichtlicher und gegenwärtiger Perspektive, in: Martin Honecker (Hg.), Gleichheit der Religionen im Grundgesetz? Paderborn 2011, S. 8–16; ders., S. 68–72, Gleichheit der Religionen im Grundgesetz – Nachbemerkung

671) Warum das Kirchenrecht auch Theologen angeht, in: Amt und Gemeinde, Jg. 62 Heft 2, 2011, S. 82–102

672) Glaube in Krisenerfahrungen. Koreferat zum Beitrag von Christian Tapp, in: Cornel Zwierlein (Hg.), Sicherheit und Krise. Paderborn 2012, S. 202–210

673) Ethos und Lebensform. Ein Beitrag theologischer Ethik im Zeichen der Krise. Deutsches Pfarrerblatt 112, 2012, S. 192–197

674) Besprechung von: Jürgen Moltmann, Ethik der Hoffnung, 2010, in: ThLZ 137, 2012, 592–595

675) Besprechung von: Helmut Fischer, Christlicher Glaube – was ist das? Klärendes, Kritisches, Anstöße. Zürich 2011, in: ThR 77, 2012, 261–262

676) Mission und Ökumene. Gemeinsame Wurzel und unterschiedliche Entwicklung. Zeitschrift für Missionswissenschaft und Religionswissenschaft 96, 2012, S. 125–138

677) Kirchliche Lebensordnung zwischen Recht und Pastoralethik, in: Zeitschrift für evangelisches Kirchenrecht 57, 2012, S. 146–167

678) Besprechung von: Wilfried Härle, Ethik 20122 / Trutz Rendtorff, Ethik, 3. Aufl. 2011, in: Zeitschrift für evangelisches Kirchenrecht 57, 2012, S. 225–229

679) Das Verhältnis von theologischer Fakultät und Landeskirche aus der Sicht eines Theologen, in: Zeitschrift für evangelisches Kirchenrecht 57, 2012, S. 286–310

680) Die evangelische Sozialethik im Transformationsprozess der Industrialisierung und Modernisierung, in: A. Habisch / H. J. Küsters / R. Uertz (Hg.), Tradition und Erneuerung der christlichen Sozialethik in Zeiten der Modernisierung, Freiburg i. Br. 2012, S. 154–185

681) Gesetz, Recht, Evangelium. Österreichisches Archiv für recht & religion 58, 2011, S. 328–351

682) Hermann Diem, in: Für Vielfalt und Gerechtigkeit – mit Profil und Biss. 40 Jahre offene Kirche, Dresden 2012, S. 21–27

683) Kirche im Staat. Bemerkungen zur aktuellen Diskussion. Pro Facultate 10. Bonn 2012, S. 17–25

684) Wirtschaftsethik – ein Problemfall? Evangelische Aspekte Heft 1, 23. Jg. 2013, S. 20–24

685) Harald Diem, in: BBKL (Biographisch-Bibliographisches Kirchenlexikon), Bd. 34, 2013, 233–237

686) Evangelische Ethik im Wandel, in: ThR 78, 2013, S. 237–252

687) Leserbrief, FAZ 27. Juli 2013, S. 7: „Die EKD sollte es besser wissen."

688) Diskussionsbeitrag in: Die finanziellen Rahmenbedingungen kirchlichen Handelns. Essener Gespräche 47, 2013, S. 166–168

689) Demokratie als Lebensform. Die evangelische Kirche in Deutschland und ihre Einstellung zur politischen Kultur. Deutsches Pfarrerblatt 113, 2013, S. 492–496

690) Besprechung von: Otfried Höffe, Kants Kritik der praktischen Vernunft, 2012, in: ThR 78, 2013, S. 395/396

691) Zum Gedenken an Professor Dr. Hermann Dembowski. Pro facultate 11, 2013, S. 20–21

692) Europa, Pluralismus, Gemeinwohl, in: Hermann Schoenauer (Hg.), Sozialethische Dimensionen in Europa. Stuttgart 2014, S. 127–152

693) Zum EKD-Familienpapier: Misslungene Mixtur unterschiedlicher Absichten und Ziele. Deutsches Pfarrerblatt, Heft 12, 2013, S. 707–709

694) Das Lutherjubiläum als Herausforderung. Lutherische Nachrichten 33, 2014, S. 41–60

695) Besprechung von: Helmut Burkhardt, Ethik, Bd. III, 2013, in: ThR 79, 2014, S. 255/256

696) Wilhelm Schneemelcher. Pro facultate 12. Bonn 2014, S. 38–42

697) Es ist dir gesagt, Mensch, was gut ist (Predigten). Predigt heute 25, 2014

698) Diskussionsbeiträge in: Essener Gespräche 48. Der kirchliche Auftrag zur Mitgestaltung unserer freiheitlichen Demokratie, 2014, S. 36f., 100f.

699) Besprechung von: W. Rees / M. Roca / B. Schanda (Hg.), Entwicklungen im Religionsrecht europäischer Staaten, 2013, in: ThLZ 140, 2015, S. 614–619

700) Sicherheit, Gewissheit, Geborgenheit, in: ZThK 112, 2015, S. 229–253

Personenregister

Stichwortregister

Der Jubilar / der Herausgeber / die Autoren

Prof. em. Dr. Martin Honecker lehrte Sozialethik und Systematische Theologie an der Evangelisch-Theologischen Fakultät der Universität Bonn.

Prof. Dr. Jörg Hübner ist Geschäftsführender Direktor der Evangelischen Akademie Bad Boll und lehrt Sozialethik und Systematische Theologie an der Evangelisch-Theologischen Fakultät Bochum.

Kirchenrat Georg Eberhardt, Evangelische Landeskirche in Württemberg, ist Leiter des Bischofsbüros und Persönlicher Referent des Landesbischofs.

Prof. Dr. Ulrich Eibach lehrte Systematische Theologie und Ethik an der Evangelisch-Theologischen Fakultät der Universität Bonn; von 1981–2007 war er Klinikpfarrer am Uni-Klinikum Bonn.

Prof. Dr. Traugott Jähnichen lehrt Christliche Gesellschaftslehre an der Evangelisch-Theologischen Fakultät der Ruhr-Universität Bochum.

Prof. Dr. Hartmut Kreß lehrt Ethik an der Evangelisch-Theologischen Fakultät der Universität Bonn.

Prof. em. Dr. Hans G. Ulrich lehrte Systematische Theologie / Ethik an der Universität Erlangen-Nürnberg.

Jörg Zimmermann ist Pfarrer der Evangelischen Kirchengemeinde am Kottenforst in Bonn-Röttgen.